존재의 기원

우주와 인간 그리고 세상 모든 탄생의 역사
존재의 기원

초판 1쇄 발행 2025년 7월 28일

지은이 김서형
펴낸이 김선식, 이주화

기획편집 이동현
콘텐츠 개발팀 이동현, 임지연
콘텐츠 마케팅팀 안주희
디자인 문성미

펴낸곳 ㈜클랩북스 **출판등록** 2022년 5월 12일 제2022-000129호
주소 서울시 마포구 어울마당로3길 5, 201호
전화 02-332-5246 **팩스** 0504-255-5246
이메일 clab22@clabbooks.com
인스타그램 instagram.com/clabbooks
페이스북 facebook.com/clabbooks

ISBN 979-11-93941-40-9 (03900)

- 클랩북스는 다산북스의 임프린트입니다.
- 책값은 뒤표지에 있습니다.
- 파본은 구입하신 서점에서 교환해드립니다.
- 이 책은 저작권법에 의하여 보호를 받는 저작물이므로 무단 전재와 복제를 금합니다.

> ㈜**클랩북스**는 독자 여러분의 책에 관한 아이디어와 원고 투고를 기다리고 있습니다.
> 책 출간을 원하시는 분은 이메일 clab22@clabbooks.com으로 간단한 개요와 취지, 연락처 등을 보내 주세요.
> '지혜가 되는 이야기의 시작, 클랩북스'와 함께 꿈을 이루세요.

우주와 인간 그리고 세상 모든 탄생의 역사

ORIGIN
존재의
기원

김서형 지음

STORY

클랩북스

폴 고갱, 《우리는 어디서 왔는가? 우리는 누구인가? 우리는 어디로 갈 것인가?》, 1897~1898년.

들어가는 말

우리는 어디서 와서
어디로 가는가

**세상에서
가장 오래된 궁금증**

    증권거래소에서 일하는 한 남성은 안락한 집을 뛰쳐나와 싸구려 하숙집에 머무르면서 그림을 그리기 시작했습니다. 이후 남태평양 중부에 있는 타히티섬으로 이주한 그는 이국적인 환경 속에서 여러 그림을 그렸고, 죽기 전 신성하면서도 잔인한 자연과 인간의 본능으로 자신의 일생을 풀어낸 벽화를 그렸습니다.

    이는 영국의 소설가 윌리엄 서머싯 몸이 1919년에 발표한 『달과 6펜스』의 간략한 줄거리입니다. 몸은 프랑스 후기 인상주의 화가 폴 고갱의 전기를 읽고 영감을 받아 이 작품을 썼습니다. 그리고 여기서 묘사하고 있는 주인공의 마지막 벽화가 바로 《우리는 어디서 왔는가? 우리는 누구인가? 우리는 어디로 갈 것인가?》입니다.

    이 그림은 건강 악화와 딸의 죽음, 빈곤 등을 겪으며 고갱이

자살을 생각할 정도로 힘들었던 시기에 마지막 작품이라고 여기며 그린 것입니다. 그림의 가장 오른쪽에는 3명의 여인이 아기와 함께 앉아 있고, 중앙에는 과일을 따는 남자와 과일을 먹는 여자의 모습이 그려져 있습니다. 그리고 가장 왼쪽에는 팔로 얼굴을 감싼 채 고통스러워하는 노인의 모습이 등장합니다. 오른쪽에서 왼쪽으로 시선을 옮기면서 우리는 과거와 현재 그리고 미래를 볼 수 있습니다. 다시 말해, 이 그림은 인간의 탄생과 삶 그리고 죽음을 드러내는 셈입니다. 이러한 점에서 고갱의 《우리는 어디서 왔는가? 우리는 누구인가? 우리는 어디로 갈 것인가?》는 인간의 기원origin을 잘 보여 주는 작품이라 할 수 있습니다.

인간을 비롯해 이 세상에 존재하는 모든 것은 기원을 가지고 있습니다. 과거에 서로 다른 지역에서는 다양한 신화나 전설을 통해 우주와 세상, 생명 그리고 인간의 기원을 설명했습니다. 우리에게 친숙한 그리스 신화에서는 모든 것이 뒤섞인 카오스가 가장 먼저 등장하고, 이후 여러 명의 신이 탄생했다고 설명합니다. 중국 신화에서도 모든 것이 혼재한 혼돈 속에서 알을 깨고 나온 거인이 하늘과 땅을 비롯한 나머지 세계를 창조했다고 이야기하고 있습니다. 그리고 최초로 농경이 시작되고 도시가 형성되었던 비옥한 초승달 지역에서는 신의 피로 인간을 만들어 신에게 봉사하도록 했다는 신화가 전해집니다. 또 남아프리카에서는 땅의 구멍에서 인간이 등장했다고 이야기하고, 불가리아에서는 신과 악마가 흙으로 인간을 만들었다는 신화가 존재합니다. 이렇게 아주 오래전부터 인간과 주변의 모든 것이 어떻게 탄생해서 시작되었는지 이해하고 설명하려는 다양한 노력이 있었습니다.

오늘날 우리는 근대 과학의 급속한 발전으로 세상에 대해 더 많이, 더 정확하게 알 수 있게 됐습니다. 인간, 다양한 생명체의 터전인 지구, 지구에 생명체가 살 수 있도록 에너지를 제공하는 태양 그리고 우주와 관련한 실험과 탐험으로 수많은 지식과 정보가 축적되었기 때문입니다. 그 결과 우리는 과거 어느 시기보다도 믿을 만한 과학적 증거들을 토대로 세상 모든 것의 기원을 정확하게 이해하고 설명할 수 있습니다.

138억 년 전에 빅뱅이 발생하면서 우주가 시작되었고, 45억 년 전에 가스와 먼지 그리고 무거운 원소가 결합해서 우리가 사는 지구가 탄생했습니다. 이후 오랫동안 지구의 환경은 급격하게 변화했지만 생명체들은 적응하고 진화했습니다. 그리고 유인원과 인류의 공통조상에서 분화되어 환경에 적응했던 종은 바로 오늘날 우리의 조상이 됐습니다.

복잡한 세상의 기원을
한눈에 파악하기 위한 도구

우주와 생명 그리고 인간의 기원에 관한 증거와 이론의 등장과 축적은 19세기 이후 급속하게 발전했던 학문의 전문성과 밀접한 관련성을 가지고 있습니다. 이미 17세기 유럽에서는 실험이나 도구를 이용한 관찰로 오랫동안 세상을 지배했던 우주관에 급격한 변화가 발생했고, 이는 과학적 실험을 토대로 하는 다른 학문의 발전에 영향을 미쳤습니다. 그리고 이와 같은 현상은 19세기에 더욱 가속화됐습니다. 천문학이나 생물학, 지질학, 고고학, 역사학 등 다양한 학문이 독자적으로 발전함에 따라 구체적이고 세부적인 지식과 정보가 축적되었고, 이를 토대로 우리는 세상 모든 것의 기원과 이후 발생했던 수많은 변화를 더욱 자세하게 알 수 있게 됐습니다. 하지만 학문의 독자적인 발전은 다른 학문과의 소통과 공존을 단절시키는 결과를 초래했습니다.

수년 전 많은 사람이 즐겨 하는 취미 가운데 한 가지는 직소 퍼즐이었습니다. 저도 여러 해 전에 별로 관심을 가지지 않았던 화가의 그림을 완성하는 500조각 직소퍼즐을 선물 받은 적이 있었는데 단 한 조각도 맞추지 못했습니다. 그림 전체의 생김새와 분위기를 잘 알지 못하는 상황에서 수백 개에 달하는 퍼즐 조각을 제대로 맞출 자신이 없었기 때문입니다.

그렇다면 단순하게는 여러 개의 조각에서부터 많게는 수천 개에 이르는 퍼즐 조각을 쉽게 맞추는 방법은 무엇일까요? 각각의 퍼즐 조각을 자세하게 살펴보며 어떤 모양인지 파악하는 것도 필요하지만, 무엇보다 중요한 것은 먼저 그림 전체의 모습을 상상하며 각 퍼즐 조각이 판에서 어디에 위치하는지 이해하는 것입니다.

오늘날 우리가 알고 있는 모든 과학적, 역사적 지식과 정보는 수많은 퍼즐 조각에 해당합니다. 하지만 과연 우리가 이 수많은 퍼즐 조각을 모두 이해할 필요가 있을까요? 어쩌면 지금까지 축적된 지식과 정보를 전부 이해하는 것은 불가능할지도 모릅니다. 그러므로 우리는 자신에게 필요한 지식과 정보가 무엇인지 알고 선택해야 합니다. 그리고 이것은 개별적으로 뒤섞여 있는 퍼즐 조각이 아닌 하나로 완성된 그림을 드러내는 큰 퍼즐 판을 볼 때 가능합니다. 이러한 점에서 고갱의 그림이나 전 세계적으로 전해지는 다양한 신화와 전설은 과거의 사람들이 세상을 이해하고 바라보는 큰 퍼즐 판이었습니다.

그런데 이와 같은 퍼즐 판은 한 가지의 기원만을 설명하지 않습니다. 우리가 관찰할 수 있는 세상 모든 것은 상호관련성을 가지고 있기 때문입니다. 하늘에 떠 있는 태양이나 별과 달, 주변에 있는 산과 물, 다양한 동식물 그리고 인간은 서로 '연결'되어 있습니다. 오늘날 가장 믿

'빅히스토리'라는 거대한 퍼즐 판
세상의 기원에 대해 가장 신뢰할 만한 정보를 확인하기 쉽게 하나로 엮은 것이 빅히스토리입니다.

을 만한 과학적 증거들에 따르면, 별에서 만들어지는 여러 가지 원소가 다양한 방식으로 결합해 이 모든 것을 만들었습니다. 인간 역시 마찬가지입니다. 우리의 신체는 별에서 만들어진 수소나 산소, 탄소, 질소 등 다양한 원소로 구성되어 있습니다. 따라서 세상의 기원을 명확하게 알기 위해서는 하나가 아닌 다양한 것의 기원을 분석하며 인간과 나머지 모든 것의 상호관련성을 분명하게 이해해야 합니다.

모든 존재를 연결하는
빅히스토리

이러한 점에서 138억 년 전에 발생한 우주의 시작인 빅뱅부터 현재와 미래까지 수많은 시간과 공간을 다양한 규모에서 살펴보려는 '빅히스토리 Big History'는 지금까지 인간만을 분석 대상으로 삼았던 기존의 관점을 초월합니다. 너무 뜨겁지도 너무 차갑지도 않아 생명체가 존재할 수 있는 골디락스 행성인 지구와 태양계, 우주에는 인간만 존재하는 게 아닙니다. 어떤 방식으로든 우리는 주변의 모든 것과 다양하게 연결되어 있습니다. 빅히스토리는 바로 이와 같은 상호관련성을 보여 주며 세상의 기원을 분명하게 이해하고, 이를 통해 모든 존재의 '공존'을 추구하는 새로운 시도입니다.

이를 위해서는 지금까지 독자적으로 발전했던 학문들 사이의 상호관련성을 살펴봐야 합니다. 따라서 빅히스토리는 '세상은 어떻게 시작됐을까?', '인간은 어떻게 탄생했을까?', '인간이 진화하면서 어떤 변화들이 나타났을까?' 등과 같은 빅퀘스천Big Question을 제기하고, 그에 대한 대답을 단일한 학문이 아닌 다양한 학문 간의 소통 속에서 찾아 나가는 과정입니다. 이러한 과정에서 우리는 밤하늘의 아름답게 빛나는 별을 바라보면서 그 탄생 과정과 밝기에 대한 과학적 지식을 얻을 수 있습니다. 뿐만 아니라 과거에는 별을 어떻게 이해했는지, 별에서 만들어지는 다양한 원소가 인간과 주변의 여러 사물을 어떻게 구성하는지를 하나의 커다란 그림으로 상상할 수 있게 됩니다.

이렇게 빅히스토리라는 커다란 퍼즐 판은 조각난 다양한 지식을 우주라는 가장 큰 틀 속에 하나로 맞추고 재배열함으로써, 우리가 지금까지는 전혀 공통점이 없다고 생각했던 현상들을 서로 연결해 볼 수 있습니다. 그리고 세상의 기원을 과학만이 아닌 전 세계 여러 지역의 신화와 전설로도 살펴보며 철학적 성찰과 역사적 고찰을 할 수 있습니다. 오래전 할머니와 할아버지가 들려주던 이야기를 통해 인간과 세상, 우주에 대한 다양한 관점을 이해합니다. 이러한 점에서 빅히스토리는 인문학과 자연과학을 자연스럽게 연결하는 다리bridge가 됩니다.

이와 같은 방식은 오늘날의 글로벌 사회에서 매우 중요합니다. 나와 주변의 것들을 균형 잡힌 시각으로 살펴보며 상호관련성을 이해하는 것은 인간 중심적인 사고를 넘어 세상을 함께 구성하고 있는 다양한 생명체와 공존하는 방법을 모색하는 데 중요한 토대를 제공하기 때문입니다. 결국 빅히스토리는 초연결 사회를 살아가는 우리에게 가장 필요한 안내서라 할 수 있습니다.

우주의 역사를 이해하는 공식

138억 년에 달하는 우주의 역사를 이해하기 위해 빅히스토리는 세 가지 핵심 개념, 즉 구성 요소Ingredients, 골디락스 조건Goldilocks Condition, 새로운 복잡성Complexity을 이야기의 뼈대로 삼습니다.

'구성 요소'는 새로운 복잡성이 출현하기 위해 꼭 필요한 기본 재료입니다. 우주의 탄생이나 지구의 형성, 생명체의 등장, 도시와 국가의 출현 등 복잡한 구조를 만들기 위해서는 외부로부터 에너지의 유입과 흐름이 필요합니다. 구성 요소는 에너지로 작용하는 원재료로서 새로운 복잡성이 등장하게 되는 배경입니다. 물질뿐만 아니라 인간 사회에서 나타나는 다양한 현상까지 구성 요소에 포함됩니다.

'골디락스 조건'은 새로운 것이 탄생하거나 복잡성이 진화하기 위한 '딱 알맞은just right 조건이나 환경'을 의미합니다. 너무 뜨겁지도 너무 차갑지도 않아야 생명체가 존재할 수 있는 지구의 환경처럼 이 조건이 갖춰져야 새로운 변화가 가능합니다. 초기 우주의 빠른 팽창과 식어 가는 온도, 일정한 밀도는 원자가 형성되는 조건을 만들었고, 지구 역시 생명체의 탄생에 필요한 이상적인 거리, 온도, 물 같은 조건을 갖췄습니다.

이와 같은 골디락스 조건이 충족되면, 이전에는 없던 '새로운 복잡성'이 나타나기 시작합니다. 그리고 복잡성은 다양한 도약과 전환점을 거치며 단계적으로 진화해서 '임계국면Threshold'을 형성합니다. 초기에는 단순한 입자들만 존재했지만 시간이 흐르면서 우주가 탄생한 첫 번째 임계국면인 빅뱅 이후 별의 탄생, 원소의 탄생, 생명체의 출현, 인류의 진화 등 새로운 임계국면으로 이어졌습니다.

빅히스토리는 이 세 가지 핵심 개념을 바탕으로 우주에서 생명체, 인간에 이르기까지 모든 존재가 어떻게 탄생해서 진화하고 연결되어 있는지를 설명합니다. 구성 요소와 골디락스 조건이 결합해 새로운 복잡성이 나타나고, 이는 다음 임계국면으로 우리를 이끕니다. 이러한 이야기 공식을 통해 우리는 우주의 과거를 바라보고, 현재를 이해하며, 미래를 상상할 수 있습니다.

목차

들어가는 말 | 우리는 어디서 와서 어디로 가는가 · 5

제 1 장

빅뱅으로 시작된 우주

KEYWORD · 20 | 무질서한 혼돈에서 시작된 세상 · 21 | 지구가 중심이었던 고대 우주론 · 23 | 지구의 움직임을 입증한 근대 우주론 · 26 | 정적 우주 vs. 팽창 우주, 현대 우주론 · 29 | 빅뱅의 구성 요소, 골디락스 조건 그리고 새로운 복잡성 · 34 | 첫 번째 임계국면, 빅뱅 · 42 | 핵심 요약 · 44

제 2 장

우주를 밝히고 데운 별

KEYWORD · 46 | 밤하늘에 새겨진 신과 인간의 이야기 · 47 | 은하수의 정체를 밝힌 최초의 과학자 · 49 | 탄생과 죽음을 반복하는 별 · 52 | 비슷해 보이지만 서로 다른 별 · 57 | 숨 쉬게 만드는 별, 태양의 탄생 · 61 | 태양이 지구를 위협하는 방법 · 64 | 별 탄생의 구성 요소, 골디락스 조건 그리고 새로운 복잡성 · 67 | 두 번째 임계국면, 별의 탄생 · 72 | 핵심 요약 · 73

제 3 장

만물의 재료인 원소

KEYWORD · 76 | 원소의 이름이 된 신 · 77 | 가장 많지만 희귀한 최초의 수소 · 80 | 물의 기원과 산소 대폭발 · 85 | 모든 생명체를 이루는 탄소 · 89 | 생명체의 씨앗을 퍼뜨리는 초신성 · 92 | 계속 채워지고 있는 주기율표 · 97 | 원소 탄생의 구성 요소, 골디락스 조건 그리고 새로운 복잡성 · 100 | 세 번째 임계국면, 원소의 탄생 · 104 | 핵심 요약 · 107

제4장

우리의 터전인 지구와 달

KEYWORD · 110 | 지구와 달이 탄생한 오래된 이야기 · 111 | 평평한 지구에서 둥근 지구로 · 113 | 태양에서 해왕성까지, 태양계의 탄생 · 116 | 지금과는 달랐던 원시지구 · 125 | 45억 년을 함께하는 지구와 달 · 129 | 지구를 벗어나 달에 이르기까지 · 132 | 지구와 달 탄생의 구성 요소, 골디락스 조건 그리고 새로운 복잡성 · 134 | 네 번째 임계국면, 지구와 달의 탄생 · 137 | 핵심 요약 · 139 | 우주의 연표 · 140

제5장

최초의 생명체와 진화

KEYWORD · 142 | 모든 존재를 연결하는 위그드라실 · 143 | 최초의 생명체를 만든 바닷속 뜨거운 구멍 · 144 | 고대부터 존재했던 철학자의 진화론 · 151 | 찰스 다윈의 자연선택 · 154 | 다섯 번의 대멸종 · 159 | 생명체 탄생의 구성 요소, 골디락스 조건 그리고 새로운 복잡성 · 163 | 다섯 번째 임계국면, 생명체의 탄생 · 166 | 핵심 요약 · 168

제6장

집단학습으로 생존한 현생인류

KEYWORD · 170 | 인간을 세상의 중심으로 그린 오래된 탄생 신화 · 171 | 모든 생명체와 조상을 공유하는 인류 · 174 | 두 발로 걷기 시작한 루시, 오스트랄로피테쿠스 아파렌시스 · 176 | 불을 사용하기 시작한 호모 에렉투스 · 182 | 지구 전체로 퍼져 나간 호모 사피엔스 · 187 | 계속되는 진화론 vs. 창조론 · 192 | 현생인류 등장의 구성 요소, 골디락스 조건 그리고 새로운 복잡성 · 196 | 여섯 번째 임계국면, 현생인류의 등장 · 199 | 핵심 요약 · 204 | 생명체의 연표 · 205

제 7 장

가장 오래된 생활 방식, 수렵채집

KEYWORD · 208 | 알타미라 동굴에 그려져 있는 화려한 벽화 · 209 | 올두바이 협곡에서 발견된 수십 종의 도구 · 212 | 정교했던 호모 사피엔스의 도구 · 216 | 호모 사피엔스가 멸종시킨 수많은 대형동물 · 218 | 인류가 만든 최초의 예술 작품 · 224 | 사후 세계에 대한 믿음의 시작 · 228 | 수렵채집 시작의 구성 요소, 골디락스 조건 그리고 새로운 복잡성 · 231 | 일곱 번째 임계국면, 수렵채집의 시작 · 234 | 핵심 요약 · 236

제 8 장

자연을 길들이고 사회를 분화한 농경

KEYWORD · 238 | 신에게 배운 농경 · 239 | 최초로 길들인 야생동물과 야생식물 · 242 | 철제 무기가 가져다준 강력한 전투력 · 247 | 농기구의 발전으로 늘어난 농산물 생산량 · 252 | 사회 구조를 바꾼 잉여생산물 · 255 | 최초로 세워진 도시와 국가 · 261 | 농경 시작의 구성 요소, 골디락스 조건 그리고 새로운 복잡성 · 263 | 여덟 번째 임계국면, 농경의 시작 · 266 | 핵심 요약 · 269

제 9 장

제국으로 연결된 세계

KEYWORD · 272 | 왕권을 정당화한 제국의 건국 신화 · 273 | 제국과 함께 등장한 실크로드 · 276 | 실크로드 전역에 퍼진 치명적인 전염병 · 281 | 콜럼버스의 항해가 초래한 제국의 몰락 · 292 | 제국과 글로벌 네트워크 출현의 구성 요소, 골디락스 조건 그리고 새로운 복잡성 · 299 | 아홉 번째 임계국면, 제국과 글로벌 네트워크의 출현 · 303 | 핵심 요약 · 305

제10장

현대 사회를 만든 산업화

KEYWORD · 308 | 소빙기로 시작된 산업화 · 309 | 새롭게 찾은 연료, 석탄 · 314 | 증기기관차와 대륙횡단철도 · 318 | 철제 증기선과 유럽의 패권 · 322 | 대량생산과 대량소비의 시대 · 327 | 산업화 시작의 구성 요소, 골디락스 조건 그리고 새로운 복잡성 · 334 | 열 번째 임계국면, 산업화의 시작 · 336 | 핵심 요약 · 338

제11장

우리의 숙제, 인류세와 미래 사회

KEYWORD · 340 | 인류가 만든 최초의 대량 살상 무기 · 341 | 빠르게 뜨거워지는 지구 · 345 | 인류세로 시작된 여섯 번째 대멸종 · 350 | 가까운 인류의 미래 · 352 | 달라질 지구와 우주의 모습 · 355 | 공존을 촉구하는 빅히스토리 · 357 | 핵심 요약 · 360 | 인류의 연표 · 361

나가는 말 | 우리는 어떤 존재가 될 것인가 · 362
더 읽을거리 · 366
그림, 사진 출처 · 368

제 1 장

빅뱅으로 시작된 우주

ORIGIN STORY

1장.
빅뱅으로 시작된 우주

KEYWORD

- **창조 신화** Creation Myth : 세계 여러 지역에서 인간이 우주의 기원을 이해하는 오래된 방식입니다.

- **빅뱅** Big Bang : 우주의 탄생을 가져왔다고 보는 거대한 폭발로 과학적으로 증명된 현대 우주론의 출발점입니다.

- **적색편이** Red Shift : 멀어지는 천체에서 오는 빛의 파장이 길어져 붉게 보이는 현상으로 우주 팽창의 증거입니다.

- **우주배경복사** CMBR, Cosmic Microwave Background Radiation : 빅뱅을 입증하는 물리적 증거로 우주 전역에 퍼져 있는 초기 우주의 흔적입니다.

- **네 가지 힘** Four Forces : 중력, 전자기력, 약한 핵력, 강한 핵력으로 우주 구조의 형성과 진화를 이해하는 핵심 개념입니다.

- **물질** Material : 눈에 보이거나 만질 수 있는 모든 것으로 아주 작은 입자인 원자 또는 원자를 구성하는 쿼크로 구성되며, 빅뱅 이후 등장한 새로운 복잡성입니다.

무질서한 혼돈에서
시작된 세상

고대 그리스 서사시인 헤시오도스는 기원전 7세기경 저서 『신들의 계보』에서 우주의 탄생과 신들의 기원에 대해 이야기했습니다. 이 책은 총 1,022행으로 이루어져 있으며, 그중 116행부터 122행까지는 우주의 시작을 알리는 세 가지 최초의 힘, 즉 카오스Chaos, 가이아 Gaia, 에로스Eros에 대해 언급하고 있습니다.

헤시오도스에 따르면 카오스는 '텅 빈 공간'으로 무엇인가 생겨날 수 있는 근원적인 공간을 의미합니다. 우주의 시작점인 카오스는 시간, 하늘, 땅이 뒤섞인 상태였고 질서나 이성도 존재하지 않았습니다.

그리스 신화의 카오스
헤시오도스는 세상이 무질서한 혼돈에서 시작되었다고 설명했습니다.

이후 모든 생명의 근원인 가이아와 에로스가 등장했고, 우리가 잘 아는 티탄족과 여러 신도 태어납니다. 그리스 신화에서 카오스는 곧 세상의 시작이었습니다.

　　모든 것이 뒤섞인 혼돈에서 세상이 시작되었다는 설명은 중국 신화에서도 찾아볼 수 있습니다. 혼돈으로 가득 찬 세계에 거대한 알이 생겼고, 그 안에서 최초의 거인인 반고盤古가 태어났습니다. 성장한 반고는 껍질을 깨고 세상 밖으로 나왔지만 여전히 세상은 혼란스러웠습니다. 반고는 1만 8,000년 동안 하늘을 떠받치며 세상을 안정시킨 뒤 숨을 거뒀고, 그의 체액은 강과 바다로, 뼈와 살은 산과 들로 변해 세상이 형성되었다고 전해집니다. 중국 신화에서 반고는 혼돈에서 태어난 최초의 생명체이자 우주의 창조자입니다.

　　메소포타미아 신화에도 비슷한 이야기가 있습니다. 여기서는 혼돈의 시기에 존재했던 용 티아마트Tiamat가 등장합니다. 신들에게 남편을 잃은 티아마트는 킨구Kingu라는 괴물을 낳아 그들을 공격했습니다. 그러나 신의 아들이 킨구와 그녀를 무찔러 티아마트의 눈물은 티그리스강과 유프라테스강의 근원이 되었고, 킨구의 피에서 인간이 탄생했다고 전해집니다. 메소포타미아 신화에서 티아마트는 혼돈에서 만물을 탄생시킨 우주의 근원입니다.

　　이집트 신화는 태초의 세상이 암흑의 바다로 가득 차 있었으며, 그 혼돈에서 언덕이 솟아오르고 최초의 신 아툼Atum이 등장했다고 전합니다. 아툼은 공기와 대기의 신을 창조했고 우주의 질서를 수립했습니다. 이후 신들이 암흑의 바다에 빠지자 아툼은 이들을 구했고, 기쁨의 눈물에서 인간이 탄생했다고 합니다.

우리나라에도 유사한 이야기가 전해집니다. 하늘과 땅도 없던 태초의 세상에서 마고할미가 코를 골며 자고 있었습니다. 그러다 하늘이 내려와 혼돈이 시작되었고, 깨어난 마고할미는 하늘을 밀어내며 해와 달, 산과 강을 만들고, 홍수를 막은 뒤 무당에게 자신의 능력을 전수하고 하늘로 올라갔다고 합니다.

이처럼 세계 각지의 창조 신화에는 공통점이 있습니다. 바로 세상은 '혼돈'에서 비롯되었다는 것입니다. 혼돈은 단순히 아무것도 없는 상태가 아니라 모든 것이 섞여 있는 '무질서한 상태'를 의미합니다. 혼돈에서 질서가 생겨나고 신과 생명체가 태어나 우주가 형성되었다는 이야기는 여러 신화에서 나타납니다. 물론 오늘날 우리가 이러한 이야기를 문자 그대로 믿지 않습니다. 혼돈이나 신의 존재를 입증할 과학적 증거가 없기 때문입니다. 그렇다면 우주는 과학적으로 언제, 어떻게 시작됐을까요?

지구가 중심이었던
고대 우주론

고대 그리스 철학자 플라톤은 자신의 저서 『티마이오스』에 우주의 기원과 인간, 영혼에 대해 썼습니다. 그는 우주의 시작을 다루면서 모든 존재는 그것을 만들거나 변하게 한 원인이 있다고 주장했습니다. 세상에는 언제나 변하지 않고 늘 그대로인 '존재하는 것'과 시간이 지나면서 바뀌고 없어지는 '생성되는 것'이 있다고 생각했는데, 우주는 지성과 질서를 가진 모델에 따라 만들어졌기 때문에 그 자체로 변함없이 존재한다고 믿었습니다.

플라톤의 우주론이 여러 창조 신화와 다른 이유는 '혼돈'이라는 단어를 직접 사용하지 않았다는 점입니다. 그는 이미 존재하던 원소를 활용해 신이 우주를 만든 것이라 봤습니다. 우주의 구성 물질은 불, 공기, 물, 흙과 같은 네 가지 원소였고, 신이 이성과 수학적 질서에 따라 이를 재배열했다고 생각했습니다.

또한 지구가 우주의 중심에 있고, 태양과 달, 5개의 행성이 그 주위를 돌고 있다고 주장했습니다. 이는 '동심원 모델'로 불리는데 플라톤이 처음 제안한 것입니다. 지구에서 천체를 관측하면 별들이 마치 구형의 하늘, 즉 천구 위를 움직이는 것처럼 보이기 때문에 그는 이러한 겉보기 운동을 근거로 우주의 중심이 지구라고 생각했습니다.

플라톤의 제자 아리스토텔레스는 이 동심원 모델을 더욱 체계화했습니다. 그는 지구가 중심에 있으며, 그 주위에 여러 개의 천구가 둘러싸인 동심원 구조의 우주를 설명했습니다. 플라톤과 마찬가지로 아리스토텔레스는 지구가 서로 다른 성질을 가진 네 가지 원소로 이루어졌다고 생각했습니다. 그에 따르면 불은 뜨겁고 건조하며, 공기는 뜨겁고 습하고, 물은 차갑고 습하며, 흙은 차갑고 건조합니다. 반면 천구는 다섯 번째 원소 '에테르aether'로 이루어졌으며 이는 변하지 않는 순수한 물질이라고 생각했습니다.

아리스토텔레스는 우주를 두 영역으로 나눴습니다. 달까지의 세계는 '지상계terrestrial world'로서 변화와 운동이 일어나는 곳이며, 그 너머의 세계는 '천상계celestial world'로 완벽한 원운동만이 존재하는 곳입니다. 이처럼 지상계와 천상계를 분리한 이원론적 우주관은 이후 무려 2,000년 동안 유럽 사회의 세계관을 지배했습니다.

그리스 천문학자 프톨레마이오스Ptolemy는 아리스토텔레스의 우주론을 기반으로 지구 중심설을 더욱 정교하게 발전시켰습니다. 당시 아리스토텔레스의 우주론은 한계점을 가지고 있었습니다. 지구가 우주의 중심이고 태양이나 달, 별, 행성들이 그 주위를 돌고 있지만, 관측 결과 행성들이 하늘에서 마치 뒤로 갔다가 앞으로 가는 듯한 이상한 움직임을 보였기 때문입니다. 이를 설명하기 위해 프톨레마이오스는 자신의 저서 『알마게스트』에서 새로운 개념을 제시했습니다.

그는 천체의 움직임이 지구가 아닌 지구에서 살짝 벗어난 곳을 중심으로 원을 그린다고 가정했습니다. 그리고 하나의 원을 도는 것이 아니라 그 위에 또 다른 작은 원을 따라 움직인다고 주장했습니다. 이와 같은 가정은 행성의 복잡한 궤도와 역행 운동을 설명할 수 있었습니다. 더 나아가 원의 중심도 지구도 아닌 다른 점을 기준으로 속도가 일정하다고 가정하면서 그는 행성의 속도 변화까지 설명했습니다.

이러한 프톨레마이오스의 지구 중심설은 근대 이전까지 가

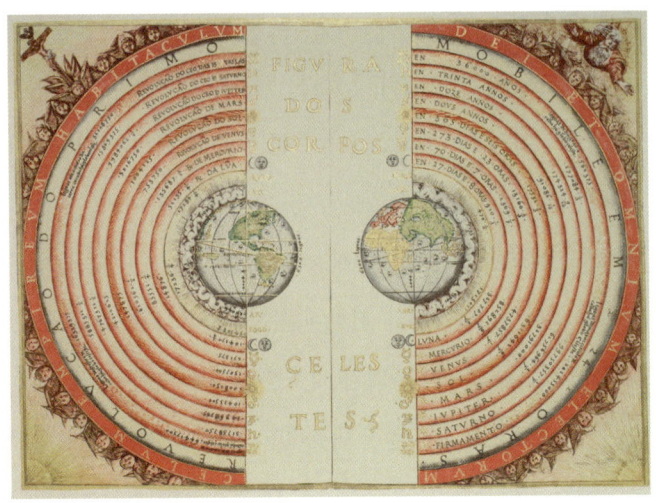

16세기 유럽 지도에 나타난 프톨레마이오스의 지구 중심설
2세기에 제시된 그의 우주론은 무려 16세기까지 정설로 받아들여졌습니다.

장 완벽한 우주론으로 받아들여졌습니다. 에테르로 가득한 천구, 완전한 원 모양으로 움직이는 천체, 이를 뒷받침하는 수학적 계산까지. 이 모든 요소는 당시 사람들이 보기에 신의 의지로 만들어진 이상적이고 완전한 우주를 드러내는 증거였습니다. 그리고 그 중심에는 인간이라는 특별한 존재가 자리하고 있었습니다.

지구의 움직임을 입증한
근대 우주론

16세기 초 한 폴란드 천문학자가 모든 천체가 천구에 고정된 채 지구를 중심으로 돌고 있다는 기존의 우주관에 도전장을 내밀었습니다. 바로 니콜라우스 코페르니쿠스입니다. 당시 유럽에는 고대 그리스의 원전 연구가 활발했습니다. 한때 사라졌던 고전 지식은 이슬람 세계를 통해 번역본으로 보존되었고 다시 유럽에 소개되며 관심을 끌었습니다. 많은 학자가 고대 우주론에 주목하며 신의 영역으로 여겼던 우주를 새롭게 탐구하기 시작했습니다.

코페르니쿠스는 고대 그리스 천문학자였던 사모스의 아리스타르코스Aristarchos가 주장한 태양 중심설에 관심을 가졌습니다. 아리스타르코스는 모든 행성이 태양을 중심으로 배치되어 있으며 별들 또한 태양과 비슷한 천체라고 생각했습니다. 그러나 그의 주장은 당시에 받아들여지지 않았습니다. 코페르니쿠스는 철학적 사유를 바탕으로 태양을 우주의 중심으로, 지구를 그 주위를 도는 행성으로 설정했습니다. 그리고 이 내용을 『천구의 회전에 관하여』로 출간했습니다.

물론 그의 이론도 완벽하지는 않았습니다. 그 역시 천체가 천구에 박혀 있다고 믿었기 때문입니다. 그래서 미국 과학철학자 토머스 쿤은 그를 "최초의 근대 천문학자이자 마지막 프톨레마이오스 천문학자"라고 부르기도 했습니다. 그렇지만 '코페르니쿠스의 전환'이라 불리는 그의 주장은 2,000년 동안 이어진 우주론을 수정하고 세계관의 근본적인 변화를 초래한 과학혁명의 계기가 됐습니다.

코페르니쿠스에 이어 지동설을 입증한 인물은 이탈리아 물리학자이자 천문학자인 갈릴레오 갈릴레이였습니다. 그는 1609년에 자신이 개량한 망원경으로 밤하늘을 관측하던 중 목성의 위성들을 발견했습니다. 이 위성들이 목성을 중심으로 공전하고 있다는 사실은 모든 천체가 지구를 중심으로 돈다는 기존의 우주관을 뒤흔드는 결정적인 증거였습니다. 갈릴레이는 이를 근거로 코페르니쿠스의 이론을 지지했습니다. 그러나 교회는 그를 이단자로 고발했고 결국 자신의 주장을 철회해야만 했습니다.

그럼에도 갈릴레이는 여전히 과학이 신학에서 벗어나야 한다고 믿었습니다. 그는 "『성경』을 근거로 천문학을 해석해서는 안 된다"라는 내용의 편지로 과학적 탐구가 신학적 해석에 얽매이지 않아야 한다는 견해를 밝혔습니다. 이 편지는 흔히 과학의 자율성을 주장한 최초의 선언문으로 평가받습니다.

지동설이 과학적으로 우세해진 결정적 계기는 독일 천문학자 요하네스 케플러 Johannes Kepler의 연구였습니다. 그는 스승 티코 브라헤 Tycho Brahe의 방대한 관측 자료를 바탕으로 화성의 궤도를 분석했습니다. 이를 근거로 케플러는 원형 궤도 이론을 포기하고, 행성이 타원 궤도를 그리며 태양을 공전한다는 '케플러의 법칙'을 발표했습니다. 그중 첫 번째 법칙인 '타원 궤도의 법칙'은 행성들이 태양 중심의 궤도 운동을 한다는 지동설을 과학적으로 입증한 중요한 전환점이었습니다.

이후 1665년부터 1666년까지 영국 런던에는 흑사병이 유행하며 많은 학교가 휴교에 들어갔습니다. 영국의 물리학자 아이작 뉴턴은 이 시기에 집에 머물며 연구에 몰두했고, 전설적인 '뉴턴의 사과' 일화가 탄생했습니다. 뉴턴이 나무에서 떨어지는 사과를 보고 '왜 사과는 수직으로 떨어질까?'라는 의문을 가져 지구가 사과를 끌어당기는 힘, 즉 중력을 정의하게 되었다는 것입니다.

그는 중력이 지구뿐만 아니라 우주 전체에 작용하는 보편적인 힘이라는 사실을 밝히고, 이를 수학으로 정리한 방정식을 『자연철학의 수학적 원리』, 일명 『프린키피아』에 발표했습니다. 그리고 이 법칙을 통해 아리스토텔레스의 지상계와 천상계를 통합했습니다. 그동안 별개의 법칙으로 설명되던 두 영역이 하나의 물리 법칙 아래에 놓이게 된 것입니다. 이후 과학자들은 행성의 궤도와 별의 움직임을 수학적으로 정확히 예측할 수 있게 되었고, 지구 중심의 고대 우주관은 완전히 폐기됐습니다.

정적 우주 vs. 팽창 우주, 현대 우주론

독일 출신의 미국 물리학자 알베르트 아인슈타인은 우리가 살고 있는 세상과 우주에 대해 새로운 생각을 제시했습니다. 뉴턴은 시간은 언제나 똑같이 흐르고, 공간은 고정되어 있다고 주장했습니다. 그리고 오랫동안 많은 과학자는 뉴턴의 주장을 그대로 믿었습니다. 그렇지만 아인슈타인은 시간이나 공간이 움직임이나 빛의 속도에 따라 달라진다고 주장했습니다. 예를 들어, 빠르게 움직이는 우주선 안에 있는 사람의 시간은 우주선 밖에 있는 사람의 시간보다 느리게 흐릅니다. 그래서 그는 시간과 공간을 구분하지 않고 '시공간'으로 통합해야 한다고 생각했습니다. 이것이 바로 4차원의 구조입니다.

뉴턴은 지구와 물체 사이에 끌어당기는 힘인 중력이 존재한다고 믿었습니다. 그러나 아인슈타인은 지구가 시공간을 휘게 만든다고 생각했습니다. 중력은 힘이 아니라 시공간이 휘어진 결과라는 것입니다. 구슬이 놓인 고무판 위에 무거운 공을 올려놓으면 푹 꺼지면서 그쪽으로 구슬이 흘러가는 것처럼 질량이 큰 물체는 시공간을 휘도록 만들고, 다른 물체는 휘어진 공간을 따라 움직인다는 것이 아인슈타인의 주장입니다.

아인슈타인의 이론은 우주의 구조를 설명할 수 있는 수학적 틀을 제공했습니다. 이를 바탕으로 그는 공 모양으로 휘어져 닫힌 정적인 우주 모델을 제시했습니다. 그렇지만 계산 결과 오히려 우주가 수축하거나 팽창하는 결과가 나왔습니다. 이 문제를 해결하기 위해 아인슈타인은 '우주상수 cosmological constant'라는 개념을 추가해 우주가 정적인 상태를 유지하도록 조정했습니다. 이후 우주가 팽창하고 있다는 증거가 발견되면서 그의 우주론은 1998년에 공식적으로 폐기되었지만, 그의 사고방식과 수학적 도구는 현대 우주론의 핵심 기반이 되고 있습니다.

1924년에 러시아 물리학자이자 수학자 알렉산드르 프리드만 Alexander Friedmann은 계산을 통해 우주가 팽창할 수 있다는 가능성을 제기했습니다. 우선 그는 우주가 어느 방향에서든 동일하고, 어느 위치에서든 균일하다고 가정했습니다. 그리고 이 두 가지 조건을 바탕으로 아인슈타인의 방정식을 풀었습니다. 그 결과, 시간에 따라 우주의 크기가 변한다는 사실을 발견했습니다. 우주는 수축이나 팽창을 반복하면서 변할 수 있다는 것을 밝혀낸 것입니다. 그는 우주가 정적이지 않고 변화할 수 있다는 가능성을 수학으로 증명한 최초의 물리학자입니다.

프리드만의 이론을 이어받은 인물은 벨기에 물리학자이자 신부인 조르주 르메트르Georges Lemaître였습니다. 그는 아인슈타인의 일반상대성이론을 우주론에 적용하여 우주의 시작은 하나의 점에서 비롯되었고, 마치 불꽃놀이처럼 폭발하면서 우주가 팽창했다고 주장했습니다. 이 이론은 나중에 '빅뱅 이론'으로 불리게 됐습니다. 르메트르의 이론은 수학 계산을 기반으로 했지만, 『성경』속 "하나님이 빛이 있으라"는 구절을 떠올리게 한다는 이유로 초기에 과학자들의 편견과 논쟁을 불러일으켰습니다.

1929년에 미국 천문학자 에드윈 허블Edwin Hubble은 별빛이 '적색편이'를 보인다는 사실을 발견했습니다. 적색편이는 멀리 있는 별이나 은하에서 오는 빛의 파장이 늘어나면서 붉은색 쪽으로 이동하는 현상입니다. 파장은 파동에서 마루와 마루 혹은 골과 골의 거리를 의미하는데, 사람의 눈으로 볼 수 있는 빛에서 붉은색은 파장이 길고, 푸른색은 파장이 짧습니다. 허블은 멀리 있는 별빛을 관찰하다가 빛의 파장이 붉은색으로 치우쳐 있다는 것을 발견했습니다.

허블은 이 현상이 별빛이 지구로 오는 동안 파장이 길어졌기

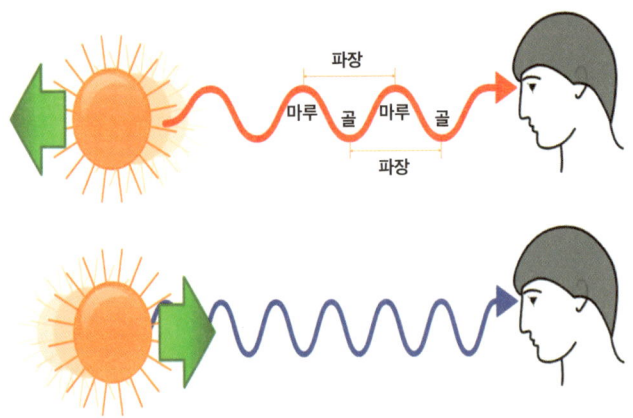

적색편이와 청색편이
지구와 멀리 떨어져 있는 별일수록 적색편이가 크다는 사실은 우주가 점점 팽창하고 있다는 것을 증명합니다.

때문이라고 생각했습니다. 이는 별이나 은하가 지구에서 멀어지고 있다는 것을 의미합니다. 관찰 결과, 그는 멀리 있는 별일수록 적색편이가 크다는 사실을 발견했습니다. 이는 우주가 계속 팽창하고 있다는 명백한 증거입니다. 이후 빅뱅 이론은 현대 우주론의 정설로 자리 잡게 됐습니다.

빅뱅 이론에 따르면 우주는 극도로 작고 뜨거운 상태에서 시작되어 급속히 팽창했습니다. 러시아 물리학자 조지 가모프George Gamow는 빅뱅 당시 우주의 온도는 매우 높았고, 시간이 흐르며 식어 현재는 약 5K 켈빈, 어떤 것에도 의존하지 않는 절대온도 정도라고 주장했습니다. 또한 그는 빅뱅 당시 발생한 복사 에너지가 지금도 우주 전체에 퍼져 있을 것으로 예측했습니다. 이러한 이론을 바탕으로 오늘날 과학계에서 가장 널리 수용되는 우주론은 '표준우주모형Standard Model of Cosmology'입니다. 이 모형은 빅뱅 이론을 기반으로 하지만 설명하기 어려운 여러 현상을 보완하기 위해 다음과 같은 세 가지 요소를 포함합니다.

첫 번째는 '인플레이션 이론Inflation Theory'입니다. 이 이론에 따르면 빅뱅 이후 10^{-34}초에서 10^{-32}초 사이에 우주는 순식간에 엄청나게 팽창했습니다. 마치 작은 공이 커다란 풍선처럼 부풀어 오른 것처럼 말입니다. 이를 통해 지금은 멀리 떨어진 우주의 여러 지역이 처음에는 매우 가까이 있었다는 사실을 설명할 수 있습니다. 그래서 우주의 서로 다른 지역이 비슷한 온도나 밀도를 유지하고 있는 현상을 이해할 수 있습니다. 과학자들은 인플레이션으로 우주의 시공간이 고르게 펼쳐져 오늘날 우리가 관측하는 평평한 우주가 유지될 수 있었다고 생각합니다.

두 번째는 '암흑물질Dark Matter'입니다. 우주를 관찰하면 중력의 작용을 확인할 수 있지만, 중력을 만들어 내는 물질은 관측되지 않는 경우가 많습니다. 별이나 은하가 움직이는 방식을 살펴보면 보이는 물질만으로는 설명이 되지 않을 정도로 강한 중력이 작용하기 때문입니다. 그래서 과학자들은 암흑물질이라는 개념을 제안했습니다. 이 물질은 빛을 내지 않아 직접 관측할 수는 없지만 중력 효과를 통해 그 존재를 알 수 있습니다. 아직 암흑물질이 무엇으로 이루어졌는지 정확히 밝혀지지는 않았지만, 우리가 알고 있는 일반적인 물질과 다른 성질을 가진 것으로 추정됩니다.

마지막 세 번째는 '암흑에너지Dark Energy'입니다. 원래는 우주가 팽창하면 중력 때문에 속도가 느려져야 합니다. 그런데 관측 결과, 오히려 팽창 속도가 점점 빨라지고 있습니다. 이와 같이 이상한 현상을 설명하기 위해 과학자들은 정체를 알 수 없는 암흑에너지가 존재한다고 가정했습니다. 일부 과학자는 아인슈타인이 도입했던 우주상수가 암흑에너지의 일종일 수 있다고 해석합니다.

오늘날 과학자의 관측에 따르면 우주는 약 25%의 암흑물질과 약 70%의 암흑에너지로 구성되어 있습니다. 우리가 아는 별이나 행성, 동물, 사람 등 일반 물질은 5%도 채 되지 않습니다. 즉, 현재 우리가 알고 있는 우주의 모습은 극히 일부에 불과합니다. 나머지는 정체도 성질도 정확하게 밝혀지지 않은 신비한 요소들로 채워져 있습니다. 근대 우주론의 등장과 과학기술의 발전으로 우리는 우주에 대해 많은 것을 발견했지만, 여전히 그곳은 많은 궁금증을 품게 만드는 미지의 세계로 남아 있습니다.

빅뱅의 구성 요소, 골디락스 조건 그리고 새로운 복잡성

가모프는 약 138억 년 전 빅뱅이 일어난 뒤 물질에서 방출된 빛이 파장이 점점 길어져 우주 전체에서 관측될 것으로 예측했습니다. 1964년 벨 연구소의 아노 펜지어스Arno Allan Penzias와 로버트 윌슨Robert Woodrow Wilson은 위성 신호를 더 잘 받기 위해 노력하던 중 하늘 곳곳에서 이상한 잡음을 포착했습니다. 이들은 비둘기를 쫓아내고 안테나를 청소해도 잡음이 사라지지 않자 장비의 문제가 아닌 실제 물리적 현상임을 알게 됐습니다. 그리고 이 잡음이 바로 가모프가 예측했던 빅뱅 이후 우주에 퍼진 빛의 파장임을 깨달았습니다.

이 빛은 약 160GHz의 주파수를 갖는 전자기파로 과학자들은 이를 '우주배경복사'라고 부릅니다. 펜지어스와 윌슨이 발견한 우주배경복사의 온도는 약 2.75K로, 이는 과거 우주가 아주 뜨겁고 균일했으며 별이나 은하도 없던 상태였음을 보여 주는 직접적인 증거입니다. 그들의 발견 덕분에 빅뱅 이론은 오늘날 가장 신뢰받는 우주 탄생 이론이 됐습니다.

그렇다면 빅뱅은 어떻게 발생했을까요? 안타깝게도 현대 과

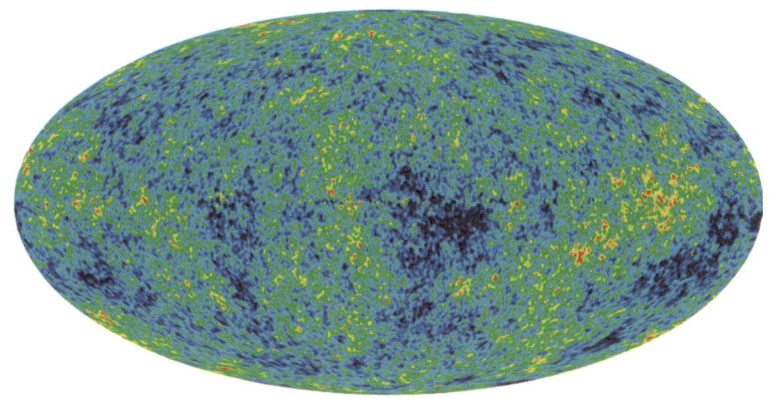

우주배경복사
우주 전체에 퍼져 있는 복사 에너지는 빅뱅으로 우주가 탄생했다는 이론을 증명합니다.

학으로는 아직 그 순간을 정확하게 설명할 수 없습니다. 아인슈타인의 상대성이론에 따르면 시간과 공간은 서로 연결되어 있어 공간이 없으면 시간도 존재할 수 없습니다. 시간과 공간은 함께 생겨난 개념이기 때문에 '빅뱅 이전'이라는 시간이 성립되기 어렵다는 것입니다. 그래서 빅뱅이 발생한 그 순간 혹은 그 이전의 상태에 대해 정확히 알기 어렵고 구성 요소나 골디락스 조건에 대해서도 완전히 밝혀지지 않았습니다.

따라서 우주의 기원에 관해 우리가 과학적으로 알 수 있는 것은 빅뱅 이후 10^{-36}초에서 약 38만 년까지의 기간에 벌어진 현상입니다. 이 시기의 현상은 과학적 증거로 설명이 가능합니다. 예를 들어 '퀘이사Quasar의 발견'이 있습니다. 퀘이사는 6억~318억 광년 떨어진 곳에서 발견되는 전파원으로 초대질량 블랙홀을 품은 특이한 은하입니다. 퀘이사는 우주에서 가장 밝은 천체 중 하나로 밝기가 태양의 700조 배에 달합니다. 최근 들어 발견되는 퀘이사의 수가 줄고 있는데, 이는 빅뱅 초기에 형성된 퀘이사들이 활동성을 잃어 가고 있기 때문입니다.

또한 '올베르스의 역설Olbers's Paradox'도 중요한 근거입니다. 19세기 독일 천문학자 하인리히 올베르스Heinrich Wilhelm Matthäus Olbers는 당시의 가정처럼 우주가 무한하고 정지해 있으며 무수히 많은 별이 균일하게 퍼져 있다면, 밤하늘이 별처럼 밝아야 하는데 왜 어두운지 의문을 제기했습니다. 무한하고 정적인 우주론으로는 이 현상을 설명하지 못합니다. 그러나 빅뱅 우주론에 따르면, 밤하늘이 어두운 이유는 너무 멀리 있는 별의 빛이 아직 지구에 도달하지 못했거나 우주가 팽창하면서 멀리 떨어진 별빛이 적색편이로 희미해졌기 때문입니다. 결국 올베르스의 역설은 우주의 시작이 있었고 팽창하고 있다는 빅뱅 이론을 입증하는 논리적 근거가 됩니다.

이러한 증거들을 종합해 보면 오늘날 가장 신뢰받는 우주의 기원 이야기는 빅뱅 이후 아주 짧은 시간이 흐른 뒤부터 시작됩니다. 초기 우주는 매우 뜨겁고, 밀도도 극히 높았습니다. 이후 우주는 빛보다 빠른 속도로 팽창하기 시작했고, 온도는 점차 낮아졌습니다. 이 과정에서 이전에는 없던 새로운 복잡성이 등장했는데, 바로 '힘'입니다.

빅뱅 직후 나타난 최초의 힘은 네 가지로 중력, 전자기력, 약한 핵력, 강한 핵력입니다. 빅뱅의 순간부터 10^{-43}초까지를 플랑크 시대라고 부릅니다. 이 시기는 물리적으로 측정할 수 있는 가장 짧은 시간입니다. 이때는 중력을 제외한 세 가지 힘이 하나로 합쳐져 있었고, 중력도 다른 힘만큼이나 강했습니다. 10^{-36}초에 강한 핵력이 분리되고, 10^{-12}초에는 전자기력과 약한 핵력도 분리되어 지금과 같은 네 가지 힘이 됐습니다.

중력은 모든 물질이 서로를 끌어당기는 힘입니다. 나무에서 사과가 떨어지는 것도, 우리가 땅에 발을 딛고 설 수 있는 것도 중력 때문입니다. 아리스토텔레스는 물체가 자연적인 위치로 이동하는 현상으로 중력을 설명했고, 뉴턴은 질량이 있는 모든 물체가 서로 끌어당기는 힘으로 두 물체 사이 거리의 제곱에 반비례한다는 수식으로 나타냈습니다. 그의 법칙으로 행성의 움직임을 정확하게 예측할 수 있었고, 천왕성의 궤도 변화를 설명하면서 해왕성을 발견했습니다.

이후 뉴턴의 이론으로 설명되지 않는 블랙홀이나 빛의 휘어짐 같은 현상을 해결하기 위해 아인슈타인은 중력을 힘이 아니라 질량이 시공간을 휘게 만드는 현상이라고 설명했습니다. 그의 이론 덕분에 우리는 중력이 매우 강한 블랙홀과 같은 우주 현상을 이해할 수 있게 됐습니다.

전하는 물체가 가진 전기의 성질을 의미합니다. 우리 주변의 모든 물질은 매우 작은 원자로 이루어져 있고, 원자는 양전하를 가진 양성자와 음전하를 가진 전자로 구성되어 있습니다. 같은 전하끼리는 서로 밀어내고, 다른 전하끼리는 끌어당기는 성질을 가지고 있습니다. 대부분의 원자는 양성자 수와 전자 수가 같아 전기적으로 중성이지만, 원자의 바깥에 있는 전자들은 느슨하게 붙어 있어 쉽게 떨어지거나 이동합니다.

이렇게 전자들이 움직이면 물체가 전기를 띠는데, 바로 우리가 흔히 겪는 정전기입니다. 겨울철에 어두운 방에서 머리를 빗으면 불꽃이 튀는 것은 바로 정전기 때문입니다. 이때 발생하는 전압은 순간적으로 1만V가 넘는데 전류가 약하고 지속 시간이 짧아 사람이 다칠 정도는 아닙니다. 그렇지만 정전기가 기름이나 가스 등 인화성 물질 근처에서 발생하면 불꽃이 튀면서 화재나 폭발로 이어질 수 있기 때문에 정전기를 방지하거나 제어하는 장치가 필요합니다.

자기력은 자기장을 통해 물질을 끌어당기거나 밀어내는 힘입니다. 전류가 흐르면 자성이 생기고, 자기력으로 전기를 만들기도 합니다. 영국 물리학자 제임스 맥스웰James Clerk Maxwell은 전기와 자기 현상을 통합해 '전자기력'이라 불렀고, 이는 우주에서 두 번째로 강한 힘입니다. 가장 잘 알려진 자기장은 지구 자기장입니다. 지구 외핵의 철 등 금속이 액체 상태로 천천히 흐르면서 자기장이 형성된다고 추정합니다. 적도 위 1,000~6만km에는 자기장으로 형성된 '밴앨런대Van Allen Belt'가 있는데, 이 벨트가 우주 방사선이나 태양풍을 막아 줍니다. 이 덕분에 태양 자외선이 차단되어 지구에 생명체가 살 수 있습니다.

약한 핵력은 원자핵이 스스로 붕괴하는 현상, 즉 방사성 붕괴에 작용하는 힘입니다. 이 성질 덕분에 우리는 고대 유물이나 화석이 언제 만들어졌는지 알 수 있습니다. 바로 '방사성탄소 연대측정법'으로 활

밴앨런대
지구에 생명체가 살 수 있는 이유는 지구 자기장이라는 보호막 때문입니다.

용하기 때문입니다. 우리 주변의 탄소는 대부분 탄소-12와 탄소-13으로 구성되어 있지만 아주 소량의 탄소-14도 포함합니다. 탄소-14는 우주에서 날아온 방사선이 대기 중 질소 원자와 부딪혀 생성됩니다. 이렇게 생성된 탄소-14는 식물이나 동물이 호흡하거나 먹이를 먹을 때 몸 안에 쌓입니다.

생명체가 살아 있을 때 몸속의 탄소-14 비율은 일정하게 유지되지만 죽는 순간부터 탄소-14는 서서히 줄어들기 시작합니다. 약 5,700년마다 절반으로 줄어드는 반감기를 가지는데, 남아 있는 양을 측정하면 그 생명체가 언제 죽었는지 대략 추정할 수 있습니다. 다만 시대에 따라 대기 중 탄소-14의 양이 다르므로 나무의 나이테 분석과 같은 방법을 추가해야 정확한 연대 측정이 가능합니다.

약한 핵력은 인간에게 매우 심각한 피해를 주기도 합니다. 국제원자력기구는 원자력 사고를 7등급으로 나눕니다. 1986년에 구소련 우크라이나의 체르노빌 원자력 발전소에서는 7등급 대형 사고가 발생했습니다. 흑연을 감속재로 사용한 것이 폭발의 원인이었고, 이 사고로 피폭자가 20~80만 명에 달했습니다. 누출된 방사능의 양은 히로시마 원자폭탄의 400배에 달했습니다. 이 사고로 오염된 지역은 콘크리트로 덮는 방법밖에 없었습니다.

2011년에 일본 후쿠시마 원자력 발전소에서도 7등급 대형 사고가 발생했습니다. 동일본 대지진에 의한 쓰나미로 전력이 끊기면서 연료봉이 녹아 폭발이 일어났고, 누출된 방사능의 양도 체르노빌 원

체르노빌 원자력 발전소 사고 현장
이 사고는 전 세계에 약한 핵력의 잠재적인 위험성을 알렸습니다.

자력 발전소 사고와 비슷했습니다. 후쿠시마 인근 해산물에서는 여전히 높은 수준의 방사성 물질이 검출되고 있습니다. 이렇게 약한 핵력은 인간에게 매우 심각한 영향을 줍니다.

그렇다면 강한 핵력은 얼마나 더 치명적일까요. 1950년에 미국 대통령 해리 S. 트루먼 Harry S. Truman 은 수소폭탄 개발을 선언했고, 1952년에 태평양 마셜 제도에서 세계 최초 수소폭탄 실험이 이뤄졌습니다. 수소폭탄은 우라늄으로 초고열과 초고압을 만들고 수소가 핵융합 반응을 일으켜 어마어마한 힘이 폭발합니다. 실험 후 일루겔럽섬은 지도에서 완전히 사라질 정도였습니다.

빅뱅 이후 우주에 새롭게 등장한 또 하나의 복잡성은 바로 '물질'입니다. 물질의 가장 근본적인 입자는 '쿼크quark'로 빅뱅 이후 10^{-35}초경에 전자와 함께 형성됐습니다. 이후 시간이 더 흘러 10^{-6}초경에 쿼크들이 서로 결합해 양성자와 중성자가 탄생했습니다. 이때 우주의 온도는 약 10억℃로 매우 뜨거웠고, 우주에는 양성자나 중성자, 빛처럼 단순한 입자들만 존재했습니다. 특히 양성자와 중성자가 따로 분리된 플라즈마plasma 상태였는데, 이 상태에서는 자유롭게 움직이는 전자들이 빛이 직진하는 것을 방해했기 때문에 우주는 불투명했습니다.

이후 시간이 지나면서 우주는 점점 식기 시작했고 38만 년이 지난 후 양성자와 전자가 결합해 원자가 만들어졌습니다. 원자는 양성자와 중성자로 이루어진 핵과 전자로 구성되어 있습니다. 원자가 만들어지면서 전자들은 자유롭게 떠다니지 않게 되었고, 빛은 우주 공간을 자유롭게 이동하기 시작했습니다. 이때 처음으로 우주는 투명한 상태가 되었는데, 당시 방출된 빛이 바로 우주배경복사입니다. 이 빛은 지금도 우주 전역에 남아 있어 빅뱅의 흔적으로 여겨집니다.

첫 번째 임계국면, 빅뱅

'세상은 어떻게 시작되었을까?'라는 거대한 질문에 대한 답을 찾는 과정은 매우 다양했습니다. 어떤 사람들은 혼돈 속에서 우주와 세상이 시작되었다는 창조 신화를 믿었고, 다른 사람들은 지구가 우주의 중심이라고 생각했습니다. 또 다른 사람들은 우주는 영원히 변하지 않는다고 여겼습니다.

그렇지만 수학적 계산, 관측, 실험에 바탕을 둔 근대 과학이 등장하면서 사람들은 점점 더 정확한 과학적 증거를 기반으로 새로운 우주관을 받아들이게 됐습니다. 우리는 이러한 과정에서 우주에 관한 많은 지식과 정보를 쌓았고 이는 생각의 전환, 즉 인식의 큰 변화를 불러왔습니다.

아직 빅뱅 이전의 우주가 어떤 모습이었는지는 명확하게 알 수 없습니다. 하지만 허블이 발견한 적색편이와 우주배경복사는 빅뱅 이후 우주가 매우 빠르게 팽창했음을 보여 주는 확실한 증거입니다. 비록 빅뱅이 왜 일어났는지, 어떤 요소들과 골디락스 조건이 작용했는지 밝혀지지 않았지만, 우리는 빅뱅 이후 네 가지 힘과 물질이 생겨나며 우주에 새로운 복잡성을 가져왔다는 사실을 알고 있습니다. 따라서 빅뱅 이론은 현재까지 가장 신뢰할 수 있는 우주의 탄생 이야기이며 빅히스토리의 첫 번째 임계국면으로 자리 잡고 있습니다.

핵심 요약

우주의 기원에 대한 인간은 궁금증은 아주 오래전부터 이어져 왔습니다. 혼돈에서 세상이 시작되었다는 창조 신화, 지구가 우주의 중심이라는 고대의 지구 중심설, 지구가 태양을 중심으로 돈다는 근대의 지동설을 지나 현대 과학은 빅뱅을 통해 우주가 약 138억 년 전 한 점에서 폭발적으로 팽창해서 탄생했음을 밝혀냈습니다. 적색편이와 우주배경복사는 이 이론을 뒷받침하며, 우주는 네 가지의 기본 힘과 물질이 생겨나 새로운 복잡성을 갖게 됐습니다. 뉴턴과 아인슈타인의 이론은 중력과 시공간의 개념을 확장했고, 암흑물질과 암흑에너지는 우주의 강한 중력과 빠른 팽창을 설명하며 현대 우주론에서 중요한 역할을 합니다. 비록 빅뱅 이전의 상태는 아직 알 수 없지만 과학은 계속해서 조금씩 우주의 비밀을 밝혀 가고 있습니다.

제 2 장

우주를 밝히고 데운 별

ORIGIN
STORY

2장.
우주를 밝히고 데운 별

KEYWORD

- **성운** Nebula : 별이 탄생하는 수소, 헬륨, 먼지로 구성된 가스 구름입니다.

- **핵융합 반응** Nuclear Fusion : 가벼운 원자핵이 결합해서 무거운 원소로 바뀌면서 에너지를 내는 반응입니다.

- **초신성** Supernova : 별이 생을 마감하면서 폭발해 무거운 원소를 우주로 퍼뜨리는 현상입니다.

- **복사압** Radiation Pressure : 별 내부에서 발생한 에너지가 외부로 밀어내는 힘으로서 중력과 균형을 이루는 역할을 담당합니다.

- **생애주기** Life Cycle : 별이 성운에서 태어나 주계열성을 거쳐 백색왜성이나 중성자별, 블랙홀 등으로 진화하면서 죽음에 이르는 일련의 과정입니다.

밤하늘에 새겨진
신과 인간의 이야기

여름 밤하늘을 올려다보면 뿌연 강처럼 하늘을 가로지르는 은하수가 보입니다. 우리 조상은 이 은하수에 용이 산다고 믿어 '미리내'라는 이름을 붙였습니다. '미르'는 용, '내'는 시냇물을 뜻하므로 미리내는 '용이 사는 강'이란 뜻입니다. 고전 소설『별주부전』에 등장하는 병든 용왕의 이야기도 용이 물속에 살다가 하늘로 올라가면 은하수에 산다고 믿던 신앙과 연결됩니다.

중국 전설에도 은하수와 관련된 이야기가 있습니다. 하늘의 황제는 일에 소홀해진 딸과 사위에게 1년에 한 번만 만나게 했습니다. 두 사람은 은하수를 사이에 두고 떨어졌고, 까치와 까마귀가 만든 다리를 건너 만났습니다. 바로 우리가 잘 아는 견우와 직녀 이야기입니다. 중국에서도 은하수를 하늘을 가로질러 흐르는 강이라고 여겼습니다.

그리스 신화의 제우스는 인간 알크메네Alcmene 사이에서 태어난 아들에게 죽지 않는 불사의 능력을 주기 위해 아내 헤라의 모유를 몰래 먹이려 했습니다. 그러나 아이가 너무 힘이 세서 헤라가 놀라 깨어났고, 모유가 하늘에 흩어지면서 은하수가 되었다고 합니다. 그래서 은하수를 '우유의 길Milky Way'이라고 부릅니다.

은하수 근처에는 많은 별자리가 있습니다. 여름철 대표적인 별자리인 백조자리는 제우스가 백조로 변해 스파르타의 왕비 레다Leda를 만난 이야기와 관련이 있습니다. 레다는 네 쌍둥이 알을 낳았고 그곳

페테르 파울 루벤스, 《은하수의 탄생》, 1637년경.

에서 태어난 딸 헬레네Helen는 당시 세상에서 가장 아름다운 여성이었습니다. 그녀를 원했던 트로이의 왕자 파리스Paris에게 아프로디테는 황금사과를 자신에게 주는 대가로 헬레네를 만날 수 있도록 해 주기로 약속했고, 결국 이 일로 그리스와 트로이 사이에 전쟁이 발발했습니다.

겨울에 볼 수 있는 오리온자리는 바다의 신 포세이돈의 아들 오리온Orion을 기리는 별자리입니다. 그는 사냥의 여신 아르테미스Artemis를 사랑했지만 그녀의 오빠 아폴론Apollon은 오리온을 싫어했습니다. 결국 아폴론은 전갈을 보내 오리온을 죽입니다. 이후 오리온과 전갈은 각각 겨울과 여름의 별자리가 되었는데, 흥미롭게도 하늘에서 서로 마주치지 않게 정반대 위치에 놓였습니다.

사람들은 오래전부터 천체를 관찰해 시간과 방향을 인식했습니다. 대표적인 천체는 태양과 별이었습니다. 그래서 태양이 지나가는 경로와 그 배경이 되는 별자리를 황도 12궁으로 설명했고, 고대 메소포타미아에서는 이를 바탕으로 점성술이 발전했습니다. 점성술은 이후 그리스나 이집트 등 여러 지역으로 퍼져 나가며 오랫동안 개인과 국가의 운명을 예측하는 중요한 수단이었습니다. 이후 도구의 발전으로 정확한 관측이 시작되면서 근대 천문학이 발전하기 시작했습니다.

은하수의 정체를 밝힌 최초의 과학자

우리나라와 중국의 전설, 그리스 신화로 전해 내려오는 이야기에는 한 가지 공통점이 있습니다. 은하수를 하늘의 강이라고 생각한 것입니다. 그렇지만 은하수는 강이 아니라 수많은 별의 집합입니다. 놀랍게도 은하수가 강이 아닌 별로 이루어졌다는 생각은 매우 오래전부터 존재했습니다.

그리스 철학자 데모크리토스Democritos는 모든 물질이 더 이상 나눌 수 없는 작은 '원자'로 구성되어 있다고 주장한 것으로 잘 알려져 있습니다. 그는 별에도 관심을 가졌는데, 분간할 수는 없지만 은하수가 수많은 별이 모여 이루어진 것이라고 주장했습니다. 아리스토텔레스 역시 은하수가 별과 관련되어 있다고 생각했습니다. 그는 별이 폭발해서 은하수가 생겼다고 믿었는데, 이들의 주장은 아리스토텔레스의 저서 『기상학』에 등장합니다.

10세기경 이슬람 천문학자 알하젠Alhazen은 과학적인 방법으로 은하수를 관찰했습니다. 그는 은하수에서 '연주시차年周視差'가 나타나지 않는다는 사실을 발견했습니다. 연주시차는 지구가 태양 주위를 돌면서 생기는 시차입니다. 지구에서 6개월 간격으로 같은 별을 관찰하면 지구의 위치가 바뀌기 때문에 별이 다른 위치에 있는 것처럼 보입니다. 이런 차이를 연주시차라고 합니다. 연주시차는 별까지 거리를 측정할 때 중요한 단서가 됩니다.

그렇지만 대부분의 별은 너무 멀리 떨어져 있어서 연주시차가 거의 보이지 않습니다. 알하젠은 바로 이 점에 주목했습니다. 은하수에 연주시차가 없다는 사실을 근거로 그는 은하수가 지구에서 멀리 떨어진 수많은 별이 모인 곳이라고 생각했습니다. 그는 단순한 추측이 아니라 직접 관측한 결과를 바탕으로 은하수의 정체를 설명하려고 했던 최초의 천문학자였습니다.

비슷한 시기에 이슬람의 또 다른 과학자 이븐 알하이삼Ibn al-Haytham 역시 추측에 근거한 점성술과 관측과 경험을 기반으로 한 천문학을 구분하는 데 큰 역할을 했습니다. 그도 은하수에 관심이 많았는데, 「은하수에 관하여」라는 논문에서 지구 근처의 별이 폭발하여 은하수가 생겼다는 아리스토텔레스의 주장에 반대했습니다. 그는 자신의 주장을 검증하기 위해 알하젠과 마찬가지로 은하수의 연주시차를 측정했습니다. 같은 시간에 다른 장소에서, 그리고 다른 시간에 같은 장소에서 은하수를 관찰했지만, 은하수의 위치는 달라지지 않았습니다. 이를 통해 알하이삼은 은하수가 지구 대기가 아닌 훨씬 멀리 떨어져 있다는 사실을 밝혔습니다. 알하이삼은 관찰과 실험을 바탕으로 과학적인 결론을 도출했으며, 그의 연구 방식은 이후 근대 과학의 발전에 많은 영향을 미쳤습니다.

12세기 스페인 천문학자 아벰파세Avempace도 은하수를 가까이 있는 별이 모여 있는 것이라고 믿었습니다. 그는 빛이 공기 속을 지나면서 굴절되는 현상 때문에 별의 이미지가 겹쳐서 마치 강처럼 보이는 것이라고 설명했습니다. 이와 관련하여 아벰파세는 1106년에 발생했던 목성과 화성의 결합 현상을 근거로 들었습니다. 두 행성은 공전 주기 때문에 26~27개월마다 한 번씩 화성이 목성 바로 위에 있는 것처럼 보입니다.

은하수가 실제로 수많은 별로 이루어져 있다는 사실을 과학적으로 입증한 사람은 갈릴레이였습니다. 1609년에 그는 멀리 떨어진 물체를 가깝게 보이도록 하는 기구인 망원경이 발명되었다는 소식을 들었습니다. 그래서 직접 망원경을 만들어서 하늘을 관찰했습니다. 그가 망원경으로 처음 본 것 중 하나가 바로 은하수였습니다. 맨눈으로 볼 때는 흐르는 강처럼 보이던 은하수가 망원경으로 관측하니 수많은 별이 모여 있는 것이라는 사실을 밝혀낸 것입니다.

이슬람 과학자들이 수학적 계산을 근거로 은하수가 별들의

망원경으로 밤하늘을 관측하는 갈릴레이
그는 직접 개량한 망원경으로 은하수의 비밀을 과학적으로 밝혔습니다.

집합이라고 추측했다면, 갈릴레이는 도구를 이용한 과학적 증거를 바탕으로 이 사실을 밝혀낸 최초의 과학자입니다. 갈릴레이의 발견은 오랫동안 세상을 지배했던 우주관을 바꾸는 데 중요한 역할을 했고, 은하수는 그런 변화의 시작 중 하나였습니다.

탄생과 죽음을 반복하는 별

2014년에 호주국립대학교 스테판 켈러Stefan Keller 교수 팀은 지금까지 발견된 별 중 가장 오래된 별인 'SMSS J031300.36-

670839.3'을 찾아냈습니다. 이 별을 조사한 결과 철과 같은 금속 성분이 거의 없었습니다. 이 사실은 매우 중요합니다. 초기 우주에는 수소와 헬륨만 존재했고, 철과 같은 무거운 원소는 별이 폭발하는 '초신성' 때 만들어졌기 때문입니다. 따라서 별에 금속 성분이 없다면 매우 오래된 별이라는 의미입니다. SMSS는 약 136억 년 전 우주에 처음 생긴 별이 폭발하고 남긴 잔해로 만들어진 것으로 추정됩니다. 우주 최초의 별은 아직 발견되지 않았지만, 그 별을 발견한다면 우주의 탄생과 빅뱅에 대해 더 많은 것을 알게 될 것입니다.

그렇다면 우주에서 별은 언제, 어떻게 탄생했을까요? 빅뱅 이후 38만 년이 지나자 우주의 온도는 아주 낮아져 2.7K가 됐습니다. 이때 전자와 양성자가 결합해서 원자가 만들어졌습니다. 당시 우주는 물질이 골고루 퍼져 있는 상태였는데 우주배경복사가 그 흔적을 보여 주는 증거입니다. 그렇지만 시간이 지나면서 아주 미세한 온도 차이가 발생했습니다. 수천 분의 1℃밖에 되지 않는 아주 작은 차이지만 우주에는 큰 영향을 미쳤습니다. 조금 더 뜨거운 지역에 더 많은 중력이 작용했고, 그곳으로 더 많은 물질이 끌려가면서 밀집하기 시작했습니다. 그렇게 만들어진 물질 덩어리는 마치 구름처럼 보이는데, 천문학자는 그것을 '성운'이라고 부릅니다. 성운은 우주 공간에 흩어진 수소나 헬륨, 먼지가 모여 있는 곳으로 별빛을 흡수하거나 흩어지게 해 지구에서도 관측이 가능합니다.

이 성운이 바로 별이 태어나는 곳입니다. 성운 속 가스와 먼지는 중력으로 서로 끌어당기면서 모이는데, 그 과정에서 중심부는 점점 뜨거워지고 압력이 높아져서 핵융합 반응이 발생합니다. 그리고 별이 탄생하지요. 천문학자에 따르면 최초의 별은 빅뱅 이후 1~2억 년 사이에 생겼다고 합니다.

　　　　이렇게 탄생한 별은 마치 인간처럼 생애주기를 가집니다. 별의 생애를 결정하는 가장 중요한 요소는 바로 '질량'입니다. 질량이 작은 별은 연료를 천천히 사용하기 때문에 오래 삽니다. 어떤 별은 수천억 년 동안 살 수 있습니다. 그러나 질량이 큰 별은 빠르게 연료를 태우기 때문에 수백만 년 정도 삽니다. 질량은 별의 모습이나 죽는 방식에도 영향을 미칩니다. 질량이 큰 별은 중심핵에서 탄소나 산소, 철 등 무거운 원소를 만들어서 구조도 복잡하고 상태도 불안정합니다. 그리고 마지막에 초신성 폭발을 일으켜 새로운 별이나 행성, 생명에 필요한 원소들을 퍼뜨리고 생을 마칩니다.

　　　　별의 일생은 크게 네 단계로 구분할 수 있습니다. 첫 번째는 '원시별' 단계입니다. 수소나 헬륨, 먼지로 이루어진 성운은 시간이 지나면서 중력으로 수축합니다. 가스 구름은 작은 덩어리로 나누어지고, 그 속의 물질은 중력이 더 강한 쪽으로 몰리면서 떨어집니다. 떨어질 때 발생하는 위치에너지는 열로 바뀌면서 중심부가 뜨거워집니다. 그렇게 가스 구름이 작아질수록 중력은 강해지고 물질이 빠르게 회전하면서 납작한 원반 모양을 가진 원시별이 탄생합니다.

　　　　두 번째 단계는 전前주계열성 단계입니다. 이 단계는 별로

허블 우주망원경이 촬영한 독수리 성운의 '창조의 기둥'
수소와 헬륨, 먼지가 모인 가스 구름에서 별이 탄생합니다.

성장하는 시기입니다. 더 많은 가스와 물질이 중심부로 끌려오기 때문에 질량이 증가하고 중력도 강해집니다. 중심부는 더 뜨겁고 밀집된 상태가 되어 원시별은 점점 밝아지고 온도도 올라갑니다. 중심부 온도가 1,000만K까지 올라가면 위치에너지 대신 수소를 이용한 핵융합 반응이 등장합니다. 이때부터 본격적인 별의 일생이 시작됩니다.

별의 일생 중 세 번째는 주계열성 단계입니다. 별이 본격적으로 에너지를 내면서 살아가는 시기입니다. 별의 중심부에서 수소가 헬륨으로 바뀌는 핵융합 반응이 일어나면 이때 발생하는 에너지로 복사압이 형성됩니다. 복사압은 내부에서 만든 에너지가 밖으로 나가려는 힘입니다. 이 힘이 별을 누르는 중력과 균형을 유지하는 동안 별은 안정적으로 밝은 빛을 내면서 삽니다. 그렇지만 시간이 지나면서 수소는 점점 고갈되고 헬륨이 쌓이기 시작합니다. 중력을 버티기 어려워지고 중심부가 수축하면서 별의 크기와 밝기가 변하기 시작합니다.

마지막은 후後주계열성 단계로서 별이 수명을 다해 가는 시기입니다. 수소를 거의 다 사용하면 핵융합 반응이 약해지면서 별은 더는 안정적일 수 없습니다. 태양과 비슷한 질량의 별은 적색거성으로 변합니다. 아주 크고 붉게 보이지만 중심부는 더 뜨거워지면서 수축합니다. 중심부 온도가 1억K에 도달하면 헬륨이 탄소로 바뀌는 새로운 핵융합 반응이 시작되고, 이후 산소와 철까지 만들어집니다. 그리고 무거운 원소들이 별의 중심부에 쌓입니다.

이렇게 네 단계의 일생을 거친 별은 마지막 순간을 맞이합니다. 별의 중심부에서는 핵융합 반응으로 에너지를 만들고, 복사압이 발생해서 중력과 균형을 유지했습니다. 그렇지만 핵융합 반응을 멈추는 순간 더는 복사압이 생기지 않아 중력을 이기지 못하고 수축합니다. 중심핵의 질량과 밀도에 따라 작고 빛나는 백색왜성이나 중성자로 뭉친 밀도 높은 중성자별, 중심부가 무거워 빛조차 빠져나올 수 없는 블랙홀로 진화하면서 죽음을 맞이합니다.

그러나 별의 죽음은 끝이 아닙니다. 별은 죽으면서 우주에 탄소나 산소, 철과 같은 원소를 뿌립니다. 이런 원소들은 새로운 별과 행성 그리고 생명체의 탄생에 꼭 필요한 재료입니다. 그래서 별은 우주 안에서 탄생과 죽음을 반복하면서 순환과 진화를 이끄는 중요한 존재입니다.

**비슷해 보이지만
서로 다른 별**

1888년 12월 어느 날 한 무명 화가가 자기 귀를 자르는 사건이 발생했습니다. 오늘날 세계적으로 유명한 화가인 빈센트 반 고흐입니다. 그가 귀를 자른 이유는 아직도 정확하게 밝혀지지 않았습니다. 함께 작업하던 고갱과의 다툼, 동생의 결혼으로 경제적 지원이 끊길지도 모른다는 불안감, 정신질환으로 인한 충동, 광견병에 걸린 여성을 돕기 위한 종교적인 희생정신으로 다양합니다. 정신적으로 힘든 시기를 보내면서 그는 프랑스 생 레미 드 프로방스의 요양원에서 지냈습니다. 당시

내면의 고통을 그림으로 표현했는데 소용돌이치는 하늘로 혼란스러운 마음을 표현하고, 노란색의 11개 별로 희망과 위로를 나타냈습니다.

고흐의 그림에 나오는 별들은 비슷해 보여서 구분하기 어렵습니다. 실제 밤하늘의 별들도 마찬가지입니다. 그러나 천문학자는 별을 나누는 명확한 기준을 가지고 있습니다. 바로 별의 표면온도와 빛의 성분을 분석한 정보입니다. 별은 표면온도에 따라 특정한 방식으로 빛을 방출합니다. 그래서 표면온도가 다르면 방출하는 빛의 색 비율도 다릅니다. 그런데 별은 지구에서 멀리 떨어져 있어 이와 같은 온도 계산을 적용하기가 어렵습니다. 이후 과학자들은 특정 온도 범위에서 특정한 흡수선이 나타난다는 사실을 발견했습니다. 덕분에 거리에 상관없이 빛

빈센트 반 고흐, 《별이 빛나는 밤》, 1889년.

속의 흡수선만으로도 별의 표면온도를 알 수 있게 됐습니다.

사실 별을 색이나 특징에 따라 구분하는 분류는 19세기까지 거슬러 올라갑니다. 당시 이탈리아 분광학자 안젤로 세키Angelo Secchi는 별빛의 스펙트럼을 네 가지로 분류했습니다. 수소선이 뚜렷하게 보이는 I형, 금속선이 잘 보이는 II형, 복잡한 스펙트럼을 가진 III형, 그리고 탄소선이 뚜렷하게 보이는 IV형입니다. I형은 청색 또는 백색 별이고, II형은 노란색 별이며, III형은 주황색 별입니다. 그리고 IV형은 붉은색 별입니다. 세키는 별빛의 스펙트럼을 통해 별의 색과 특징을 구분한 최초의 과학자 중 한 사람입니다.

이후 1910년대 초 하버드대학교에서는 더 정교한 분류법인 '하버드 항성 분류법'을 개발했습니다. 이 분류법은 별의 표면온도를 기준으로 별을 O, B, A, F, G, K, M형으로 구분합니다. 표면온도가 높을수록 O형에 가깝고, 낮을수록 M형에 가깝습니다. O형은 가장 뜨거운 청색 별이고, M형은 가장 차가운 붉은색 별입니다.

또 다른 분류법으로는 '여키스 항성 분류법'이 있습니다. 이 분류법은 별의 표면중력이 빛에 미치는 영향에 따라 별을 구분합니다. 표면중력이 강하면 흡수선이 넓게 퍼지고, 약하면 좁게 보입니다. 그래서 같은 O형이라도 표면중력에 따라 다르게 보여 별의 밝기 등급을 함께 활용합니다. 우리은하에 있는 별의 90%가 차갑고 어두운 M형 별인데 태양은 G형 별입니다.

별의 내부 구조는 질량에 따라 달라집니다. 중심부에서는 핵

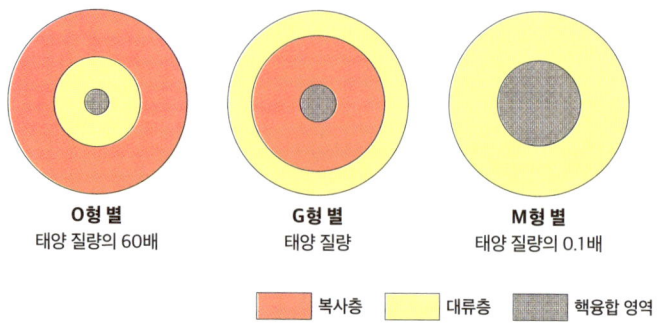

질량별 별의 내부 구조
질량은 별의 거의 모든 것을 결정하는 아주 중요한 요소입니다.

융합 반응이 발생해서 에너지가 만들어지는데, 이 에너지가 바깥으로 전달되는 방식에 따라 구조가 다릅니다. 에너지는 복사층과 대류층에서 서로 다른 방식으로 전달됩니다. 복사층에서는 느리지만 퍼지는 방식으로 전달되고, 대류층에서는 빠르게 위아래를 순환하면서 전달됩니다.

태양보다 작은 M형 별은 중심핵 주변에 대류층이 형성되어 에너지가 전달됩니다. 태양과 비슷한 G형 별은 중심부는 복사층, 바깥은 대류층이 만들어져 에너지가 전달되며, 태양보다 훨씬 큰 O형 별은 중심부는 대류층, 바깥은 복사층이 형성되어 에너지를 전달합니다. 즉, 별의 질량이 작을수록 대류층 중심의 구조를 가지고, 클수록 복사층 중심의 구조를 가집니다. 이와 같이 질량은 별의 일생과 진화, 죽음뿐만 아니라 구조까지 결정하는 매우 중요한 요소입니다.

숨 쉬게 만드는 별,
태양의 탄생

그렇다면 우리가 가장 잘 알고 있는 별은 무엇일까요? 바로 태양입니다. 태양은 지구 생명체에게 필요한 에너지의 근원입니다. 그래서 세계 여러 지역에서는 태양과 관련한 다양한 신화나 전설이 전해집니다. 특히 농경이 시작된 지역에서 많이 등장합니다. 약 1만 년 전 마지막 빙하기가 끝난 후 더 많은 식량을 얻기 위해 인간은 야생의 여러 종을 길들이기 시작했습니다. 농경은 단순히 밭을 가는 것이 아니라 태양 에너지를 이용해 식물과 동물을 키우고 활용하는 기술과 과정입니다.

옥수수는 아메리카에서 처음 재배된 대표적인 작물 중 하나입니다. 오늘날 멕시코 중부에서 중앙아메리카에 이르는 지역에 3,500년 이상 마야 제국이 번성했는데, 여기에는 『포폴 부』라는 책이 전해집니다. 마야 제국의 신화와 세계관을 담고 있는데 아무것도 없던 시절에 4명의 신이 땅과 생명을 창조했습니다. 처음에는 진흙과 나무로 인간을 만들었지만 그들은 신을 존경하지 않았고 쉽게 파괴되거나 물에 녹았습니다. 그래서 신들은 홍수와 괴물을 보내 이들을 없앤 후 옥수수로 인간을 다시 만들었습니다. 당시에는 태양이 없었는데 인간들이 신에게 기도하자 태양이 떠올라 농경이 시작됐습니다. 이렇게 마야인에게 옥수수는 단순한 곡물이 아닌 인간과 세상의 기원입니다.

마야인은 천문학 지식이 뛰어나 두 가지 달력을 사용했습니다. 한 가지는 농경에서 사용하는 것으로 1년을 365일로 고정했습니다.

다른 한 가지는 제사와 의식용으로 260일을 기준으로 삼았습니다. 이 두 달력은 52년마다 같은 날이 겹치는데 마야인은 이날을 '세상의 주기'로 생각했습니다. 그리고 새로운 시작을 위해 태양신에게 살아 있는 인간의 심장과 피를 바쳤습니다. 그들에게 태양신은 인간의 삶을 창조하고 관장하는 최고의 신이었기 때문입니다.

태양신은 고대 이집트 신화에서도 아주 중요한 존재로 등장합니다. 창조 신화에 따르면 태초에는 아무것도 없이 혼돈의 바다만 존재했습니다. 이후 최초의 신 아툼이 등장했는데 그는 공기의 신과 대지의 여신을 비롯한 여러 신을 만든 창조신이자 태양신이었습니다. 이집트인은 태양이 하루 동안 모습을 바꾸며 움직인다고 생각해서 아침에는 케프리 Khepri, 낮에는 라 Ra 그리고 저녁에는 아툼으로 불렀습니다. 이집트인은 사람이 죽은 뒤에도 영혼이 계속 산다고 믿었기 때문에 죽은 사람을 미라로 만들고, 관 속에 지하 세계의 안내서인 『사자의 서』를 넣었습니다. 이 책에 따르면 태양신 아툼은 죽은 파라오의 영혼을 이끌어 낙원으로 보내 주는 인도자입니다.

태양의 탄생에 대해서는 18세기 철학자와 과학자도 고민했습니다. 독일 철학자 임마누엘 칸트는 자신의 저서 『보편자연사와 천공이론』에서 기체로 이루어진 거대한 구름이 천천히 회전하다가 중력 때문에 붕괴하기 시작했다고 설명했습니다. 이후 구름은 납작한 원반 모양으로 바뀌었고 중심부에서 태양과 행성이 생겨났습니다. 이렇게 그는 태양계가 성운이라는 가스 구름에서 탄생했다고 주장했습니다.

프랑스 수학자 피에르시몽 드 라플라스Pierre-Simon, marquis de Laplace도 칸트와 비슷한 생각을 했습니다. 그는 태양이 처음에는 뜨거운 대기 상태였는데 시간이 지나며 식고 수축하면서 납작해졌고 회전 속도가 빨라졌다고 주장했습니다. 그리고 회전하는 태양 성운의 바깥 부분에서 가스 고리가 떨어져 나와 이후 뭉쳐져 행성이 되었다고 설명했습니다. 이들의 생각은 오늘날 태양계의 기원을 설명하는 중요한 이론이 됐습니다.

오늘날 과학자들은 '태양성운원반모형SNDM, Solar Nebular Disk Model'이라는 이론으로 태양의 탄생을 설명합니다. 오래전 우주에는 가스와 먼지로 이루어진 성운이 떠다니다가 초신성 폭발과 같은 충격으로 무너지면서 회전하기 시작했습니다. 그 결과 납작한 원반 모양의 원시행성계원반이 만들어졌고, 밀도가 높은 부분에 물질이 모이면서 커졌습니다. 물질은 1,000년에 약 1cm 정도로 아주 느리게 자랐지만 지름이 1km 이상 되면 행성을 만드는 요소가 됩니다. 중심부가 뜨거워지면서 핵융합 반응이 시작되어 성운 물질의 99%가 태양을 형성하고, 나머지 물질이 모여 행성을 만들었습니다.

이렇게 형성된 태양의 지름은 약 130만km로 지구보다 100배 이상 큽니다. 중심부 온도는 무려 1,500만℃입니다. 태양의 내부는 핵과 복사층 그리고 대류층으로 구성되어 있습니다. 표면은 우리가 태양을 볼 때 빛나는 표면인 광구와 그 위의 대기층으로 구성되어 있으며, 대기층은 다시 채층과 전이 영역, 그리고 가장 바깥인 코로나로 나뉩니다.

태양의 핵에서는 4개의 수소가 합쳐져 1개의 헬륨을 만드는 핵융합 반응이 일어납니다. 이때 4개의 수소 질량과 1개의 헬륨 질량 사이에 아주 미세한 차이가 발생합니다. 그 질량 차이만큼 에너지로 바뀌어 나오는데, 에너지는 복사층과 대류층을 거쳐 표면까지 전달됩니다. 그리고 광구에서 빛의 형태로 우주에 퍼집니다. 이렇게 지구에 도달한 태양빛은 생명체가 살아가는 데 필요한 에너지원이 됩니다.

태양이 지구를 위협하는 방법

지구를 비롯한 행성에서 생명체가 살아가기 위해서는 에너지가 필수입니다. 생명체는 에너지 없이 자라거나 유지할 수 없습니다. 그래서 미국항공우주국은 행성의 거주가능성 planetary habitability 을 '복잡한 유기 분자가 결합하기에 적합한 액체 상태의 물이 존재하고, 동시에 에너지원을 공급받을 수 있는 곳'으로 정의합니다. 지구에 생명체가 존재할 수 있는 이유 중 한 가지는 바로 태양입니다. 그런데 태양이 지구에 긍정적인 영향만 미치는 것은 아닙니다.

1613년에 갈릴레이는 자신이 만든 망원경으로 태양을 관찰하다가 흑점을 발견했습니다. 흑점은 태양 표면에서 관찰되는 어두운 점입니다. 그는 흑점의 위치를 자세히 기록해 최초의 흑점 지도를 만들었는데, 관찰 결과 흑점이 11년을 주기로 증감한다는 사실을 밝혀냈습니다. 그런데 놀랍게도 우리나라에서는 이보다 수백 년 전에 흑점을 관찰하고 기록되어 있습니다. 고려 시대 역사책인 『고려사』 권17에는 제18대 왕 의종毅宗 5년인 1151년 3월에 태양에서 달걀 크기의 흑자, 즉 흑점을 발견했다고 기록했습니다. 흑점은 『조선왕조실록』에도 등장합니다. 선조 37년인 1604년 9월에 태양 가운데 새알 크기의 흑자가 있었다는 기록이 바로 그것입니다. 『고려사』와 『조선왕조실록』에는 흑점에 대한 기록에 무려 700번 이상 등장합니다. 우리 조상이 하늘과 태양을 매우 관심 있게 관찰했다는 증거입니다.

흑점이 증가하면 지구에서는 특별한 자연현상이 자주 발생합니다. 바로 오로라입니다. 오로라는 북위 60~80° 사이에 있는 오로라대에서 발생하는 현상입니다. 핀란드처럼 북쪽에 있는 나라에서 자주 나타납니다. 핀란드인은 오로라를 여우가 바위에 꼬리를 치면서 튀기는 불꽃이라고 생각해서 '여우의 불'이라고 불렀습니다. 그 여우를 잡으면 부자가 된다고 믿는 사람도 있었습니다.

오로라는 태양에서 날아온 입자들이 지구 자기장과 부딪히고 대기 속 공기와 반응해서 빛을 내는 현상입니다. 태양 표면에 흑점이 많아지면 태양은 더 많은 에너지와 입자를 방출합니다. 이때 태양의 가장 바깥층인 코로나도 더 밝게 빛나는데, 코로나의 온도는 약 100만℃로 양성자와 전자가 분리되어 자유롭게 움직이는 플라즈마 상태입니다. 이 상태에서 수소나 헬륨처럼 가벼운 원소는 전자를 모두 잃어버리고, 철처럼 무거운 원소는 일부 전자만 잃어버립니다. 이렇게 떨어져 나온 전자가 태양풍에 섞여 지구로 날아와 대기 속 산소나 질소와 부딪히면서 내는 빛이 오로라입니다. 다시 말해, 흑점이 많아지면 태양에서 날아온 전자가 지구 대기와 반응해서 생기는 빛의 쇼입니다.

태양풍은 태양에서 발생하는 강한 바람과 같은 입자의 흐름입니다. 태양의 강력한 자기장 때문에 태양 대기에서는 전기를 띤 입자가 플라즈마 상태로 방출되는데, 그중 규모가 큰 방출을 코로나질량방출CME, Coronal Mass Ejection이라고 부릅니다. 여기에서는 전자나 양성자와 같은 고에너지 입자가 한꺼번에 방출됩니다. 그래서 지구 자기장이 역전하는 현상이 발생할 수 있습니다. 그 결과 인공위성이나 우주정거장이 태양 방사선에 노출되어 고장 위험이 생기거나 지구 자기장을 이용해 이동하는 철새나 돌고래의 방향 감각에 혼란을 줄 수 있습니다. 최근 연구에서는 과거 태양풍이 지구 기후를 변화시켜 호모 사피엔스와 공존했던 호모 네안데르탈렌시스가 멸종했다는 주장이 제기되기도 했습니다.

이와 같은 위협에도 불구하고 태양은 인간에게 가장 중요한 에너지원입니다. 그래서 태양 에너지를 재생가능에너지로 활용하려는 연구가 활발합니다. 재생가능에너지는 자연에서 얻을 수 있는 에너지 중 다시 사용할 수 있으며 기후변화나 자원 고갈에도 대응할 수 있는 에너지입니다. 태양이나 바람, 물, 지열 등이 여기에 해당합니다. 최근 태양빛과 물만으로 이산화탄소를 탄화수소로 바꾸는 기술이 연구되면서 친환경에너지로서 태양에 대한 관심은 더욱 높아지고 있습니다.

지구에 생명체가 등장하고 농경이 시작된 이후 인간을 비롯한 모든 생명체는 태양 에너지에 의존해서 살아왔습니다. 현재까지 태양은 태양계의 유일한 별이며, 지구의 생명은 태양과 깊이 연계되어 있습니다. 앞으로도 태양의 수명이 다할 때까지 지구와 생명체 그리고 인간은 태양과 긴밀한 관계를 유지하면서 살아가게 될 것입니다.

별 탄생의 구성 요소, 골디락스 조건 그리고 새로운 복잡성

사람들은 아주 오래전부터 밤하늘의 별을 바라보면서 의미를 부여해 왔습니다. 별은 단순히 반짝이는 천체가 아니라 삶과 죽음, 운명을 상징하는 존재였습니다. 밤하늘에서 가장 찾기 쉬운 별자리 중 하나인 북두칠성은 7개의 밝은 별이 국자 모양으로 늘어선 모양입니다. 중국에서는 북두칠성에 특별한 의미를 담았습니다. 국자 머리에 해당하는 4개의 별을 관으로 보았고, 손잡이 모양의 별 3개는 관을 끌고 가는 사람으로 여겨 죽음과 관련된 별자리 또는 인간의 생명을 결정하는 별로 여겼습니다. 『삼국지』에 등장하는 유명한 재상 제갈량도 자신의 죽음을 북두칠성을 보면서 예측했다고 전해집니다.

별은 죽음뿐만 아니라 새로운 탄생을 의미하기도 합니다. 『성경』 「마태복음」 2장에는 다음과 같은 구절이 등장합니다.

유대인의 왕으로 나신 이가 어디에 계시냐. 우리가 동방에서 그의 별을 보고 그에게 경배하러 왔노라.

동방에서 온 현자들은 하늘에 나타난 특별한 별을 보고 예수의 탄생을 알게 됐습니다. 그러나 당시 유대 왕 헤롯과 유대인들은 그 별을 알지 못했으니 눈에 띄는 별은 아니었고 천문학 지식을 가진 사람만 알아볼 수 있었던 현상으로 추정합니다. 그래서 케플러는 예수의 별을 연구했습니다. 그리고 기원전 7년 5월, 10월, 12월에 목성과 토성이 세 차례나 겹치는 현상이 발생했다는 사실을 밝혀냈습니다. 이 겹치는 현상이 『성경』에 등장하는 별일 수 있다고 생각한 것입니다.

북두칠성
오래전부터 사람들은 밤하늘의 별을 보며 다양한 의미를 부여해 왔습니다.

이렇게 별은 단순히 하늘에서 빛나는 천체가 아니라 인간의 탄생과 죽음을 상징하는 존재로 여겨져 왔습니다. 이런 별은 흥미롭게도 인간처럼 태어나고 자라며 결국 죽음을 맞이합니다. 인간과 별 모두 생애를 가진다는 점에서 닮아 있습니다.

그렇다면 별의 탄생에 필요한 구성 요소는 무엇일까요? 첫 번째는 물질입니다. 좀 더 정확하게 표현하자면 '성간 물질'입니다. 성간 물질은 별과 별 사이에 떠 있는 물질을 의미합니다. 크게 먼지와 가스로 구분합니다. 먼지는 얼음이나 탄화수소 덩어리로 이루어져 있는데 크기는 작지만 무겁고 밀도도 높습니다. 반면 가스는 먼지보다 가볍고 밀도는 낮지만 양은 훨씬 많아 우주 공간의 대부분을 차지합니다.

가스는 주로 두 가지 원소로 이루어져 있습니다. 약 70%는 수소이고, 나머지 30%는 헬륨입니다. 다시 말해 우주의 성간 물질은 거의 수소와 헬륨으로 이루어져 있습니다. 태양과 비슷한 크기의 별 중심부에서는 수소가 헬륨으로 바뀌는 핵융합 반응이 일어납니다. 이 과정에서 2개의 양성자가 서로 충돌할 때 약한 핵력이 작용해 서로 붙으면서 중수소를 만듭니다. 이때 양전자와 아주 가볍고 잘 반응하지 않는 입자인 중성미자도 생깁니다. 만들어진 중수소는 다른 수소와 결합해서 삼중수소를 만들고, 에너지가 감마선이라는 빛의 형태로 방출되어 별을 빛나게 합니다. 그리고 삼중수소가 다른 수소와 충돌하면서 헬륨의 동위원소인 헬륨-3 ^{3}He을 만듭니다.

두 번째 구성 요소는 바로 '중력'입니다. 중력은 수소나 헬륨 같은 가스가 서로 모여 별을 만들 수 있게 합니다. 별은 질량이 매우 커서 내부에 엄청난 중력이 작용합니다. 그렇지만 별은 무너지지 않습니다. 핵융합 반응에서 발생하는 에너지가 바깥으로 밀어내는 복사압을 만들어 중력과 균형을 이루기 때문입니다. 이 상태에서 별은 안정적으로 빛납니다. 현재 태양도 이 상태입니다. 그러나 별이 나이가 들어 핵융합 반응이 감소하고 중심부 온도와 압력이 떨어지면, 복사압이 중력을 이기지 못하고 수축하면서 중심부 온도가 매우 높아집니다. 중심부 온도가 30억℃ 이상 올라가면 철과 같은 무거운 원소까지 만들고 더 이상 에너지를 내지 못하고 폭발합니다.

별이 탄생하기 위해서는 구성 요소만 필요한 것이 아닙니다. 너무 뜨겁지도 너무 차갑지도 않은 딱 알맞은 온도의 수프처럼 적절한 조건, 즉 골디락스 조건이 필요합니다. 이 중 한 가지는 '미세한 온도나 밀도의 차이'입니다. 빅뱅 이후 38만 년이 지나자 우주는 매우 균일한 상태가 됐습니다. 온도도 거의 같고 물질도 고르게 퍼져 있었습니다. 그런데 시간이 지나면서 어떤 지역은 수천 분의 1℃ 정도 더 뜨거워졌고, 다른 지역은 좀 더 차가워졌습니다. 이렇게 미세한 온도와 밀도의 차이로 중력이 더 많이 작용하며 그 지역으로 물질이 모였습니다. 이후 성운이 생겨 그곳에서 별이 탄생하게 됐습니다.

'적당히 낮은 온도'도 별이 만들어지기 위한 골디락스 조건입니다. 별이 만들어지기 위해서는 가스가 서로 뭉쳐야 하는데, 온도가 너무 높으면 분자들이 빠르게 움직여 뭉치지 못합니다. 그래서 별은 약

10K의 차가운 온도에서 만들어집니다. 온도가 낮고 밀도가 높은 성운은 운동에너지가 작아 가스가 쉽게 수축합니다.

별이 탄생하면서 우주에는 새로운 변화가 나타났습니다. 이전까지 우주는 차갑고 어두웠습니다. 그러나 별이 생긴 이후 우주는 '밝게' 변하기 시작했습니다. 별이 만들어지며 우주의 '온도도 상승'했습니다. 온도가 높아지자 원자는 다시 양성자와 전자로 분리되었고, 1,000만℃를 넘자 양성자끼리 충돌해 핵융합 반응이 발생해서 엄청난 에너지가 방출됐습니다. 이 에너지 덕분에 별은 밝게 빛나기 시작했습니다. 빅뱅 이후 2억 년이 지나면 우주에는 수도 없이 많은 별이 생겨났습니다.

성운에서 태어난 별은 질량에 따라 서로 다른 원소를 사용합니다. 질량이 작은 별은 가장 가벼운 수소를 에너지원으로 사용해서 빛을 내지만, 질량이 큰 별은 헬륨이나 더 무거운 원소를 사용해서 빛을 냅니다. 별이 가장 마지막으로 사용하는 원소는 철입니다. 철은 에너지를 만드는 핵융합 반응을 일으키지 않는 원소이므로 철까지 사용한 별은 더 이상 에너지를 낼 수 없습니다. 그러면 내부 압력을 이기지 못하고 초신성 폭발을 하며 죽음을 맞습니다.

그렇지만 죽는다고 별이 완전히 사라지는 것은 아닙니다. 별이 남긴 물질은 우주 공간에 흩어졌다가 시간이 지나 다시 모여 새로운 성운과 별을 만드는 재료가 됩니다. 죽음이 새로운 별의 탄생으로 이어지는 것입니다. 그래서 별의 죽음은 끝이 아니라 새로운 시작입니다.

두 번째 임계국면,
별의 탄생

　차갑고 어두운 우주에서 새롭게 나타난 현상은 바로 별의 탄생입니다. 질량에 따라 서로 다른 크기의 별이 탄생해서 서로 다른 일생을 살다가 죽습니다. 별은 빛을 내기 위해 다양한 원소를 사용하고 만들었습니다. 오늘날 자연에 존재하는 거의 모든 원소는 바로 별에서 만들어진 것입니다. 별이 죽을 때 초신성 폭발이 일어나면 내부에서 만들어진 원소가 우주 전역으로 퍼져 나갑니다. 그래서 별은 우주에서 원소를 만드는 공장입니다.

　별에서 만들어진 원소는 빛을 내는 에너지원으로만 사용되지 않습니다. 원소가 모여 새로운 별을 만들거나 생명체를 이루는 기본 재료가 됩니다. 지구의 생명체와 인간도 별의 원소로 만들어진 존재입니다. 그래서 우주와 지구, 생명 그리고 인간이 어떻게 연결되어 있는지 설명하는 빅히스토리에서 별의 탄생은 두 번째 임계국면입니다. 별은 원소를 만들어 지구와 인간의 탄생에 결정적인 역할을 했습니다. 우리는 모두 별의 후손입니다.

**핵심
요약**

인류는 오랫동안 별을 신화와 운명의 상징으로 여겨 왔습니다. 이후 과학은 관측과 이론을 통해 별의 정체를 밝혀냈습니다. 별은 성운에서 수소와 헬륨, 먼지가 중력에 의해 모여 탄생하고, 핵융합 반응을 통해 빛과 에너지를 방출합니다. 별은 질량에 따라 생애가 다르며, 초신성 폭발로 다양한 원소를 우주에 퍼뜨려 생명체와 행성의 재료가 됩니다. 태양 역시 이런 별 중 하나로 지구 생명체의 근원이자 태양계의 중심입니다. 별의 탄생은 빅히스토리의 두 번째 임계국면으로 복잡성의 진화를 이끈 결정적인 사건입니다.

제 3 장

만물의 재료인 원소

ORIGIN STORY

3장.
만물의 재료인
원소

KEYWORD

- **원소설**: 고대 그리스에서 제시한 철학 이론으로 세상의 모든 물질이 불, 공기, 흙 네 가지 원소로 이루어졌다고 봅니다.

- **원소기호** Chemical Symbol : 원소를 구별하고 표현하기 위해 사용하는 약어로서 주로 라틴어나 영어 알파벳을 사용합니다.

- **원자량** Atomic Mass : 원소의 원자 하나가 가지는 상대적인 질량으로 기준이 되는 탄소-12 원자의 질량을 12로 정하고 이와 비교하여 상대적으로 측정한 값입니다.

- **주기율표** Periodic Table : 원소의 성질과 규칙성을 바탕으로 배열한 과학적 도구로서 원소 이해와 분류의 기준을 제공합니다.

원소의 이름이 된 신

고대 그리스 서사시인 헤시오도스의 『신들의 계보』에는 티타노마키아라는 중요한 전쟁이 등장합니다. 하늘의 신 우라노스Ouranos와 땅의 여신 가이아 사이에서 태어난 티탄족과 이들에 맞서는 올림포스 신족 간에 10년 동안 벌어진 전쟁입니다.

티탄족은 모두 12명의 형제와 자매였는데 막내아들 크로노스Krónos가 아버지를 몰아내고 세계를 지배했습니다. 그러나 그는 아버지로부터 자식에게 권력을 빼앗길 것이라는 저주를 들었습니다. 그래서 크로노스는 아이가 태어날 때마다 모두 삼켜 버렸습니다. 그러나 막내아들 제우스는 어머니의 도움으로 살아남아 후일 아버지를 이기고 형제들을 구했습니다. 이후 제우스와 형제들은 티타노마키아를 벌였고 이 전쟁에서 제우스가 승리했습니다. 전쟁이 끝난 후 그는 티탄족을 지하 세계의 깊은 감옥인 타르타로스에 가뒀습니다.

이렇게 어두운 감옥에 갇힌 티탄족의 이름을 딴 원소가 바로 '타이타늄Ti'입니다. 원자번호 22번에 해당하는데 지구의 지각을 구성하는 금속 중 아홉 번째로 풍부한 원소입니다. 가볍고 단단하며 녹슬지 않는 성질을 가지고 있어 항공기나 우주선 같은 첨단 기술 산업에서 많이 사용됩니다. 이 원소는 1791년에 영국 목사 윌리엄 그레고르William Gregor가 처음 발견했고, 이후 독일 화학자 마틴 클라프로트Martin H. Klaproth가 타이타늄이라고 명명했습니다.

기원전 6세기까지 오늘날 터키 서부에 해당하는 아나톨리아에는 리디아 왕국이 존재했습니다. 이곳은 금과 은이 매우 풍부해서 금화와 은화를 제작하고 세계 최초로 상설 소매점을 운영한 부유한 나라였습니다. 그러나 결국 페르시아 제국의 키루스 2세Cyrus II에게 정복되어 페르시아 제국의 주州로 편입됐습니다.

리디아 왕국을 지배했던 탄탈로스Tantalos는 신들에게 매우 사랑받는 존재였습니다. 인간이지만 올림포스의 연회에도 초대받을 정도였습니다. 그러나 그 사랑에 만족하지 못한 그는 아들을 죽여 스튜로 만들어 신들에게 대접했습니다. 신들을 시험해 본 것이죠. 그 대가로 그는 무시무시한 벌을 받았습니다. 탄탈로스는 산 것도 죽은 것도 아닌 상태로 타르타로스에 갇혔고 부유했던 리디아 왕국은 황무지가 되어 버렸습니다. 그에게 내려진 형벌은 영원한 공복과 갈증이었습니다. 그가 서 있는 연못은 가슴까지 물이 차오르고 머리 위로는 과일이 가득 달렸지만, 물을 마시려고 고개를 숙이면 물은 말라 버렸고 과일을 따려고 손을 뻗으면 나뭇가지가 올라가 버렸습니다.

1802년에 발견된 은회색의 금속은 탄탈로스의 모습을 떠올리게 했습니다. 스웨덴 화학자 안데르스 구스타프 에케베리Anders Gustaf Ekebery는 아무리 강한 산酸에도 침식하지 않는 이 금속의 성질이 먹지도 마시지도 못하고 영원히 괴로워하는 탄탈로스와 유사하다고 생각했습니다. 그래서 이 금속에 탄탈로스의 이름을 따서 '탄탈럼Ta'이라는 이름을 붙였습니다. 원자번호 73번인 탄탈럼은 독성이 없고 단단해서 전자기기나 인공 치아, 인공 뼈 등과 같은 의료기기에 널리 사용됩니다.

1987년에 세상에서 가장 비싼 가격에 팔려 최고가 기록을 2년 반이나 유지한 그림이 있습니다. 바로 고흐의 《아이리스》입니다. 그가 사망하기 전에 습작으로 그린 그림인데 생동감 넘치는 붓 터치와 색감으로 많은 사람에게 감동을 줬습니다. 특히 당시 유럽에서 유행하던 일본 목판화의 영향을 잘 보여 준다는 점도 흥미롭습니다.

꽃 이름 아이리스는 그리스 신화에 등장하는 여신의 이름이기도 합니다. 이리스Iris는 헤라의 뜻을 인간에게 전하는 전령이었는데 황금빛 날개를 달고 무지개를 따라 이동했습니다. 헤라의 총애를 받았던 이리스는 무지개를 상징하는 여신이었습니다. 그래서 그녀의 이름은

빈센트 반 고흐, 《아이리스》, 1889년.

빛과 색을 상징하는 말이 됐습니다.

　　　이리스의 상징은 과학에서도 잘 드러납니다. 1803년에 영국 화학자 스미슨 테넌트Smithson Tennant는 백금을 녹이는 과정에서 남은 검은 찌꺼기에서 두 가지의 새로운 원소를 발견했습니다. 그중 한 가지는 다양한 색을 띠는 염을 만들어 냈습니다. 찬란한 색이 마치 무지개를 떠올리게 해 그는 이 원소에 이리스의 이름을 따서 '이리듐Ir'이라는 이름을 붙였습니다. 이리듐은 지각에 아주 적은 양만 존재하는 희귀한 금속입니다. 그렇지만 녹슬지 않고 부식되지 않는 강한 성질 때문에 오늘날 반도체, 항공기 부품, 자동차 점화플러그 등 정밀 기술에 널리 사용되고 있습니다.

가장 많지만 희귀한 최초의 수소

　　　지금까지 공식적으로 확인된 원소의 수는 모두 118개입니다. 이 중 자연에 존재하는 원소는 92개이고, 나머지는 실험실에서 인위적으로 만들어진 것입니다. 그렇다면 가장 먼저 만들어진 원소는 무엇일까요? 빅뱅 이후 38만 년이 지나자 뜨겁고 빠르게 움직이던 양성자와 전자가 식으면서 결합해 하나의 원자를 형성했습니다. 이렇게 만들어진 첫 번째 원소가 바로 '수소'입니다. 수소의 구조는 가장 단순합니다. 1개의 양성자와 1개의 전자로 이루어져 있습니다. 그래서 우주에서 가장 먼저 생겨났고 가장 많은 양을 차지합니다.

다음으로 탄생한 원소는 '헬륨'입니다. 빅뱅 직후 우주의 입자 가운데 양성자와 중성자의 비율은 약 7:1이었습니다. 이후 입자가 결합하면서 1개의 양성자가 수소가 되고, 2개의 양성자와 2개의 중성자가 결합해 헬륨 원자핵이 만들어졌습니다. 그 결과 우주에는 수소와 헬륨의 비율이 3:1이 됐습니다. 이 비율은 오늘날 우리가 관측하는 수소와 헬륨의 비율과 거의 일치합니다. 이런 점에서 수소는 빅뱅 우주론을 입증하는 또 다른 증거이기도 합니다.

지금 우리가 알고 있는 원자와 원소라는 개념은 근대 과학에서 비롯된 것입니다. 그렇지만 과거에도 사람들은 세상을 이루는 근본 요소가 무엇인지 궁금해했습니다. 고대 그리스 철학자는 세상을 구성하는 요소에 대한 이론을 제시했는데, 바로 '원소설'입니다. 이는 엠페도클레스Empedocles가 처음 제시한 것으로 만물은 4개의 원소, 즉 불, 물, 땅, 공기로 구성되어 있습니다. 4개의 원소는 모두 동등하지만 각각의 성질을 가지며 혼합되어 다양한 만물을 만듭니다.

플라톤은 원소 4개의 형상과 운동에 따라 물질의 성질이 결정되며 원소 간 전환이 가능하다고 주장했습니다. 예를 들어 물에 열을 가하면 공기가 될 수 있다는 것입니다. 원소설을 완성한 사람은 바로 아리스토텔레스였습니다. 그는 엠페도클레스와 달리 원소에 위계질서가 존재하며 세상의 중심에 가까울수록 흙이, 가장 위에는 불이 존재한다고 주장했습니다. 그리고 천상의 세계에는 제5의 원소인 에테르가 존재한다고 생각했습니다.

과거에는 무엇인가 타는 연소 현상이 왜 일어나는지 명확하게 알지 못했기 때문에 이를 설명하기 위한 여러 가지 이론을 제시했습니다. 그중 대표적인 이론이 바로 플로지스톤 가설Phlogiston theory입니다. 이 가설에 따르면 모든 타는 물질 안에는 '플로지스톤'이라는 눈에 보이지 않는 불의 성분이 들어 있습니다. 그래서 무엇인가 탈 때 플로지스톤이 물질에서 빠져나가면서 불꽃이 생기고 재가 남는다고 생각했습니다. 그런데 이 이론은 문제가 있었습니다. 금속을 가열해서 태우면 플로지스톤이 빠져나가 가벼워져야 하는데 타기 전보다 무게가 더 무거워졌기 때문입니다. 하지만 당시에는 이 이론보다 나은 설명이 없어서 18세기 후반까지 많은 과학자가 지지했습니다.

이후 1766년에 영국 화학자 헨리 캐번디시 경Sir Henry Cavendish이 플로지스톤 가설에 의문을 가졌습니다. 그는 플로지스톤이 빠져나가는 것이 아니라 반대로 어떤 물질이 붙는 것이라고 생각했습니다. 이를 증명하기 위해 그는 실험을 통해 금속과 산을 반응시키면 가벼운 기체가 발생한다는 사실을 발견했습니다. 이 기체는 불이 잘 붙는 성질을 가지고 있어 '불이 붙는 공기'라고 불렀습니다. 바로 수소입니다. 비록 그의 생각은 크게 주목받지 못했지만 근대 화학이 발전하는 데 중요한 한 걸음이 됐습니다.

프랑스 화학자 앙투안 라부아지에Antoine Lavoisier는 '근대 화학의 아버지'로 불릴 정도로 위대한 업적을 남겼습니다. 그는 연금술과 과학을 구분하고 화학이 논리적이고 실험적인 학문으로 발전하는 데 큰 역할을 했습니다. 그는 플로지스톤 가설이 잘못되었음을 증명하기 위해 실험을 설계했습니다. 바로 밀폐된 유리 용기에 금속을 넣고 연소 실험을 한 것입니다. 불이 붙은 후 생긴 재와 공기 속 변화한 물질까지 모두 무게를 재 비교했는데, 놀랍게도 연소 전과 후의 전체 질량이 정확하게 일치했습니다. 결국 어떤 물질이 빠져나가는 것이 아니라 다른 물질과 결합한다는 사실을 증명한 것입니다. 이 실험은 오늘날 우리가 잘 알고 있는 '질량 보존의 법칙'의 대표적인 사례입니다.

실험을 연속해 라부아지에는 연소 현상이 산소와 결합하는 과정이라는 사실을 밝혀냈습니다. 그는 주석을 연소하면 공기 중의 특정 기체와 반응한다는 점에 주목했습니다. 그리고 이 기체가 바로 산소이며 불이 붙는 데 반드시 필요하다는 것을 증명했습니다. 또한 캐번디시 경이 발견한 수소에도 주목했습니다. 여러 차례의 관찰과 실험으로 이 기체는 더는 분해되지 않는다는 것을 발견하고 하나의 독립된 원소로 인정했습니다. 이렇게 수소는 원소가 됐습니다.

대부분의 별은 수소를 원료로 사용하는 핵융합 반응을 통해

자크 루이 다비드, 《앙투안 라부아지에와 부인의 초상》 중 라부아지에의 모습, 1788년.

빛과 열을 만듭니다. 태양의 중심에서는 4개의 수소가 1개의 헬륨으로 바뀌는 반응이 일어납니다. 그런데 이때 만들어진 헬륨의 질량은 수소 4개의 질량보다 조금 더 가볍습니다. 그렇게 줄어든 질량만큼 발생한 에너지는 우리가 느끼는 빛과 열이 됩니다. 이와 같은 핵융합 반응을 계속하다가 별의 중심에서 수소를 거의 다 사용하고, 내부 온도가 1억K 이상 올라가면 이제 헬륨을 연료로 하는 핵융합 반응이 시작됩니다.

수소는 우주에 가장 많이 존재하지만 놀랍게도 지구에는 매우 희귀합니다. 너무 가벼워서 중력으로 붙잡아 두기 어렵기 때문입니다. 그래서 지구 대기 성분의 99%는 질소와 산소이며, 수소의 비율은 1억분의 5 정도로 사실상 거의 없는 수준입니다. 또한 수소는 분자의 크기가 매우 작아 용기의 틈 사이로 쉽게 빠져나가고, 공기와 섞이면 폭발 위험이 높아 관리나 보관이 어렵습니다. 일부 금속과 반응하면 금속이 부서지기도 합니다. 그래서 수소를 다룰 때는 감지기나 흡수기, 특수 저장 용기 등이 필요합니다.

수소로 인한 대표적인 사고는 바로 '힌데부르크 참사'입니다. 1937년 5월 미국 뉴저지주 레이크허스트의 해군 항공기지 상공에서 독일 여객 비행선이 폭발했습니다. 당시 97명의 승객과 승무원 중 총 35명이 사망했습니다. 제2차 세계대전 동안 헬륨 최대 생산국이었던 미국이 전쟁을 일으킨 독일을 제재하기 위해 헬륨을 판매하지 않자 헬륨 대신 수소를 채웠다가 폭발한 것입니다.

그렇지만 수소는 미래 기술의 핵심 자원이기도 합니다. 1957

년에 미국과 구소련 사이에 우주 경쟁이 시작되면서 인류 역사상 가장 급속하게 과학기술이 발전했습니다. 이 과정에서 수소는 로켓연료로 중요한 역할을 했습니다. 가볍고 에너지를 많이 낼 수 있어 연료로 사용하면 로켓의 무게를 줄이고 강한 힘을 낼 수 있기 때문입니다. 특히 연소할 때 발생하는 부산물이 물밖에 없어 온실가스를 배출하지 않는 청정연료입니다. 이런 이유로 인류를 최초로 달에 보냈던 아폴로 11호도 액화수소를 연료로 하는 로켓에 탑재해 발사했습니다.

오늘날 우리는 기후변화나 자원 고갈, 환경오염 등 여러 가지 심각한 문제에 직면하고 있습니다. 이와 같은 문제를 해결하고 지속 가능한 성장을 이어 가기 위해서는 깨끗하고 안전하면서도 고효율의 추진력을 가진 에너지가 필요합니다. 이런 모든 조건에 수소는 부합합니다. 그래서 수소는 단순한 연료를 넘어 미래 사회의 핵심 에너지원으로 주목받고 있습니다.

물의 기원과
산소 대폭발

바다 행성은 표면이나 지하에 많은 양의 물을 가진 암석형 행성이나 위성을 의미합니다. 태양계에서 유일하게 액체 상태의 물이 존재하는 행성은 지구뿐입니다. 그렇지만 지구 외에도 바다 행성일 가능성이 있는 천체는 존재합니다. 아직 확실하게 확인되지는 않았지만 과학자는 일부 태양계 위성에서 물이 존재할 가능성을 찾고 있습니다.

가장 가능성이 높은 천체는 목성의 여섯 번째 위성인 유로파 Europa입니다. 유로파는 표면이 두꺼운 얼음으로 덮여 있어 그 아래에 액체 상태의 바다가 있을 가능성이 높습니다. 또 다른 위성인 가니메데 Ganymede는 태양계에서 가장 큰 위성으로 달보다 훨씬 크고 밝습니다. 가니메데의 지하에도 바다가 있을 가능성이 존재하며, 칼리스토Callisto 의 내부 구조를 분석해 봐도 지하에 얼음과 물이 섞인 층이 존재할 가능성이 있습니다. 토성의 위성인 엔셀라두스Enceladus에도 남극 부근의 얼음 기둥 아래에 지하 바다가 있을 것으로 보입니다.

이렇게 생명체가 살아가기 위한 중요한 조건 중 한 가지가 바로 액체 상태의 물입니다. 지구에 생명이 존재할 수 있는 이유도 바로 물이 풍부하기 때문입니다. 물은 2개의 수소 원자와 1개의 산소 원자가 결합한 화합물 H_2O입니다. 지구 표면의 약 70%는 바다나 강, 호수와 같은 물로 덮여 있으며, 땅속의 흙이나 바위에도 물이 스며 있습니다. 그래서 우주에서 지구를 보면 푸른색으로 보입니다. 물이 많기 때문이죠.

그러면 지구의 많은 물은 어디에서 온 걸까요? 약 46억 년 전 태양과 태양계가 만들어질 때 태양 주위에는 먼지와 가스, 얼음 등이 원반 모양으로 퍼져 있었습니다. 화성과 목성 사이를 기준으로 안쪽은 너무 뜨거워서 물이 증발했고, 바깥쪽은 추워서 얼음 형태로 물이 남아 있었습니다. 그리고 이 사이에는 소행성이나 소행성체로 이루어진 소행성대가 존재합니다.

1596년에 요하네스 케플러는 스승 튀코 브라헤의 천문 관측 자료를 분석하다가 화성과 목성의 간격이 너무 넓다는 점을 이상하게 생각했습니다. 그는 이 사이에 다른 행성이 있어야 한다고 생각했습니다. 이 의문을 해결하기 위해 과학자는 화성과 목성 사이를 오랫동안 관측했습니다. 19세기 초 독일 천문학자 프레더릭 윌리엄 허셜Frederick William Herschel은 세레스와 팔라스라는 천체들을 여러 차례 관측했습니다. 이 천체들은 별과 비슷했지만 실제는 태양을 도는 작은 행성이었습니다. 그래서 그는 이 천체들을 '소행성Asteroid'이라고 불렀습니다.

　　　오늘날 일부 과학자는 이 소행성이 단순히 작은 행성이 아니라 지구에 있는 물의 기원과 관련 있다고 생각합니다. 화성과 목성 사이의 수많은 소행성에 있는 물의 성분이 지구의 물과 비슷하다는 사실이 밝혀졌기 때문입니다. 그런데 한 가지 궁금증이 생깁니다. 목성 안쪽의 천체들에는 물이 거의 없는데, 어떻게 물을 가진 소행성들이 지구 가까이 올 수 있었을까요? 이와 관련해서 과학자는 흥미로운 가설을 제시했습니다. 태양계가 만들어진 초기에 목성과 토성은 지금보다 태양에 가까이 있었다가 점차 멀어졌습니다. 이때 물이 풍부한 소행성을 끌고 와서 지구 근처로 옮겼다는 것입니다.

　　　물의 기원에 관련한 또 다른 가설은 우주를 떠도는 미행성 충돌입니다. 지구 형성 초기에 얼음을 가진 미행성이나 혜성이 지구와 충돌하면서 물을 전달했다는 것입니다. 이를 확인하기 위해 과학자는 물을 구성하는 분자를 분석했습니다. 물은 2개의 수소와 1개의 산소로 구성되어 있습니다. 수소는 양성자가 1개인 일반 수소와 양성자 1개와 중성자 1개로 구성된 중수소로 구분할 수 있는데, 과학자들은 지구의 물과 혜성의 물에서 일반 수소와 중수소 비율을 비교했습니다. 그 결과 혜성의 물은 지구의 물보다 중수소 비율이 2~3배 이상 높았습니다. 이는 지구의 물이 대부분 혜성에서 온 것이 아니라는 것을 의미합니다.

생명체가 존재하기 위한 필수적인 물은 수소와 산소의 결합으로 만들어집니다. 산소는 바다 질량의 88% 이상을 차지할 정도로 중요합니다. 바다의 대부분도 사실 산소로 구성된 물 분자입니다. 이런 의미에서 산소는 물뿐만 아니라 생명체의 탄생과 유지에 매우 중요한 원소입니다. 반면 대기 중 산소의 비율은 약 20%입니다. 처음 지구가 탄생했을 때 대기에는 산소가 거의 없었고 이후 13% 정도의 수준이었습니다. 대기 중 산소가 풍부해진 것은 광합성 덕분입니다. 광합성은 빛과 물, 이산화탄소를 이용해 포도당과 같은 에너지원을 만들고, 부산물로 산소를 방출합니다.

지구에 등장한 최초의 광합성 생물은 시아노박테리아라는 단세포였습니다. 이 미생물은 스트로마톨라이트라는 퇴적 구조를 만들면서 살았는데, 약 24억 년 전부터 광합성을 통해 대기 중에 산소를 방출하기 시작했습니다. 그 결과 대기 중 산소의 비율이 점점 증가했습니다. 이와 같은 변화는 지구 생명체의 역사에 엄청난 전환점을 가져왔습니다. 산소가 없던 시기에는 산소를 싫어하는 미생물이 살고 있었지만, 산소가 증가하자 그 생물은 대부분 멸종했고 산소를 이용할 수 있는 새로운 생명체가 등장했습니다. 이와 같은 '산소 대폭발'로 생명체는 더 복잡하고 다양한 모습으로 진화했습니다. 오늘날 지구의 생명체는 산소 덕분에 태어났고 진화할 수 있었습니다.

모든 생명체를 이루는 탄소

1791년 6월 22일 새벽 5시, 프랑스 동북부에 있는 바렌앙아르곤에서 국왕 가족이 붙잡혔습니다. 프랑스혁명 이후 신변의 위협을 느낀 루이 16세 Louis XVI 일가는 합스부르크 제국으로 도주하려 했지만 국민의회가 보낸 추격대에 발각됐습니다. 바로 역사상 유명한 '바렌 사건'입니다. 이 사건은 왕과 왕비를 단두대로 이끄는 결정적인 계기가 됐습니다. 특히 왕비 마리 앙투아네트는 많은 비난을 받았습니다. 당시 많은 사람은 프랑스의 정치적 혼란과 경제적 위기의 책임이 그녀에게 있다고 생각했지만 오늘날 역사학자는 그런 비난이 부당하다고 생각합니다.

마리 앙투아네트의 악명에는 또 다른 이유가 존재합니다. 바로 다이아몬드 괴담입니다. 오랫동안 호프 다이아몬드와 피렌체 다이아몬드, 상시 다이아몬드 그리고 리전트 다이아몬드를 소유한 사람에게는 불행이나 죽음을 따라온다는 괴담이 있었습니다. 실제로 다이아몬드 소유주는 모두 살해당하거나 사망했습니다. 마리 앙투아네트는 리전트 다이아몬드와 호프 다이아몬드를 착용한 것으로 추정됩니다. 사실 그녀는 감자를 국민에게 보급하기 위해 감자꽃을 장식으로 달 정도로 노력했지만, 많은 사람은 그녀를 화려한 보석을 사랑한 왕비로만 기억하고 다이아몬드와 함께 비극적인 죽음을 맞이했다고 생각합니다.

다이아몬드는 1개의 탄소와 4개의 주변 탄소와 결합하여 만들어집니다. 이렇게 연결된 구조 덕분에 외부에서 힘이 가해졌을 때 힘을 고르게 나눠 가져 압력을 견디는 저항력이 뛰어납니다. 그래서 다이아몬드는 자연에 존재하는 물질 중 가장 단단한 편에 속합니다. 연필심에 사용되는 흑연도 다이아몬드처럼 순수한 탄소로만 구성되어 있습니다. 그렇지만 흑연은 얇은 판처럼 층을 이루는 구조이고, 다이아몬드는 입체적으로 얽힌 구조여서 성질이 완전히 다릅니다. 이론적으로 다이아몬드와 흑연은 서로 변할 수 있는 관계입니다. 공기를 차단한 상태에서 다이아몬드를 1,500℃ 정도로 가열하면 빠르게 흑연으로 바뀝니다.

엘리자베스 비제 르 브룅, 《장미를 든 마리 앙투아네트》, 1783년.

백색왜성은 태양보다 작거나 중간 정도의 질량을 가진 별이 오랫동안 빛을 내다가 수명을 다한 뒤에 남는 마지막 모습입니다. 백색왜성은 핵융합 반응을 통해 만들어진 탄소와 산소로 이루어져 있습니다. 중심핵이 식으면서 남은 열기나 중력으로 수축하면서 생긴 열로 표면온도는 높지만 시간이 흐를수록 열이 식어 갑니다. 그러다가 결국 흑색왜성이라는 어두운 상태로 변하는데, 이때 내부의 탄소가 천천히 굳으면서 결정화되면 거대한 다이아몬드 덩어리가 됩니다.

세상의 모든 화학물질은 무기화합물과 유기화합물로 구분할 수 있습니다. 이를 구분하는 가장 중요한 기준은 '탄소'입니다. 탄소를 포함하지 않은 화합물은 무기화합물, 탄소를 포함한 화합물은 유기화합물이라고 부릅니다. 무기화합물은 돌이나 물처럼 생명력이 없는 물질을 의미합니다. 반면 유기화합물은 탄소를 포함해 생명체 안에서 만들어지거나 사용되는 복잡한 에너지를 가진 물질입니다. 우리가 먹는 음식, 단백질, DNA 등이 모두 유기화합물입니다. 유기화합물은 생명체를 구성하고 유지하는 데 꼭 필요합니다. 이런 점에서 탄소는 생명체를 이루는 중요한 원소입니다.

인체의 약 18%가 탄소로 구성되어 있습니다. 또한 우리 몸의 약 60조 개 세포는 모두 탄소를 포함한 유기화합물로 구성되어 있습니다. 단백질이나 지방, 탄수화물처럼 몸에 반드시 필요한 물질도 모두 탄소가 바탕이 되어 만들어집니다. 이는 인간뿐만 아니라 지구의 모든 생명체도 마찬가지입니다. 미생물과 식물, 동물 모두 탄소를 바탕으로 만들어졌습니다. 그래서 과학자는 탄소를 생명체의 흔적을 찾는 중요한 단서로 여깁니다.

2022년에 미국 화성 탐사 로봇 큐리오시티는 화성에서 탄소의 흔적을 발견했는데, 이는 화성에 생명체가 존재했을지도 모른다는 가능성을 입증하는 중요한 발견입니다. 탄소는 자연에서 두 가지 형태의 안정적인 동위원소로 존재합니다. 한 가지는 가볍고 흔한 탄소-12이고, 다른 한 가지는 좀 더 무거운 탄소-13입니다. 우리가 알고 있는 생명체는 대부분 탄소-12를 사용해서 유기화합물을 만들기 때문에 과학자는 탄소-12와 탄소-13 중 어떤 것이 많은지를 분석해 생명체의 존재 여부를 추정합니다. 이렇게 탄소는 지구 생명체의 기본 원소일 뿐만 아니라 외계 생명체를 찾는 데도 중요한 역할을 합니다.

생명체의 씨앗을 퍼뜨리는 초신성

태조 7년인 1398년 11월 28일에 "객성客星이 달을 범했다"는 기록이 처음 등장합니다. 이후 『조선왕조실록』에는 총 399개의 관련 기록이 남아 있습니다. 객성은 하늘에 갑자기 나타났다가 사라지는 별을 의미합니다. 그래서 과거에는 이 별을 '손님별'이라고 불렀습니다. 오늘날 천문학자는 객성을 '변광성變光星, Variable Star'이라고 부릅니다. 변광성은 시간이 지나면서 밝기가 달라지는 별을 뜻합니다. 별이 팽창하거나 수축하면서 밝기가 바뀌는 맥동변광성과 갑자기 폭발하면서 밝아졌다가 다시 어두워지는 폭발변광성으로 구분합니다. 결국 객성은 거성이나 초거성처럼 큰 별 또는 별이 생을 마감하며 폭발하는 초신성에 해당합니다.

객성에 대한 기록이 가장 많이 등장하는 것은 「선조실록」입니다. 여기에 등장하는 객성에 대한 기록은 총 323개인데 특히 두 해에 집중적으로 등장합니다. 선조 25년인 1592년에는 185개, 선조 37년인 1604년에는 138개의 기록이 남아 있습니다. 당시 기록들을 살펴보면 객성이 언제, 어디에서 보였는지 그리고 크기와 모양, 색 등에 대해 자세하게 적혀 있습니다. 과거 사람들은 하늘에 나타나는 변화가 나라의 운명과 관련이 있다고 생각했기 때문입니다.

1592년에 나타났던 객성은 미라Mira별로 처음 발견된 맥동변광성입니다. 이 별은 팽창과 수축을 반복하는데 팽창할 때는 온도가 내려가면서 어두워지고, 수축할 때는 온도가 올라가면서 밝아집니다. 1596년에 독일 목사 다비드 파브리키우스David Fabricius가 망원경으로 별을 관측하다가 발견했습니다. 그는 어떤 별이 한동안 보이지 않다가 갑자기 다시 나타나는 현상을 관찰했습니다. 당시에는 하늘의 별이 변하지 않는다고 믿었습니다. 이는 아리스토텔레스 이후 수천 년 동안 이어진 전통적인 우주관이었습니다. 그러나 미라별이 나타나고 사라지는 모습을 관측한 사람들은 별이 변할 수 있다고 생각했고, 관찰과 실험은 기존의 우주관을 바꾸면서 천문학의 큰 전환점이 됐습니다.

그런데 놀랍게도 이 미라별을 우리나라에서 이미 관측하고 기록을 남겼던 것입니다. 「선조실록」에 따르면 1592년 10월 20일에 "초경初更에 객성이 천창성天槍星에 나타났다"는 기록이 등장합니다. 이후 약 2년 동안 별의 방향, 크기, 밝기 등을 매우 자세하게 기록했습니다. 이 기록을 남긴 사람은 측후관測候官입니다. 이들은 천문학이나 지리학 등을 맡아보던 관청인 관상감觀象監에 소속되어 별자리의 변화, 기상, 달력 등을 담당했습니다. 조선의 천문학자가 서양보다 먼저 새로운 우주관의 등장을 이끈 것입니다.

『조선왕조실록』 1604년 9월 21일에는 다음과 같은 기록이 등장합니다.

> **초경에 객성이 미수尾宿 10도의 위치에 있었는데, 북극성과는 1백 10도의 위치였다. 형체는 세성歲星보다 작고 황적색이었으며 동요하였다.**

1604년에 관찰된 이 객성은 바로 초신성입니다. 초신성은 매우 큰 별이 수명을 다해 폭발할 때 생기는 현상으로 갑자기 100만 배 이상 밝아집니다. 주로 태양보다 10배 이상 무겁고 큰 별에서 나타납니다. 1934년 미국 천문학자 프리츠 츠비키Fritz Zwicky는 이런 폭발이 일어날 때 내부가 무너지면서 더는 에너지를 만들 수 없는 중성자별이 만들어진다는 연구 결과를 발표했습니다. 이후 천문학자는 이 현상을 '초신성'이라고 불렀습니다.

1604년의 초신성은 흔히 '케플러 초신성'으로 알려져 있습니다. 케플러는 거의 1년간 초신성을 연구하고 『뱀주인자리의 발 부분에 있는 신성』이라는 저서에 관찰 결과를 발표했습니다. 그런데 「선조실록」에는 케플러의 기록보다 나흘 먼저 초신성에 대한 기록이 시작됩니다. 당시 초신성의 위치, 크기, 색, 밝기 변화 등을 구체적으로 남겨 유럽의 기록에서 빠진 내용을 보완하는 중요한 자료입니다. 다시 말해 조선의 천문 기록은 케플러의 연구를 돕고, 초신성 연구에 중요한 도움을 주는 과학적 유산입니다.

별의 탄생은 우주에 엄청난 변화를 초래했습니다. 별이 생기기 전 우주는 차갑고 어두운 공간이었지만 별이 탄생하며 우주는 밝아졌습니다. 질량에 따라 별은 서로 다른 원소를 사용해 빛을 냅니다. 질량이 작은 별은 주로 수소를 사용하고, 질량이 큰 별은 수소보다 무거운 원소를 사용합니다. 별이 가장 마지막에 사용하는 원소는 바로 철인데 이를 만들기 위한 핵융합 반응은 30억 °C 이상에서 발생합니다. 이후 별의 중심핵이 철로 가득 차면 더는 에너지를 만들 수 없게 되면서 중심핵이 무너지고 거대한 폭발이 일어납니다. 이것이 바로 초신성이죠.

「선조실록」에 나타난 초신성은 인간의 눈으로 관측한 마지막 초신성입니다. 지금은 망원경으로 아주 먼 과거에 발생한 초신성까지 관측할 수 있습니다. 지금까지 관측된 초신성 중 가장 오래된 것은 AT 2023adsv입니다. 무려 114억 년 전에 폭발한 것으로 추정됩니다. 우주가 태어난 지 얼마 되지 않아 생긴 별이 죽으면서 폭발한 것입니다.

철-60 ^{60}Fe은 초신성 때 만들어지는 철의 동위원소입니다. 약

260만 년의 반감기를 가지고 있어 시간이 지나도 어느 정도 남아 있습니다. 그래서 초신성을 보여 주는 과학적 증거로 사용됩니다. 몇 년 전 독일 뮌헨대학교 연구팀은 해저 미생물 화석에서 초신성의 흔적을 발견했습니다. 바다나 호수에 사는 자석 박테리아는 물에 녹은 철을 몸에 흡수해 자석 성질을 가진 철 결정을 만듭니다. 연구팀은 약 330~170만 년 전에 형성된 퇴적층에서 자석 박테리아의 화석을 발견했고 여기에서 철-60이 검출됐습니다. 이는 약 170만 년 전에 초신성이 폭발했고, 그때 생긴 철-60이 지구에 쏟아졌다는 증거입니다.

초신성은 우주의 역사에서 아주 중요합니다. 초신성이 폭발할 때 철보다 무거운 원소들인 금이나 은, 우라늄 같은 원소들이 함께

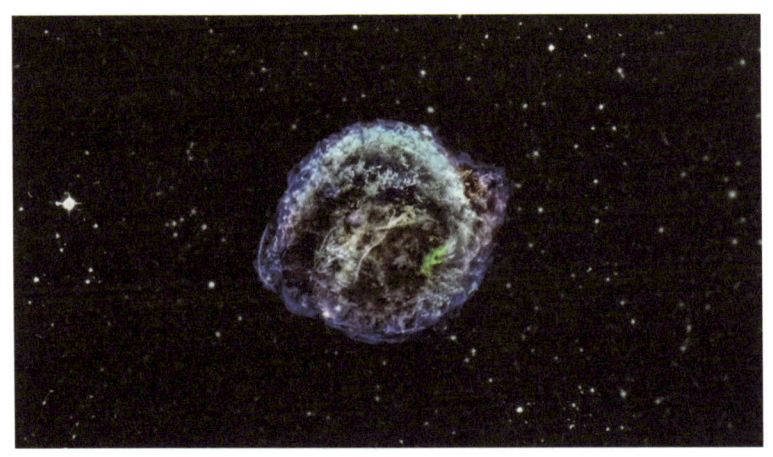

1604년 케플러가 관측한 초신성의 잔해
우리나라의 「선조실록」은 케플러의 기록보다 나흘 앞서 초신성에 대한 기록을 구체적으로 남겼습니다.

만들어지기 때문입니다. 별은 폭발했다고 완전히 사라지는 것이 아닙니다. 내부에 있던 수소나 탄소, 철 등의 원소들은 우주 공간에 퍼지고, 오랜 시간이 지나 다시 모여 새로운 별이나 행성, 생명체의 재료가 됩니다. 따라서 지구 생명체를 구성하는 물질은 모두 별에서 만들어진 것입니다. 비록 이와 같은 원소들은 우주 물질의 2%도 안 되지만 생명체의 탄생과 진화에는 매우 중요합니다. 결국 초신성은 새로운 생명체의 시작인 셈입니다.

계속 채워지고 있는 주기율표

수천 년 동안 사람들은 원소를 오늘날과 다르게 생각했습니다. 아리스토텔레스는 세상의 모든 물질이 차갑고 건조한 성질을 가진 흙, 차갑고 습한 성질을 가진 물, 뜨겁고 습한 성질을 가진 공기, 그리고 뜨겁고 건조한 성질을 가진 불로 이루어졌다고 생각했습니다. 이 네 가지 원소가 섞이거나 나뉘면서 다양한 물질이 만들어진다고 믿었습니다. 그러나 그의 생각은 물질의 성분을 분석한 것이 아닌 철학적인 추측일 뿐이었습니다.

영국 화학자 로버트 보일Robert Boyle은 새로운 전환점을 제시했습니다. 그는 아리스토텔레스의 원소설이 너무 추상적이고 과학적이지 않다고 비판하면서, 원소는 더는 쪼갤 수 없는 물질을 이루는 기본

단위라고 새롭게 정의했습니다. 이것이 바로 근대적인 원소의 정의입니다. 이후 라부아지에도 자신의 저서 『화학원론』에서 보일의 정의를 받아들이고 당시까지 알려진 33개의 원소를 발표했습니다. 여기에는 우리가 잘 아는 수소나 탄소, 산소 등이 포함되어 있습니다.

근대 이전에 유럽과 이슬람에서 유행하던 연금술은 금속을 금으로 바꾸는 것입니다. 많은 연금술사는 자신만의 비법을 감추기 위해 독특한 기호를 만들어 원소를 표시했습니다. 이에 영향을 받은 여러 과학자는 원소를 나타내는 체계적인 방법을 고민했습니다. 라부아지에는 기하학적 모양을 원소기호로 사용했고, 영국 과학자 존 돌턴John Dalton은 물질을 구성하는 기본 입자인 원자를 원으로 표현하고, 그 안에 문자나 그림을 넣는 방식으로 원소를 표시했습니다.

그러나 더 많은 원소가 발견되자 그림이나 도형만으로는 표현이 어려워졌습니다. 그래서 1813년에 스웨덴 과학자 옌스 베르셀리우스Jöns Jakob Berzelius는 라틴어나 영어 알파벳을 이용한 원소기호를 제안했습니다. 이후 원소 이름의 첫 글자는 대문자로 쓰고, 같은 첫 글자를 가진 원소는 중간 글자 중 하나를 소문자로 나타냅니다.

베르셀리우스는 원소기호를 체계화했을 뿐만 아니라 원자량도 정립했습니다. 원자량은 원자의 무게를 나타내는 수치입니다. 그는 가장 가벼운 원소인 수소를 기준으로 삼고, 다른 원소가 수소보다 몇 배 무거운지 비교하는 방식으로 원자의 상대적 무게를 계산했습니다. 그러나 원소는 동위원소라는 다른 형태를 가질 수 있기 때문에 오늘날 우리는 여러 동위원소 질량의 평균과 비율에 따라 가중치를 두는 방법을 사용합니다. 이를 위해 수소 대신 탄소-12를 기준으로 삼습니다.

영국 화학자 존 뉴랜즈John Newlands는 베르셀리우스가 정리한 원자량을 작은 것부터 큰 것 순으로 정렬했습니다. 그런데 신기하게도 일정한 간격으로 화학적 성질이 비슷한 원소가 반복된다는 사실을 발견했습니다. 그는 이 규칙을 음악의 옥타브에 비유했습니다. 피아노에서 여덟 번째 음이 첫 번째 음과 같은 음인 것처럼 여덟 번째마다 성질이 비슷한 원소가 반복된다는 것입니다. 그는 수소부터 토륨Th까지 원소를 8개씩 7개의 그룹으로 나누고, 세로줄에는 성질이 비슷한 원소를, 가로줄에는 원자량이 작은 것부터 순서대로 배열했습니다. 이를 통해 주기율표의 기초가 만들어졌습니다.

오늘날 우리에게 잘 알려진 주기율표의 기본 형태를 처음 만든 사람은 러시아 화학자 드미트리 멘델레예프Dmitri Ivanovich Mendeleev입니다. 그는 평소 카드 게임을 좋아했는데 이 취미가 큰 도움이 됐습니다. 그는 원소를 하나의 카드로 생각하고, 각 카드에 원자량과 성질을 적은 후 비슷한 성질을 가진 원소끼리 정렬했습니다. 그 결과 일정한 간격으로 성질이 비슷한 원소가 반복되는 패턴이 존재한다는 것을 발견했습니다. 이 패턴을 바탕으로 그는 원소들을 표로 정리했고, 이것이 바로 주기율표의 시작입니다.

지금 우리가 사용하는 주기율표에는 모두 118개의 원소가 있습니다. 주기율표는 세로줄과 가로줄로 구성되어 있는데 세로줄족은 전자 배열이 비슷해서 화학적 성질을 닮은 원소끼리 묶여 있고, 가로줄^{주기}은 전자껍질 수가 같은 원소를 나타냅니다. 멘델레예프가 만든 주기율표에는 63개의 원소만 있었지만, 지금은 거의 2배에 가까운 원소가 포함되어 있습니다. 특히 113번 원소 니호늄^{Nh}은 일본에서 찾은 원소로 아시아에서 처음 발견된 원소라는 점에서 국제적인 관심과 주목을 받았습니다. 오늘날 과학자는 새로운 원소를 찾기 위한 연구를 계속하고 있으며, 새로운 원소가 발견될 때마다 주기율표도 함께 새로워집니다. 이런 의미에서 주기율표는 단순한 원소 배열표가 아닌 살아 있는 과학의 역사입니다.

원소 탄생의 구성 요소, 골디락스 조건 그리고 새로운 복잡성

'별자리의 별자리'로 불릴 정도로 잘 알려진 별자리가 있습니다. 바로 오리온자리입니다. 사계절 내내 밤하늘에서 가장 밝고 화려하기 때문에 서울처럼 불빛이 많은 대도시에서도 하늘이 맑으면 육안으로 볼 수 있습니다. 오리온자리에는 크기가 태양의 800배에 달하는 적색거성이 있습니다. 가장 밝은 별인 알파$^\alpha$별 베텔게우스^{Betelgeuse}입니다. 그러나 사실 가장 밝은 별은 베텔게우스가 아닌 베타$^\beta$별인 리겔^{Rigel}입니다. 이는 17세기 독일 천문학자 요한 바이어^{Johann Baye}가 당시 정밀한 관측 장비 없이 눈에 보이는 대로 밝기를 추정해 별의 등급을 나눠 실제

밝기와 달리 순서가 뒤바뀐 것입니다.

알파별 베텔게우스는 현재 적색초거성 상태입니다. 적색초거성은 질량이 태양의 8~45배 정도 되는 거대한 별의 중심핵에서 수소와 헬륨을 모두 사용한 후 나타나는 마지막 단계입니다. 적색초거성의 수명은 100~500만 년 정도로 상당히 짧습니다. 그래서 수십만 년 혹은 수백만 년 이내에 베텔게우스가 폭발할 것으로 추정합니다. 한 가지 흥미로운 점은 베텔게우스가 지구와 640광년 정도 떨어져 있기 때문에 이미 폭발했더라도 아직 그 빛이 지구에 도달하지 않았을 수도 있다는 사실입니다.

베텔게우스처럼 죽어 가는 별은 새로운 원소가 만들어지는 중요한 장소입니다. 죽어 가는 별의 중심핵에서는 핵융합 반응이 더는 일어나지 않아 중심핵이 수축합니다. 이때 발생하는 에너지가 바깥으로 전달되면서 별의 표면이 팽창합니다. 이런 현상은 수소를 사용하는 별이든 탄소를 사용하는 별이든 마찬가지입니다. 그리고 태어날 때부터 질량이 매우 큰 별은 철까지 다 사용하면 중심핵이 급격하게 무너지면서 폭발합니다. 이때 중심핵을 제외한 모든 물질이 날아가고, 그 과정에서 다양한 원소가 생기면서 우주 전역으로 퍼집니다.

빅뱅이 발생하고 38만 년이 지나자 우주의 온도는 양성자와 전자가 결합할 수 있을 정도로 낮아졌습니다. 양성자와 전자는 결합해서 가장 가벼운 원소인 수소를 만들었습니다. 수소는 우주에서 가장 먼저 생긴 원소이자 지금도 가장 많은 양을 차지하고 있습니다. 이후 시간

알파별 베텔게우스
오리온자리에는 태양의 800배 크기에 달하는 적색초거성 베텔게우스가 있습니다.

이 흐르면서 우주에 흩어진 수소가 중력으로 뭉쳐져 별이 됐습니다. 별의 중심부에서는 핵융합 반응으로 에너지를 만들며 빛을 내기 시작했습니다.

　　　탄생한 별로 우주의 온도가 높아지면서 수소를 구성하는 양성자는 격렬하게 충돌하고, 2개 이상의 수소가 합쳐져 헬륨 원자핵을 만들었습니다. 이 과정을 통해 우주에는 수소와 헬륨이 널리 퍼지게 되었는데 오늘날까지도 우주에서 가장 많이 존재하는 원소들입니다. 우리가 가장 잘 알고 있는 별인 태양도 마찬가지입니다. 태양의 중심부 온도는 1,500만 ℃로 매우 뜨겁기 때문에 수소 원자가 핵융합 반응을 통해 헬륨을 만들 수 있습니다. 그러나 헬륨끼리 융합할 수 있을 정도로 높지는 않아 헬륨보다 무거운 원소는 태양에서 만들어지지 않습니다. 태양이 만들 수 있는 원소는 수소와 헬륨뿐입니다.

　　　별이 헬륨을 모두 사용하고 나면 더 무거운 원소를 만들기 위한 과정이 시작됩니다. 우주의 온도가 약 10억 ℃가 되면 헬륨 양성자가 서로 융합하기 시작하고, 이 과정에서 네온N과 산소, 규소Si를 만듭니다. 그리고 우주의 온도가 30억 ℃쯤 되면 규소를 철로 만드는 융합이 시작됩니다. 별이 철을 만들기 위해서는 태어날 때부터 아주 무겁고 중심부 온도가 높아야 합니다. 철까지 만들면 더는 핵융합 반응이 일어나지 않아 초신성 폭발이 발생하고, 이를 통해 내부에 쌓여 있던 다양한 원소가 우주로 퍼집니다. 결국 별의 진화와 죽음은 새로운 원소와 생명체의 재료를 만드는 골디락스 조건입니다.

이렇게 별은 수많은 원소가 태어나는 우주 공장입니다. 별에서 만들어진 다양한 원소가 결합해 오늘날 우리 주변의 수많은 물질과 생명체를 탄생시켰습니다. 인간을 비롯해 식물과 동물, 책상, 바위, 물까지 모든 것은 별에서 태어난 원소가 모이고 결합해서 만들어진 결과입니다. 이와 같이 별은 인간을 포함한 세상의 모든 것의 출발점, 즉 탄생의 요람입니다.

세 번째 임계국면,
원소의 탄생

고흐는 밤하늘의 별을 유난히 사랑했던 화가입니다. 그는 별을 보며 꿈을 꾸고 어려운 현실을 견디며 희망을 품었습니다. 그래서인지 고흐의 그림에는 별이 자주 등장합니다. 그가 그린 별은 단순한 밤하늘의 풍경이 아니라 우주와 생명 그리고 인간을 하나로 연결하는 상징입니다.

만약 원소가 탄생하지 않았다면 지금의 세상은 식물도 동물도 인간도 없는 단순한 모습이었을 겁니다. 그래서 우리가 사는 세상은 별이 만든 원소의 작품입니다. "우리는 별에서 왔다"라는 표현은 단순한 문학적 비유가 아닌 과학적 사실인 셈입니다.

지구 표면에 많은 산소와 규소, 중심핵에 풍분한 철과 니켈Ni, 그리고 대기에 가득한 산소와 질소. 이렇게 다양한 원소가 서로 결합하면서 생명체와 인간, 자연이 지구에 탄생한 것입니다. 원소의 탄생은 빅 히스토리에서 매우 중요한 임계국면입니다.

빈센트 반 고흐, 《론강의 별이 빛나는 밤》, 1888년.

**핵심
요약**

고대 그리스 철학자는 세상의 모든 물질을 불, 물, 공기, 흙 네 가지 원소로 설명했고, 이후 과학자들은 수소, 산소, 탄소 등 다양한 원소를 발견했습니다. 타이타늄, 탄탈럼, 이리듐 같은 원소 이름은 그리스 신화에서 유래되었고, 수소는 우주에서 가장 먼저 생긴 원소로 핵융합을 통해 별의 에너지원이 됩니다. 산소는 생명체를 유지하는 데 필수적이며, 탄소는 생명체를 구성하는 중심 원소입니다. 철은 별의 마지막 핵융합 생성물이며, 초신성 폭발을 통해 수많은 원소가 우주에 퍼집니다. 이렇게 모든 생명체와 물질은 별에서 생성된 원소의 작품입니다.

제 4 장

우리의 터전인 지구와 달

ORIGIN
STORY

4장.
우리의 터전인
지구와 달

KEYWORD

- **거대 충돌설** : 약 45억 년 전 지구 크기의 천체 테이아와 지구가 충돌해서 생긴 파편으로 달이 형성되었다는 이론입니다.

- **지구 구형설** : 고대에는 지구가 평평하다고 생각했지만 여러 증거를 통해 지구가 둥글다는 사실이 밝혀졌습니다.

- **초대륙 판게아** Pangaea : 약 2억 년 전 지구의 모든 대륙이 하나로 합쳐진 거대한 대륙으로 이후 대륙 이동으로 오늘날과 같이 대륙이 분리됐습니다.

- **판 구조론** Plate Tectonics : 지구 표면이 여러 개의 판으로 이루어져 있으며 판이 움직이면서 지진이나 화산, 대륙 이동 등의 현상을 일으킵니다.

- **우주 경쟁과 달 탐사** : 20세기 중반 미국과 소련이 우주 개발을 놓고 벌인 경쟁으로 아폴로 11호의 달 착륙은 그 성과 중 하나입니다.

지구와 달이 탄생한
오래된 이야기

게르만 신화에 따르면 하늘도 땅도 바다도 없던 혼란스러운 세상에 갑자기 거인이 나타났습니다. 그는 자기 마음대로 세상을 지배했습니다. 이후 3명의 신이 나타나서 거인을 물리치고 그의 몸으로 새로운 세상을 만들었습니다. 거인의 피는 넓은 바다가 되고, 살은 땅이 되었으며, 뼈는 산이 됐습니다. 신들은 땅을 둥글게 만들고 주변을 바다로 둘러쌌는데 바로 우리가 살고 있는 지구입니다.

달에 관련한 이야기도 전해집니다. 문딜파리Mundilfari에게는 아름다운 아들과 딸이 있었습니다. 그는 딸에게는 태양을 뜻하는 '솔Sól', 아들에게는 달을 뜻하는 '마니Máni'라는 이름을 붙였습니다. 그러나 신들은 그가 매우 오만하다고 생각해서 벌로 솔과 마니를 하늘로 올려 보내 평생 태양과 달의 마차를 끌도록 했습니다. 이들은 마차를 끌면서 늑대에 쫓겼는데 세상이 끝나는 날이 되자 결국 늑대에 잡아먹혔습니다. 이후 솔의 딸은 어머니 대신 태양 마차를 끌게 됐습니다.

중국에서는 여성의 미모를 칭찬할 때 종종 항아姮娥라는 이름을 언급합니다. 그녀는 신화에 나오는 달의 여신이기 때문입니다. 원래 활을 잘 쏘는 궁신의 아내이자 선녀였지만, 남편이 하늘의 황제인 천제의 아들을 쏘아 죽여 남편과 함께 인간 세상으로 쫓겨났습니다. 어느 날 항아는 죽지 않고 영원히 살 수 있는 불사의 약을 얻게 됐습니다. 그녀는 남편과 함께 약을 마실지 아니면 혼자 마실지 고민하다가 점을 쳐 보고 결국 홀로 약을 마셨습니다. 그렇게 혼자 신선이 된 항아를 천제는 괘씸하게 여겨 그녀를 달로 보냈고 외롭게 살다가 두꺼비로 변했습니다.

　　기원전 21세기경 인류 역사상 최초의 도시 중 하나인 우르에서는 지구라트를 건설했습니다. 지구라트는 햇빛에 말린 벽돌이나 불에 구운 벽돌로 지은 탑입니다. 길이가 60m 이상, 높이가 30m 이상으로 상당한 크기이며 여러 층으로 되어 있고 신관만 출입할 수 있는 신전이 있습니다. 이 지구라트는 이민족의 침입으로 훼손되었다가 후일 신바빌로니아 제국의 나보니두스Nabonidus가 기존 3단에서 7단으로 개축해서 재건했습니다. 시간이 흘러 1850년에 발견해 20세기 초에 발굴이 진행됐습니다.

우르의 지구라트
달의 신을 모셨던 신전으로 수메르에서는 태양보다 달을 중요하게 생각했습니다.

우르의 지구라트는 난나Nanna를 모시는 신전이었습니다. 난나는 수메르 신화에 등장하는 달의 신입니다. 이 신화에 따르면 최초의 세상에는 바다밖에 없었습니다. 그래서 바다의 여신은 하늘과 땅을 만들었고, 하늘의 신과 땅의 신이 결합해 바람의 신 엔릴Enlil이 나타났습니다. 이 최고신 엔릴과 곡식의 여신 닌릴Ninlil 사이에서 난나가 태어났습니다. 이후 난나는 여신 닝갈과 결혼해 태양신을 낳았습니다. 수메르 신화에서 달의 신보다 태양신이 나중에 등장하는 것은 수메르에서 태양보다 달을 중요하게 생각했던 것을 잘 보여 줍니다. 지구라트에서 달의 신을 모셨던 이유도 바로 그것입니다.

평평한 지구에서
둥근 지구로

오랫동안 사람들은 지구가 평평하다고 믿었습니다. 서쪽으로 해가 지면 보이지 않기 때문입니다. 과학이 발달하지 않았기 때문에 관측 도구나 수학적 계산이 존재하지 않았고 비행기와 같은 이동 수단도 없어 육안으로 관찰한 땅의 모습이 세상의 전부였습니다. 동양에서 가장 오래된 우주론은 중국의 개천설蓋天說입니다. 중국 고대 천문서인 『주비산경』에 처음 등장하는데 여기에는 "모난 것은 땅에 속하며, 둥근 것은 하늘에 속하니 하늘은 둥글고 땅은 모나다"라고 설명하고 있습니다. 이와 같은 믿음은 근대 이전까지 계속됐습니다.

평평한 지구에 의문을 제기하고 '지구 구형설'을 처음 주장한 사람은 고대 그리스 철학자 탈레스Thales였습니다. 흔히 최초의 철학자로 불리는 그는 지중해를 항해하면서 관찰한 땅의 모습을 근거로 땅이 원반처럼 생겼고 가운데가 부풀었다고 주장했습니다. 우리에게 잘 알려진 고대 그리스 수학자 피타고라스도 지구가 완전한 구형이라고 주장했습니다. 사실 지구는 완전한 구형이 아닙니다. 적도 부분이 극지방보다 20km 정도 더 길기 때문에 약간 납작한 구형입니다. 그러나 이 시대 사람들에게 지구가 둥글다는 생각은 매우 충격적이었습니다.

아리스토텔레스 역시 관찰한 증거를 기반해 지구 구형설을 주장했습니다. 그가 증거로 제시한 것은 월식 때 달에 생기는 지구의 그림자입니다. 월식은 달이 지구의 그림자에 가려지는 현상입니다. 지구는 태양 주변을 공전하고, 달은 지구 주변을 공전하기 때문에 태양—지구—달의 순서대로 배열되는 날에 월식을 관측할 수 있습니다. 그는 달에 비친 지구의 그림자가 둥글다는 사실을 통해 지구가 구형이라고 주장했습니다. 또한 남쪽 지방의 하늘에서 북쪽 지방에서 볼 수 없는 별자리가 관측되거나 수평선 넘어 배가 다가올 때 돛대의 끝이 먼저 보인다는 것도 지구 구형설의 증거라고 설명했습니다.

많은 사람이 이탈리아 항해가 크리스토퍼 콜럼버스가 항해를 통해 지구 구형설을 입증한 것으로 알고 있습니다. 그러나 15세기 말 이미 많은 유럽 지식인이 지구 구형설을 믿고 있었습니다. 그들이 콜럼버스의 항해를 반대했던 이유는 지구 둘레를 작게 계산했기 때문입니다. 콜럼버스는 프톨레마이오스의 주장을 근거로 지구 둘레를 약 2만 9,000km로, 인도까지의 거리를 4,345km로 계산해 항해했습니다. 이는 실제 지구 둘레의 절반에 해당하는 길이입니다. 자신이 도착한 카리브 지역을 끝까지 인도라고 믿어야 했던 콜럼버스는 후일 지구 구형설을 부인하기까지 했습니다.

지구 구형설을 실제로 입증한 사람은 포르투갈 항해가 페르디난도 마젤란Ferdinand Magellan입니다. 스페인으로 귀화한 그는 남아프리카를 돌아 아시아에 도착할 수 있다는 사실을 확인하고 1519년에 항해를 시작했습니다. 필리핀에 도착해서 가톨릭을 전파하려 했지만 당시 그곳에는 이슬람교를 믿는 무슬림이 많았습니다. 그는 촌장과 전투를 벌였지만 결국 살해됐습니다. 그러나 마젤란의 선박은 계속 항해하여 유럽으로 되돌아왔는데, 한 방향으로 계속 나가면 다시 출발지로 돌아올 수 있다는 사실을 입증함으로써 지구가 둥글다는 사실을 밝혔습니다.

중국의 영향을 받은 우리나라에서도 오랫동안 지구가 평평하다고 믿었습니다. 조선 전기 천문학자 이순지李純之는 아리스토텔레스처럼 달에 비치는 그림자가 지구의 그림자라고 생각하고 월식을 관찰했습니다. 그 결과 지구가 둥글다고 주장했습니다. 17세기 초에 청나라의 인질로 잡혀간 소현세자昭顯世子는 중국에 전파된 서양 과학에 관심을 가졌지만 급작스러운 죽음으로 새로운 지식은 널리 퍼지지 못했습니다. 이후 일부 실학자에 의해 지구 구형설이 전파되었고 대중에게 널리 알려진 것은 근대 이후입니다.

태양에서 해왕성까지, 태양계의 탄생

우리가 사는 지구와 다른 행성 그리고 지구 주변을 공전하는 달은 어떻게 탄생했을까요? 약 45억 년 전 거대한 별이 초신성 폭발을 일으킨 것으로 추정합니다. 이 폭발은 매우 강력해서 주변의 가스와 먼지가 한곳에 모이기 시작했습니다. 모인 가스와 먼지는 회전하며 납작해져 원시행성계원반으로 진화했습니다. 그리고 그곳에서 태양이 탄생했습니다.

태양이 생긴 후 주변에 남아 있던 가스와 먼지는 계속 돌아다니다가 부딪히고 뭉치면서 지름이 10km 이상의 미행성들이 됐습니다. 이 미행성들은 주변의 작은 천체를 끌어당겨 흡수하면서 수백만 년 동안 더욱 커졌고, 그 결과 지구를 포함한 8개의 행성이 탄생했습니다. 태양이 먼저 만들어지고, 남은 재료로 지구를 비롯한 행성이 만들어진 것입니다.

태양이 생긴 초기에 태양계는 매우 뜨거웠습니다. 특히 태양과 가까운 곳은 온도가 매우 높아 물이나 메테인 같은 휘발성 물질은 모두 날아가 버려 뭉치거나 압축될 수 없었습니다. 그래서 태양 가까운 곳에서 만들어진 행성은 녹는점이 높은 금속과 암석으로 구성되어 있습니다. 철이나 니켈, 알루미늄, 규산염 같은 단단한 물질입니다. 이렇게 단단한 물질로 만들어진 행성을 '지구형 행성'이라 부르는데, 여기에 수성과 금성, 지구, 화성이 해당됩니다.

태양이 생기고 10만 년 정도 지나자 미행성들은 서로 부딪히고 뭉치면서 오늘날처럼 크고 안정된 행성들로 진화했습니다. 그런데 화성보다 바깥쪽의 미행성들은 달랐습니다. 여기에는 거대한 목성이 있었는데, 목성의 강한 중력 때문에 미행성들이 서로 뭉치지 못하고 흩어져서 지금까지도 작은 천체들이 흩어진 상태인 소행성대로 남아 있습니다.

태양과 가장 가까운 행성은 바로 수성Mercury입니다. 가깝다고 하지만 실제 태양과 수성 사이의 거리는 태양의 지름인 139만km의 약 40배 이상입니다. 수성은 작고 단단한 행성으로 60% 이상이 철로 이루어져 있습니다. 특히 내부 핵이 행성 크기의 75%를 차지할 정도로 매우 큽니다. 과학자는 과거에 큰 천체와 부딪혀 수성의 맨틀이 날아간 것으로 추정합니다. 또한 수성에는 대기가 거의 없습니다. 그래서 하늘이 맑고 운석이 부딪혀 생긴 분화구가 그대로 보입니다. 수성의 중력은 지구의 약 3분의 1밖에 되지 않아 위성이 없습니다.

금성Venus은 태양과 달 다음으로 가장 밝게 보이는 천체입니다. 매우 아름답게 보여 로마 신화에 등장하는 미의 여신 비너스Venus의 이름을 붙였지만, 실제 금성은 겉보기와 달리 고온과 고압, 부식성 대기 등 극한 환경을 가진 행성입니다. 금성은 자전주기가 243일로 공전주기인 225일보다 느린 특이한 행성입니다. 그리고 자전 방향도 다른 행성과 반대 방향이어서 금성에서는 태양이 서쪽에서 떠서 동쪽으로 집니다. 금성의 대기는 이산화탄소가 대부분을 차지하고 있어 온실효과가 매우 심하며 황산 구름이 있어 생명체가 존재할 가능성이 상당히 낮습니다.

화성Mars은 태양계 내 행성 중 가장 많이 탐사된 행성입니다. 여러 나라에서 탐사선을 보내 표면과 환경을 조사했습니다. 화성에 주목하는 이유는 바로 '테라포밍terraforming'입니다. 지구처럼 환경을 바꿔 사람이 살 수 있도록 만드는 것인데 화성이 지구와 비슷한 점이 많기 때문입니다. 실제로 물의 흔적도 발견되어 생명체가 살았거나 살 가능성이 있다고 봅니다. 그러나 화성은 지구보다 작고 중력도 약합니다. 자기장도 거의 없어 태양풍에 의해 대기가 대부분 날아가 얇은 대기만 남아 있습니다. 형성 초기에 여러 천체와 부딪혀 태양계에서 가장 큰 분화구가 형성되었는데, 이때 생긴 파편으로 포보스Phobos와 데이모스Deimos라는 2개의 위성이 탄생한 것으로 추정합니다.

화성과 목성 사이에는 중요한 경계선이 있습니다. 바로 물이

큐리오시티가 촬영한 화성 표면
화성은 테라포밍을 이유로 가장 많이 탐사된 태양계 행성입니다.

나 메테인처럼 휘발성 물질이 얼 수 있는 지역과 얼 수 없는 지역을 구분하는 '동결선'입니다. 동결선 밖에는 얼음으로 된 물질이 풍부해서 여기에서 만들어진 행성은 크고 무거운 행성으로 진화했습니다. 질량이 커진 행성은 주변의 수소나 헬륨처럼 가벼운 기체를 더 많이 끌어당겼습니다. 이렇게 만들어진 행성을 '목성형 행성'이라 부릅니다. 여기에는 목성, 토성, 천왕성 그리고 해왕성이 있는데 구성 성분에 따라 거대 가스 행성인 목성과 토성, 거대 얼음 행성인 천왕성과 해왕성으로 구분하기도 합니다.

목성Jupiter은 태양계에서 부피가 가장 큰 행성입니다. 1610년에 갈릴레이가 발견했는데 무려 95개의 위성이 있습니다. 흔히 목성의 가장 큰 4개의 위성을 '갈릴레이 위성'이라 부르는데 갈릴레이가 자신이 개량한 망원경으로 발견했기 때문입니다. 그는 이 위성을 '메디치가의 별'이라고 부르며 토스카나 대공 코시모 2세Cosimo II de' Medici에게 바쳤고 그 대가로 경제적 후원과 명성을 얻었습니다.

목성의 지름은 지구의 11배, 질량은 지구의 300배 이상입니다. 매우 빠르게 자전하기 때문에 완전한 원형이 아니라 약간 납작한 형태입니다. 태양계 전체 질량의 99.8%는 태양이 차지하고, 나머지 0.2% 중 목성이 약 3분의 2를 차지합니다. 내부에는 액체 상태의 맨틀과 약 3만km에 달하는 거대 얼음으로 된 핵이 있습니다. 만약 목성이 가스로만 이루어졌다면 바람으로 해왕성 바깥쪽에 있는 카이퍼벨트Kuiper Belt로 날아갔겠지만, 맨틀과 핵의 엄청난 질량 덕분에 현재 자리에 있습니다. 중력은 지구의 2배 이상으로 태양계 내부로 날아드는 혜성이나 소행성을 끌어당겨 지구를 막아 줍니다.

반면 목성은 엄청난 양의 방사선을 방출합니다. 목성의 남반구에는 시속 500km가 넘는 거대한 폭풍이 있는데 바로 '대적반Great Red Spot'입니다. 매우 멀리 떨어져 있기 때문에 지구에 직접적인 영향을 미치지는 않지만, 수백 년 동안 사라지지 않고 유지되고 있어 허리케인이나 태풍 같은 지구의 대기 현상 분석에 간접적인 도움을 줍니다.

토성Saturn은 거대한 고리로 매우 유명합니다. 자전 시간이 10시간 정도로 매우 빨라 목성처럼 약간 납작한 타원형인데 태양계 행성 중 찌그러진 정도가 가장 큽니다. 토성 역시 갈릴레이가 최초로 관측했

목성의 대적반
목성 남반구의 거대한 폭풍으로 수백만 년 동안 유지되고 있습니다.

는데 당시 망원경은 성능이 좋지 않아 고리를 토성의 양쪽에 달린 귀라고 생각했습니다. 이후 1656년에 네덜란드 천문학자 크리스티안 하위헌스Christiaan Huygens가 50배율의 굴절망원경으로 고리라는 사실을 밝혔습니다. 토성의 고리는 약 40억 년 전에 형성된 것으로 추정되고 얼음과 먼지로 이루어져 있으며 지름이 수십만 킬로미터에 달합니다.

토성은 태양계 행성 중 가장 많은 위성을 가지고 있습니다. 2023년을 기준으로 공식적으로 확인된 위성의 수는 145개입니다. 토성의 위성 중 가장 크고 유명한 타이탄Titan은 지구보다 더 크고 지구 외에 유일하게 대기가 있는 위성입니다. 또 다른 위성인 엔셀라두스Enceladus는 남극 지대에서 얼음 입자가 발견되어 지하에 바다가 존재할 가능성이 있습니다. 생명체가 존재할지도 모른다는 것입니다. 목성은 남반구에서 대적반이 발생한다면 토성의 북반구에서는 '대백반Great White Spot'이 나타납니다. 약 30년마다 발생하는 주기적인 현상으로 가스 행성의 대기 구조나 기상 현상 연구에 중요한 단서를 제공합니다.

천왕성Uranus은 매우 독특한 특징을 가진 얼음 행성입니다. 내부에는 얼음으로 된 핵이 있고, 위로는 액체 상태인 메테인 표면과 수소, 헬륨으로 이루어진 대기가 있습니다. 천왕성은 태양계 행성 중 유일하게 옆으로 누워 자전합니다. 자전축의 기울기는 무려 97°로 마치 굴러가는 것처럼 자전합니다. 과학자는 과거에 거대한 천체와 충돌했기 때문으로 추정합니다.

천왕성은 대기의 주성분이 황화수소여서 달걀 썩는 냄새처럼 심한 악취가 날 것으로 예상합니다. 흥미로운 점은 낮보다 밤의 온도가 더 높습니다. 낮에는 수소 분자가 자외선 때문에 쪼개지지만 밤에는 다시 합쳐지면서 열이 발생하기 때문입니다. 천왕성은 독일 출신의 영국 천문학자 윌리엄 허셜 경Sir John Frederick William Herschel이 여동생 캐롤라인 허셜Caroline Lucretia Herschel과 함께 발견했습니다. 그러나 여성 천문학자였던 그녀의 업적은 오랫동안 제대로 인정받지 못했습니다. 오늘날에 와서야 그녀의 공헌을 높이 평가하고 있습니다.

태양계의 마지막 행성인 해왕성Neptune은 천왕성과 유사합니다. 크기도 비슷하고 대기 중 메테인 때문에 푸른색으로 보여 해왕성과 쌍둥이 행성으로 불리기도 합니다. 육안으로 보기 어려워 망원경이 발명되기 전까지 해왕성에 대한 기록은 존재하지 않습니다. 17세기에 갈릴레이는 목성을 연구하면서 그 배경에 별을 하나 그렸는데 바로 해왕성입니다. 당시에는 행성이 아니라 별로 생각했지만 이후 행성이라는 사실이 밝혀졌습니다. 해왕성은 목성형 행성 중 밀도와 대기압이 가장 높으며, 시속 2,000km 이상의 '대흑점Great Dark Spot'이 나타났다가 사라지는 현상이 반복되지만 아직 이유는 밝혀지지 않았습니다.

2006년까지 명왕성Pluto은 태양계의 아홉 번째 행성으로 알려졌습니다. 1978년에 위성 카론Caron이 발견되었는데 이를 활용해 측정한 명왕성의 질량은 지구의 0.2%에 지나지 않았습니다. 달보다 작은 셈입니다. 뿐만 아니라 명왕성과 카론의 질량이 비슷해서 공전의 중심이 명왕성이 아니라 둘 사이에 있었습니다.

2005년에는 왜행성 에리스Eris가 발견됐습니다. 왜행성은 작은 행성을 의미합니다. 문제는 에리스가 명왕성보다 크다는 것입니다. 그래서 에리스를 행성으로 간주할 것인지를 둘러싸고 천문학계의 논란이 가속했습니다. 결국 국제천문연맹IAU은 태양계 행성이 되기 위한 세 가지의 조건을 제시했습니다. 첫째, 태양을 중심으로 공전해야 합니다. 둘째, 중력으로 안정적인 형태를 지녀야 합니다. 마지막으로 셋째, 근처에 있는 천체를 위성으로 만들거나 밀어내는 힘이 있어야 합니다. 명왕성은 세 번째 조건을 충족하지 못해 왜행성으로 분류되고 말았습니다.

소행성은 태양 주위를 공전하는 작은 천체입니다. 크기가 행성보다 작고 주로 암석이나 금속으로 이루어져 있습니다. 일반적으로 목성보다 안쪽에서 도는 작은 천체를 소행성이라고 부릅니다. 화성과 목성 사이에는 수많은 소행성이 모인 소행성대가 있습니다. 현재까지 밝혀진 소행성의 95% 이상이 소행성대에 있으며 띠를 이루어 태양을 공전하고 있습니다. 1801년에 처음 발견된 가장 유명한 소행성인 세레스Ceres도 소행성대에 있습니다. 세레스는 소행성대 천체 가운데 최초로 발견되었고 가장 거대한 천체인데 지금은 왜행성으로 분류됐습니다.

위성은 행성 주변을 공전하는 천체를 의미합니다. 태양계 행성은 수성과 금성을 제외하고 모두 위성을 가지고 있습니다. 지구에는 달이라는 위성이 있고, 화성도 2개의 위성이 있습니다. 목성과 토성은 엄청난 수의 위성이 있으며, 천왕성은 28개의 위성, 그리고 해왕성은 16개의 위성을 가지고 있습니다. 이 중 목성과 토성의 위성은 계속 새롭게 발견되고 있습니다. 대부분의 위성은 공전주기와 자전주기가 거의 일치해 늘 같은 면만 보입니다. 목성의 위성인 유로파를 비롯한 일부 위성에는 표면 아래 바다가 존재할 가능성이 많아 생명체가 존재할 수도 있다는 가설이 제기되고 있습니다.

그렇다면 지구의 유일한 위성인 달은 어떻게 탄생했을까요? 달은 태양에서 가장 가까운 위성입니다. 자전주기는 약 27.32일로 공전주기도 이와 비슷해서 우리는 늘 달의 같은 면만 볼 수 있습니다. 지구와 마찬가지로 자전과 공전 방향이 반시계 방향입니다. 달은 지구에서 약 38만 5,000km 정도 떨어져 있는데 초기에 지구와 달의 거리는 지금보다 15배 이상 가까운 거리에 있었습니다. 지구와 달은 중력으로 서로 끌어당기는데 이때 지구의 자전 에너지가 달로 전달되면서 달은 지구에서 조금씩 멀어졌습니다. 지금도 매년 약 4cm 정도 멀어지고 있습니다.

많은 과학자는 달의 기원과 관련하여 '거대 충돌설'을 주장합니다. 약 45억 년 전 태양계 초기에는 지금보다 훨씬 많은 천체가 있었습니다. 그중 하나인 테이아Theia는 지구의 크기와 비슷했는데 궤도를 잃고 움직이다가 지구와 충돌했습니다. 이 충돌로 지구 표면과 테이아의 파편이 우주로 날아갔고 시간이 흘러 파편들이 뭉쳐 오늘날의 달이 됐습니다. 그래서 과학자는 테이아의 파편 일부가 지구 맨틀에 가라앉아 있을 것으로 추정합니다. 실제로 아이슬란드에서 맨틀과 다른 성분을 가진 암석이 발견되어 테이아의 흔적일 수 있다는 주장이 제기됐습니다.

지금과는 달랐던
원시지구

우리가 사는 지구는 약 70%가 물로 덮여 있고, 나머지 30%가 육지인 물의 행성입니다. 그러나 지구의 탄생 초기 모습은 오늘날과 매우 달랐습니다. 약 45억 년 전 원시지구가 테이아와 충돌하면서 화산 폭발과 용암 분출이 일어났습니다. 현재보다 기압은 최소 10배 이상 높았습니다. 이 시기를 '명왕누대Hadean Eon'라고 부릅니다.

지질학자는 지구의 역사를 지층과 생물 변화를 기준으로 선캄브리아 시대Precambrian와 현생누대Phanerozoic Eon로 구분하고, 현생누대를 다시 고생대Paleozoic Era와 중생대Mesozoic Era, 신생대Cenozoic Era로 구분합니다. 선캄브리아 시대는 지구 역사에서 가장 오래된 시대로 명왕누대가 여기에 포함됩니다. 명왕누대에 지구는 천천히 식고 굳어지는 과정을 겪었고 이를 총 네 단계로 나눌 수 있습니다.

첫 번째 단계는 용암 시대입니다. 당시 지구 표면은 매우 뜨겁고 화산 활동이 활발했습니다. 계속되는 화산 폭발로 용암이 흘러넘쳐 땅 전체가 용암 바다였습니다. 두 번째 단계는 열의 시대입니다. 우주에서 날아온 철-60이 열을 공급해서 지구 내부는 매우 뜨거웠습니다. 과학자의 계산에 따르면 최소 2,000만 년 이상 용암 바다가 지속됐습니다. 대기압이 높아 물이 수증기가 되지 못하고 고온의 액체 상태를 유지했습니다. 바다의 밑바닥에서는 뜨거운 물과 용암이 만나 굳었다가 식는 과정을 반복하면서 지구 내부가 형성되기 시작했습니다. 지구 표면에는 얇은 지각이 형성되었지만 단단하지 않고 불안정한 상태였습니다. 이후 철-60이 붕괴하면서 지구 내부에 열을 공급하지 않게 되자 지각이 단단해지고 안정되기 시작했습니다.

세 번째 단계에서는 지구 내부까지 맨틀이 분화되면서 지구의 구조가 지금과 비슷해졌습니다. 대기압은 이전보다 절반 이하로 감소했고 지구 표면 온도는 지금보다 높은 45℃ 정도로 추정합니다. 이 시기부터 지구는 안정기에 접어들었습니다. 여러 지역에서 산과 산맥이 생겼고 대륙이 등장했으며 마지막 네 번째 단계에서 바다가 생겼습니다. 그러나 이후에도 지구는 계속 변화를 겪었습니다. 이 중 한 가지가 바로 '대륙 이동'입니다. 기원전 33억 년경 최초의 초대륙인 발바라 Vaalbara가 형성됐습니다. 초대륙은 여러 대륙이 하나로 모인 것을 의미합니다. 이후 지구의 대륙은 수억 년에 걸쳐 합쳐졌다가 나뉘는 과정을 반복했습니다.

1912년에 독일 기상학자 알프레트 베게너 Alfred Wegener는 세계지도를 보다가 흥미로운 점을 발견했습니다. 바로 남아메리카 동쪽 해안선과 아프리카 서쪽 해안선이 마치 퍼즐처럼 꼭 맞는다는 사실입니다. 그는 이 사실을 바탕으로 과거에 모든 대륙이 하나로 붙어 있다가 이후 나뉘었다는 '대륙 이동설 Continental Drift Theory'을 주장했습니다. 그리고 거대한 대륙에 '판게아'라는 이름을 붙였습니다.

판게아는 고생대 말부터 중생대 초까지 존재했던 초대륙입니다. 우리가 알고 있는 유라시아와 아메리카, 아프리카, 남극과 인도 그리고 호주 대륙이 모두 합쳐져 있었습니다. 베게너의 주장대로 남아메리카 동쪽 해안선과 아프리카 서쪽 해안선을 겹치면 잘 맞는다는 사실을 알 수 있습니다. 당시 인도 대륙은 호주 대륙 옆에 있었는데 중생대의 백악기 초에 북쪽으로 이동해 유라시아 대륙과 충돌해 땅이 밀려 올라가면서 히말라야산맥이 형성됐습니다.

그러나 베게너의 주장에 많은 과학자는 회의적이었습니다. 무거운 대륙이나 지각이 움직이는 근거를 설명할 수 없었기 때문입니다. 그가 사망할 때까지 대륙 이동설을 믿는 사람은 거의 없었습니다. 이

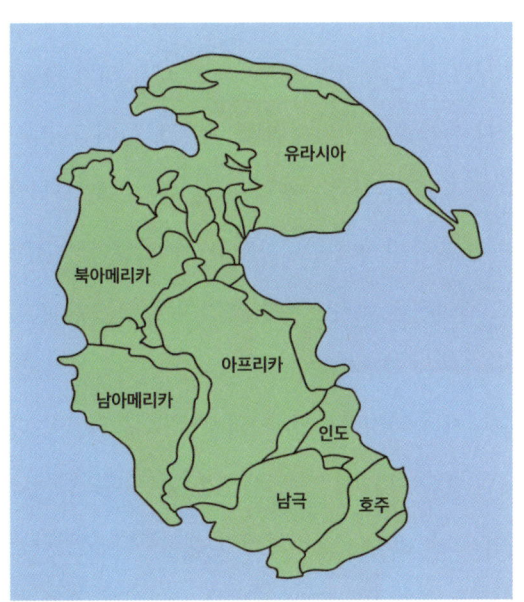

초대륙 판게아
베게너는 과거에 지구의 모든 대륙이 하나로 붙어 있었다고 주장했습니다.

후 1960년대에 '판 구조론'이라는 새로운 이론이 제기됐습니다. 이 이론에 따르면 지각과 맨틀 윗부분은 여러 판으로 이루어져 있고 천천히 움직입니다. 바다 밑에는 해저산맥이 있는데 여기에서 판이 서로 멀어지면서 벌어지는 움직임이 발생합니다. 그러면 벌어진 그 공간을 채우기 위해 맨틀 속의 뜨거운 암석이 위로 올라오는데, 이때 압력이 줄어들면서 마그마가 생기고 식으면서 현무암과 같은 단단한 암석이 만들어집니다. 이렇게 만들어진 암석은 해양지각을 구성합니다.

지구 내부에 존재하는 우라늄이나 토륨 같은 방사성 원소는 붕괴할 때 열을 냅니다. 이 열은 지구 내부를 데우면서 맨틀 속에서 천천히 움직이는 대류 현상을 일으킵니다. 이 때문에 판이 움직이는 것입니다. 무거운 암석으로 이루어진 해양지각이 다른 판과 충돌하면 더 무거운 해양지각이 아래로 꺼지면서 맨틀 속으로 들어갑니다. 이때 압력과 온도가 높아져 암석이 변하는데 이런 암석이 지하수와 만나면 마그마가 생기고 화산 활동이 발생합니다. 이렇게 판들이 충돌하면 산맥이나 섬이 생기고, 멀어지면 해저산맥이 생깁니다.

판 구조론은 단순히 판의 움직임만 설명하지 않습니다. 대륙이 붙었다가 떨어지는 과정에서 한 지역에 살던 동식물이 다른 지역으로 퍼지거나 고립됐습니다. 그 결과 새로운 종이 나타나거나 진화했습니다. 예를 들어 호주 대륙이 분리되면서 캥거루나 코알라는 독자적인 방식으로 진화하게 됐습니다. 그리고 판이 움직이면 강한 화산 활동이나 지각 변동이 일어나 대기 중에 이산화탄소나 먼지가 발생해서 기후

변화를 일으키고 생태계를 파괴하기도 합니다. 약 2억 5,000만 년 전에 발생한 고생대의 페름기 대멸종은 거대한 화산 활동 때문에 발생한 것으로 추정하는데 이로 인해 지구 생물종의 약 90%가 멸종했습니다. 이처럼 판 구조론은 지구 생명체의 진화나 멸종에도 영향을 미칩니다.

45억 년을 함께하는 지구와 달

1882년 1월에 파리 주식시장이 붕괴하면서 증권거래소에서 나와 화가가 된 고갱은 타히티섬에서 1893년에 《달과 지구》를 그렸습니다. 이 그림은 도시와는 다른 그곳의 소박하고 순수한 자연과 현지 전통, 신화를 바탕으로 그린 작품입니다.

달의 여신 히나Hina는 지구의 신 파투Fatu에게 인간에게 영원한 생명을 줄 것을 부탁했습니다. 그러나 파투는 이와 같은 부탁을 거절했습니다. 고갱은

폴 고갱, 《달과 지구》, 1893년.

바로 이 이야기를 그림으로 표현했습니다. 얼핏 보면 히나가 그림의 대부분을 차지하고 있는 것처럼 보이지만 사실 배경으로 등장하는 지구의 신 파투가 히나보다 크게 그려졌습니다. 이는 달의 여신보다 지구의 신이 더 강한 존재라는 것을 보여 줍니다. 히나가 파투에게 인간의 영생을 부탁한 것도 바로 이런 이유였을 것입니다. 이 그림은 마치 지구와 주변을 공전하는 위성인 달의 관계처럼 보입니다. 고갱은 신화를 통해 지구와 달의 관계를 그림으로 표현한 것입니다.

여러 지역의 신화나 이야기에서 달은 주로 태양과 함께 등장합니다. 우리나라에도 달에 관련된 민담이 전해 내려옵니다. 민담에 따르면 까막나라는 늘 어두웠습니다. 끝없는 어둠에 지친 왕은 불개에게 태양과 달을 훔쳐 오도록 시켰습니다. 그러나 태양은 너무 뜨거웠고 달은 너무 차가웠습니다. 불개는 반복해서 태양과 달을 물었다가 뱉었는데 이에 따라 태양과 달의 모습이 달라졌습니다. 그렇게 태양을 물었다가 뱉으면서 모양이 변하는 것이 일식이고, 달을 물었다가 뱉으면서 모양이 변하는 것이 바로 월식입니다.

사실 달은 태양보다 작지만 지구와 가까운 거리에 있기 때문에 지구에 직접적인 영향을 미칩니다. 대표적인 예가 바로 밀물과 썰물입니다. 지구는 하루에 한 번 자전하고 1년에 한 번 태양을 공전합니다. 달도 지구 주위를 공전하죠. 이 운동에서 달과 지구 사이에는 끌어당기는 힘인 중력이 작용하고, 지구가 자전하면서 밖으로 밀려나는 힘인 원심력도 생깁니다.

달의 중력은 지구의 바닷물을 달 쪽으로 끌어당깁니다. 그래서 달과 가까운 쪽은 바닷물이 몰려서 밀물이 생깁니다. 반대로 지구가 자전하면서 생기는 원심력은 달과 먼 반대쪽의 바닷물을 바깥쪽으로 밀어내서 또 다른 밀물이 생깁니다. 그리고 밀물 사이의 지역에서는 바닷물이 몰리지 않아 썰물이 생깁니다. 하루에 밀물과 썰물이 두 번씩 반복되는 이유는 지구가 자전하면서 바닷물이 달의 위치에 따라 이동하기 때문입니다.

이렇게 작용하는 달은 지구 환경과 생명체에 큰 영향을 미칩니다. 달의 중력이 약해지거나 달이 사라지면 지구는 지금과 전혀 다른 모습이 될 수 있습니다. 달이 사라지면 밀물과 썰물 현상도 없어져 갯벌이 마르고 여기에서 서식하는 생물이 멸종합니다. 바닷물의 자연 순환이 줄어들어 오염 물질이 정화되지 않아 해양 생태계는 심각한 위기에 직면하게 될 것입니다.

달의 중력은 지구의 자전축을 유지하는 데도 영향을 미칩니다. 현재 자전축은 약 23.5°로 기울어져 있는데 덕분에 태양 에너지가 고르게 퍼지고 사계절이 생깁니다. 그런데 만약 달이 사라지면 지구의 자전축은 0~85°까지 크게 흔들리면서 심한 기후변화가 발생할 수 있습니다. 자전축이 0°가 되면 적도 지방은 지금보다 훨씬 더워지고 극지방은 훨씬 추워집니다.

지구와 달은 약 45억 년 동안 함께 움직이면서 서로 영향을 주고받았습니다. 최근 과학자는 바닷물이 움직이면서 해저 바닥과 마찰

이 생겨 지구의 자전 에너지가 조금씩 줄어들고 있다는 연구 결과를 발표했습니다. 이는 달에도 영향을 미칩니다. 지구의 자전 속도가 느려지면 달의 공전 궤도에 영향을 미쳐 달은 점점 멀어집니다. 현재 달은 1년에 약 4cm씩 지구에서 멀어지고 있습니다. 그렇게 달이 점점 멀어질수록 지구의 자전 속도가 더 느려지고, 조석 작용이 약해지며, 이는 장기적으로 지구 환경과 생태계에 변화를 일으킬 수 있습니다.

지구를 벗어나
달에 이르기까지

이것은 한 인간의 작은 발걸음이지만 인류에게는 위대한 도약이다.

인류 최초로 달에 발을 내디뎠던 닐 암스트롱이 한 말입니다. 1969년 7월 20일, 미국항공우주국이 미국 플로리다주 메리트섬에 설치한 케네디 우주센터를 출발한 아폴로 11호가 달에 착륙했습니다. 이 시기에 미국과 구소련은 우주 진출을 목표로 경쟁하고 있었습니다. 제2차 세계대전 직후 미국은 최강대국으로 부상했습니다. 서유럽은 전후 복구에 정신없었고 구소련 역시 독일과의 전쟁으로 황폐해졌습니다. 그래서 미국은 구소련을 미국보다 뒤처진 국가로 생각했습니다.

그러나 구소련은 핵무기를 보유한 미국에 대항하기 위해 대륙간탄도미사일 개발을 시작해서 성공했습니다. 그리고 이 기술을 바탕으로 우주로 로켓을 쏘아 올릴 준비도 시작했습니다. 이에 미국은 1957년 7월에 세계 최초로 인공위성을 발사하겠다고 선언했지만 생각대로 계획이 진척되지 않았습니다. 그 사이에 구소련은 세계 최초의 인공위성인 스푸트니크 1호 Sputnik I 발사에 성공했습니다. 이로 인해 구소련은 '우주 시대를 연 나라'라는 명예를 얻으며 우주 시대가 시작됐습니다.

당연히 미국은 가장 큰 충격을 받았습니다. 미국에서는 세계 최초의 유인 우주비행 계획을 추진했지만 이마저도 구소련이 먼저 성공했습니다. 1961년에 구소련은 유리 가가린 Yuri Gagarin 을 태운 보스토크 1호 Vostok I 를 발사했고, 그는 인류 역사상 최초로 우주에 나간 사람이 됐습니다. "우주는 매우 어두웠지만, 지구는 푸르렀다"는 유명한 말을 남겨 우주의 아름다움과 지구의 소중함을 느끼게 했습니다.

당시 위기를 느낀 미국 대통령 존. F. 케네디는 달 착륙 계획을 제시했습니다. "우리는 달에 갈 것입니다. 우리는 10년 이내에 달에 갈 것이고 다른 일도 할 것입니다. 쉽기 때문이 아니라 어렵기 때문입니다." 이후 미국항공우주국은 달 탐험을 위한 로켓 개발과 우주비행사 훈련, 안전 장비 개발, 우주비행 실험 등을 포함한 '아폴로 프로젝트 Apollo Project'를 시작했습니다. 아폴로 1호는 비행 전 실험 중 사령선 내부 화재로 탑승한 우주비행사가 모두 사망하는 사고가 발생했지만, 아폴로 8호는 인류 역사상 최초로 지구 궤도를 벗어나 달 궤도까지 다녀왔고, 이후 아폴로 11호는 결국 인류 역사상 최초로 지구 외 다른 천체에 착륙

하는 데 성공했습니다.

　　　　미국항공우주국은 총 여섯 차례에 걸친 탐사에서 달 표면의 암석을 채취해 지구로 가져왔습니다. 이 암석을 월석Moon rock이라고 부릅니다. 월석에는 충돌로 부서진 흙이 뭉쳐져 만들어진 퇴적암이나 표면이 식으면서 굳은 현무암, 알루미늄이나 칼슘이 많이 포함된 사장암 등이 포함되어 있습니다. 월석을 분석하면서 달의 구성 성분이나 형성 과정, 지질 활동 등을 더 깊이 이해할 수 있게 됐습니다. 달에서 가져온 먼지 주머니는 2017년에 전 세계적으로 유명한 소더비 경매에 나오기도 했습니다. 무려 20억 원에 가까운 금액에 낙찰되어 화제가 되며 달 탐사의 가치를 다시 되새기는 계기가 됐습니다.

지구와 달 탄생의 구성 요소, 골디락스 조건 그리고 새로운 복잡성

　　　　태양계 내 행성은 크기나 구성 성분에 따라 크게 지구형 행성과 목성형 행성으로 구분합니다. 지구형 행성은 단단하고 무거운 암석과 금속으로 이루어져 있고 표면이 딱딱해서 땅이 존재하는 행성입니다. 반면 질량과 크기가 큰 목성형 행성은 가스와 얼음 입자로 구성되어 있어 땅이 없습니다. 그러므로 행성을 만들기 위해서는 먼지나 암석, 금속, 가스, 얼음 등 다양한 물질이 필요합니다.

　　　　그리고 이와 같은 구성 요소로 행성이 탄생하기 위한 첫 번째

아폴로 8호가 촬영한 지구돋이
지구 궤도를 벗어나 달 궤도에 진입한 최초의 유인 우주선이 아폴로 8호입니다.

골디락스 조건은 초신성 폭발입니다. 거대한 별의 폭발로 먼지나 가스 등 여러 물질이 우주에 퍼졌고, 이후 중력으로 뭉치면서 중심부의 압력이 높아져 수소 원자의 핵융합 반응으로 원시태양이 형성됐습니다. 원시태양 주변에는 먼지와 가스, 얼음 등이 같이 회전하고 있었는데, 회전하면서 생긴 원심력과 중력이 균형을 이뤄 원시행성계원반이 만들어졌습니다. 시간이 흐르면서 원반 내 물질이 서로 뭉쳐 여러 행성으로 진화한 것입니다.

두 번째 골디락스 조건은 중력입니다. 물질을 끌어당기는 힘인 중력이 있어야 행성은 구형을 유지할 수 있습니다. 다만 목성이나 토성처럼 자전주기가 짧은 행성은 타원형에 가까운 형태가 됩니다. 중력 때문에 행성은 태양 주위를 안정적으로 따라 공전할 수 있습니다. 태양의 중력에 끌리지만 행성 자체의 운동 에너지로 균형을 이뤄 일정한 거리를 유지하면서 궤도를 따라 공전할 수 있습니다. 그리고 중력으로 작은 먼지나 가스가 모여 커지면서 위성이 탄생합니다.

세 번째 골디락스 조건은 바로 대충돌입니다. 처음에는 작은 물질이 뭉쳐 원시행성이 만들어졌지만, 이후 소행성이나 다른 원시행성과 충돌을 반복하면서 점점 더 커져 지금의 행성과 같은 크기로 성장했습니다. 수성은 두 번, 금성은 여덟 번 그리고 지구는 열 번 정도 충돌하며 오늘날과 같은 크기가 된 것으로 추정합니다. 화성은 크기가 작아 충돌이 거의 없었던 것으로 보입니다. 대충돌로 지구에는 달이라는 위성이 탄생했죠.

이렇게 다양한 원소와 물질이 중력이나 충돌 등과 같은 골디락스 조건과 만나면서 이전의 우주에는 없었던 새로운 것이 등장했습니다. 바로 우리가 사는 지구와 달입니다. 지구와 달을 포함한 태양계는 빅뱅 이후 여러 가지 원소와 물질이 서로 결합해서 나타난 결과입니다. 그래서 지구를 제대로 이해하기 위해서는 달과 태양, 별, 빅뱅까지 살펴봐야 합니다.

네 번째 임계국면, 지구와 달의 탄생

약 45억 년 전에 초신성 폭발로 태양이 탄생했습니다. 중력 때문에 주변의 먼지나 가스는 서로 끌어당겼고 중력이 커질수록 먼지나 가스 덩어리의 질량도 커졌습니다. 이러한 과정을 반복하다가 덩어리가 회전하기 시작했고 원시행성계원반이 나타났습니다. 원반의 중심부에는 엄청나게 많은 물질이 모였는데 이렇게 모인 물질의 99.9%가 태양을 만드는 데 사용되었고, 나머지 0.1%의 물질로 지구와 다른 행성 그리고 위성이 만들어졌습니다.

0.1%의 물질 가운데 가벼운 물질은 태양에서 발생하는 엄청난 에너지 때문에 멀리 날아가 버렸습니다. 우주에서 가장 먼저 만들어진 수소와 헬륨은 가벼워서 멀리 날아가 서로 결합해 목성형 행성을 만들었습니다. 반면 태양과 가까운 곳에서는 이보다 무거운 암석과 금속

이 결합해 지구형 행성을 만들었습니다. 그리고 그 주변으로는 수많은 위성과 소행성이 탄생했습니다.

이렇게 지구와 달을 비롯한 여러 행성과 위성이 우주에 등장했습니다. 마치 다른 곳에서 각각 생긴 것처럼 보이지만 모두 같은 먼지와 가스에서 만들어졌습니다. 태양계의 지구와 달, 행성은 모두 연결되어 있는 것입니다. 지구와 달의 탄생은 빅히스토리에서 우주가 더욱 복잡한 단계로 넘어가는 네 번째 임계국면입니다.

**핵심
요약**

약 45억 년 전 태양계가 형성되며 지구와 달이 탄생했습니다. 달은 테이아라는 원시행성과 지구의 거대한 충돌로 생긴 파편에서 만들어졌으며, 이후 지구와 점차 거리가 멀어지고 있습니다. 고대에는 지구가 평평하다고 여겼으나 관측과 항해를 통해 지구가 둥글다는 사실을 밝혔습니다. 그리고 판 구조론으로 지구의 대륙은 끊임없이 이동하며 생명체의 진화와 멸종에도 영향을 미친다는 사실을 알게 됐습니다. 20세기에는 미국과 소련의 우주 경쟁으로 인류가 달에 도착했고 이는 과학기술의 도약이었습니다. 달은 지구의 밀물과 썰물, 자전축 안정, 생태계 유지 등 지구 환경에 결정적인 역할을 합니다. 이런 점에서 새로운 복잡성인 지구와 달은 생명체의 다양성과 우주의 진화를 이끄는 주요 구성 요소이기도 합니다.

우주의 연표

138억 년 전
우주의 시작, 빅뱅
시공간, 에너지, 물질,
네 가지 힘이 생긴
우주의 출발점입니다.

137억 년 전
최초의 원소, 수소 탄생
양성자와 전자가 결합해
수소와 헬륨이 형성됐습니다.

136억 년 전
최초의 별 형성
중력으로 수축한
성운 속 물질이
최초의 별로 탄생했습니다.

130억 년 전
은하의 탄생
수많은 별과 성운이 모여
최초의 은하가 형성됐습니다.

100억 년 전
**초신성 및
다양한 원소의 등장**
별의 폭발로
무거운 원소가
생성됐습니다.

46억 년 전
태양의 탄생
원시성운이
중력으로 수축하며
태양이 형성됐습니다.

45.6억 년 전
**원시행성계원반 및
행성의 형성**
미행성이
충돌하고 결합하며
행성이 형성됐습니다.

45억 년 전
지구의 탄생
원시행성계원반에서
형성된 지구에서
원시대기가 등장했습니다.

44.5억 년 전
**거대 충돌 및
달의 형성**
테이아와
원시지구가 충돌하며
달이 형성됐습니다.

43억 년 전
**지구 표면 냉각 및
바다의 형성**
지구 표면이 식고
수증기가 응축하며
바다가 형성됐습니다.

제 5 장

최초의 생명체와 진화

ORIGIN STORY

5장.
최초의 생명체와
진화

KEYWORD

- **생명의 나무** Tree of Life : 지구에 존재하는 모든 생명체가 공통조상에서 분화되어 다양해졌다는 계통 구조입니다.

- **자연선택** Natural Selection : 다윈 진화론의 핵심 개념으로 환경에 잘 적응한 개체가 생존과 번식에 유리해져 그 형질이 다음 세대로 유전되어 종이 진화한다는 원리입니다.

- **원시수프 가설** Primordial Soup Hypothesis : 대기 중 단순한 물질이 바다에 모여 유기물을 형성하고 서로 결합해 최초의 생명체가 탄생했다는 생명기원 가설입니다.

- **열수분출구 가설** Hydrothermal Vent Theory : 바닷속 열수분출구에서 방출된 에너지와 화학물질을 바탕으로 유기물이 합성되었고 생명체로 진화했다는 생명기원 가설입니다.

- **대멸종** Mass Extinction : 짧은 지질학적 기간 동안 대규모의 생물종이 멸종한 사건으로 멸종 후 새로운 종의 탄생과 다양성 증가가 나타났습니다.

모든 존재를 연결하는 위그드라실

게르만 신화에는 위그드라실Yggdrasil이라는 특별한 나무가 등장합니다. 이 나무는 보통 '생명의 나무'로 불리는데 우주 전체로 솟아 있는 거대한 물푸레나무입니다. 위그드라실은 9개의 세계를 연결하고 세상을 지탱하는 중심 역할을 합니다. 나무는 하늘 높은 곳까지 뻗어 신의 세계인 아스가르드, 인간의 세계인 미드가르드, 그리고 죽은 자가 있는 지하 세계인 니플헤임을 연결합니다. 그래서 위그드라실은 살아 있는 존재와 죽은 존재, 신과 인간, 세상의 모든 것을 하나로 잇는 가장 신성한 나무입니다.

'오딘의 말Odin's horse'이라는 위그드라실은 교수대를 의미하기도 합니다. 여기에는 최고신 오딘Odin의 이야기가 얽혀 있습니다. 오딘은 모든 것을 알고 전쟁과 마법, 지혜와 죽음을 다스리는 현명한 신입니다. 그는 지혜를 얻고자 스스로 위그드라실에 목을 매고 창으로 몸을 찌른 채 9일 동안 죽음의 세계를 여행했습니다. 이후 신성한 문자와 깊은 지혜를 얻었습니다.

일러스트레이터 칼 에밀 되플러가 그린 오딘
오딘은 세상을 창조한 후 위그드라실을 심었습니다.

위그드라실에는 여러 생명체가 살고 있습니다. 꼭대기에는 거대한 독수리, 뿌리에는 니드호그라는 용, 그리고 이 둘 사이를 오가며 이간질하는 다람쥐 라타토스크도 있습니다. 나뭇가지에는 네 마리의 사슴, 나무의 윗부분에는 산양, 아랫부분에는 일곱 마리의 뱀도 삽니다. 이와 같은 모습은 하나의 나무에서 다양한 생명체가 함께 살아가는 모습을 보여 줍니다.

그래서 위그드라실은 삶과 죽음, 시작과 끝 그리고 새로운 탄생까지 모든 것이 순환하며 연결되어 있다는 것을 상징합니다. 나무의 가지는 하늘과 신의 세계, 뿌리는 지하와 죽은 사람의 세계, 중간의 줄기와 가지는 살아 있는 모든 존재를 상징하며 이들을 연결합니다. 우리는 이 나무를 통해 삶의 균형과 조화, 순환에 대해 알 수 있습니다.

최초의 생명체를 만든
바닷속 뜨거운 구멍

오랫동안 세계 여러 지역의 사람들은 생명체가 특별한 힘으로 창조된다고 믿었습니다. 고대 그리스에서는 생명체가 자연스럽게 저절로 생긴다는 자연 발생설을 믿었는데, 아리스토텔레스는 자신의 저서 『동물발생론』에서 부모 없이 모든 생명체가 흙이나 진흙에서 탄생한다고 주장했습니다. 그는 생명의 씨앗이 물질을 바탕으로 생명체를 만들고 그 결과 생명체는 특별한 힘을 가지고 있다고 생각했습니다. 이러한 아리스토텔레스의 자연 발생설은 이후 무려 2,000년 동안 유럽을 지배했습니다.

1665년에 이탈리아 의사 프란체스코 레디Francesco Redi는 이 이론에 의문을 품고 실험을 했습니다. 그는 입구가 넓은 유리병에 뱀이나 물고기, 뱀장어, 소고기 등을 넣고 절반은 천이나 종이로 뚜껑을 덮고, 나머지 절반은 열어 두었습니다. 그 결과 뚜껑을 닫은 병에서는 구더기가 생기지 않았고, 열어 둔 병에서는 구더기가 생겼습니다. 이 실험을 통해 레디는 구더기가 자연적으로 발생한 것이 아니라 파리가 고기에 알을 낳아 생겼다는 사실을 밝혔습니다. 그러나 작은 곤충이 공기 중에서 저절로 생긴다는 주장까지 부인하지는 못했습니다.

프랑스 화학자 루이 파스퇴르Louis Pasteur는 자연 발생설을 완전히 무너뜨린 결정적인 실험을 했습니다. 바로 유명한 '백조목 플라스크 실험'입니다. 이 실험에서 파스퇴르는 플라스크 안에 유기물을 넣고 끓여서 세균을 모두 없앴습니다. 그리고 플라스크 입구를 S자로 길게 구부려 미생물이나 먼지가 들어오지 못하도록 했습니다. 그 결과 플라스크 안에는 미생물이 전혀 생기지 않았습니다. 이 실험은 미생물이 외부에서 들어오지 않으면 절대 생기지 않는다는 사실을 통해 생명이 자연스럽게 생긴다는 자연 발생설의 오류를 입증했습니다.

그렇다면 지구 최초의 생명체는 어떻게 탄생했을까요? 가장 믿을 만한 과학적 증거에 따르면 지구의 원시대기나 바다에서 발생했을 가능성이 높습니다. 이와 관련해 가장 잘 알려진 설명 중 한 가지가 바로 '원시수프 가설'입니다. 러시아 생물화학자 알렉산드르 오파린 Aleksandr Ivanovich Oparin에 따르면 지구의 원시대기는 지금과 달리 수증기나 메테인, 암모니아와 같은 단순 기체로 가득했는데, 이 기체들이 천둥이나 번개, 자외선과 같은 강한 에너지를 통해 화합하면서 복잡한 유기물을 형성했습니다. 그리고 비를 통해 바다로 흘러 들어가 더 많은 유기물이 마치 수프처럼 모이게 됐습니다. 수백만 년이 지나자 이 원시수프에서 유기물이 결합해 단백질이나 핵산처럼 복잡한 물질이 생겼고, 여기에서 최초의 생명체가 탄생했습니다.

　　　　1952년에 시카고대학교의 대학원생이었던 스탠리 밀러 Stanley Miller는 오파린의 가설을 검증하기 위해 실험을 했습니다. 그는 실험실에서 초기 지구의 환경을 재현했는데 플라스크 아래에 물을 넣고 끓여 수증기를 만들어 대기를 형성했고, 여기에 메테인이나 수소, 암모니아 등의 기체를 넣었습니다. 그리고 플라스크 윗부분에 전기를 방전해 번개와 같은 작용을 일으켰습니다. 물이 식도록 냉각 장치도 설치했습니다. 며칠이 지나자 플라스크의 물은 붉은 빛으로 변했는데, 여기에는 아미노산이나 포름알데히드 HCHO와 같은 생명체를 구성하는 유기물이 들어 있었습니다. 이 실험은 초기 지구 환경에서 생명체의 구성 요소가 만들어질 수 있다는 가능성을 보여 줬습니다.

　　　　그러나 밀러의 실험에 일부 과학자는 초기 지구의 대기가 수소나 메테인, 암모니아가 아닌 산소, 이산화탄소, 질소 등으로 이루어졌을 가능성이 높다고 비판했습니다. 그렇다면 밀러의 실험 조건과 실제 초기 지구의 환경은 달랐던 것이 됩니다. 이 문제를 보완하기 위해 등장한 것이 바로 '열수분출구 가설'입니다. 열수분출구는 해저 깊은 곳 지각의 틈에서 뜨거운 물과 가스가 솟아나는 구멍입니다. 이 이론에 따르면 생명체의 구성 요소는 하늘의 번개가 아닌 바닷속 열수분출구에서 만들어졌습니다. 이곳에서는 지각 안에서 나오는 물질이 계속 공급되면서 복잡한 유기물이 만들어질 수 있기 때문입니다.

1977년에 과학자들은 잠수함을 이용해 열수분출구을 탐사했습니다. 탐사 결과 중요한 사실이 밝혀졌습니다. 열수분출구 주변에는 황S과 철이 결합한 광물이 있었는데, 이 광물이 화학반응을 돕는 촉매 역할을 하면서 주변에 복잡한 유기물이 만들어졌습니다. 그리고 이 유기물이 모여 화학적 진화가 일어났습니다. 이와 같은 진화를 통해 최초의 세포가 등장한 것으로 추정됩니다. 최초의 세포는 황을 에너지로 사용하면서 생명을 유지했을 것입니다. 뿐만 아니라 100℃가 넘는 뜨거운 열수분출구에서 살고 있는 생물도 발견되어 생명체가 극한 환경에서도 살 수 있다는 사실이 입증됐습니다.

이렇게 탄생한 생명체는 공통적인 몇 가지 특징을 가집니다. 첫째, 세포로 이루어져 있습니다. 세포는 생명체를 이루는 가장 작은 단위입니다. 살아 있는 생명체의 기본 구조이죠. 예를 들어 세균처럼 하나의 세포로 이루어진 생명체는 1개의 세포가 모든 일을 하지만, 인간처럼 여러 세포로 이루어진 생명체는 각각의 세포가 다른 역할을 맡아 일합니다.

열수분출구
생명체를 만드는 구성 요소는 해저 깊은 곳에서 뜨거운 물과 가스를 뿜는 구멍에서 만들어졌습니다.

둘째, 생명체는 살기 위해 에너지와 영양분이 필요합니다. 세포는 외부에서 필요한 물질을 흡수해서 에너지를 만들고 쓸모없는 물질을 밖으로 배출합니다. 이런 활동을 '물질대사 Metabolism'라고 하는데, 이는 생명체가 움직이고 성장하며 스스로 유지하는 핵심 과정입니다.

셋째, 몸의 상태를 일정하게 유지하려는 '항상성'입니다. 초기 지구는 기온이 매우 높고 환경이 불안정했기 때문에 생명체는 그런 변화에 잘 적응해야만 살아남을 수 있었습니다. 그래서 생명체는 체온을 일정하게 유지하거나 혈당을 조절하면서 몸의 상태를 안정적으로 유지합니다. 그 결과 외부 환경이 바뀌어도 생존할 수 있습니다.

넷째, 생식입니다. 아무리 항상성이 뛰어나더라도 생명체는 결국 죽습니다. 그래서 자신과 닮은 생명체를 만들어 종을 이어가려는 특징을 가지고 있습니다. 생식은 생명체가 사라지지 않고 오랫동안 존재할 수 있도록 하는 중요한 과정입니다. 이와 같은 특징 덕분에 생명체는 오랜 시간 지구에서 살아남아 진화할 수 있었습니다.

최초의 생명체는 대부분 작고 단순한 단세포였습니다. 이런 생명체는 핵이 없는 단순한 구조를 가졌기 때문에 원핵생물이라고 부릅니다. 원핵생물은 열수분출구 근처에서 열과 화학물질을 에너지로 사용하면서 생존했습니다. 시간이 지나면서 생명체는 바닷속 깊은 곳에서 수면 가까이로 올라오기 시작했습니다. 그 결과 일부 원핵생물은 광합성을 통해 스스로 에너지를 만드는 능력을 가지게 됐습니다.

원핵생물이 광합성을 시작하면서 지구에는 중요한 변화가 발생했습니다. 대기 중 산소가 증가한 것입니다. 처음 지구가 만들어졌을 때 대기에는 수소나 헬륨처럼 가벼운 기체가 많아 금방 우주로 날아갔습니다. 이후 화산 활동 등으로 이산화탄소나 질소 등과 같은 기체가 대기를 형성했고 산소는 거의 없었습니다. 그러나 원핵생물의 광합성을 계기로 생명체는 이산화탄소를 사용하고 산소를 방출하기 시작했습니다. 원시대기 중 산소 농도는 지금의 0.001%밖에 되지 않았지만 오랜 시간이 지나자 산소는 1,000배 이상 증가했습니다. 이와 같이 산소가 증가한 사건을 '제1차 산소혁명 Great Oxidation Event'이라고 부릅니다.

약 25억 년 전 지구에는 원핵생물보다 더 복잡한 생명체가 나타났습니다. 바로 진핵생물입니다. 원핵생물은 핵 없이 몸속에 DNA를 가지고 있지만, 진핵생물은 핵 안에 DNA를 따로 보관합니다. 그리고 대부분의 진핵생물은 여러 개의 세포가 모인 다세포 생물입니다. 다양한 세포가 모여 더욱 몸을 복잡하게 구성하는 생명체를 만들었습니다. 이후 진핵생물은 환경 변화에 잘 적응하면서 급속하게 증가했습니다.

약 4억 7,500만 년 전 물에 살던 생명체는 육지로 이동했습니다. 생명체의 역사에서 매우 큰 전환점입니다. 물에서는 아가미로 숨을 쉬었지만, 육지에서는 공기를 마셔야 했기 때문에 폐가 발달하기 시작했습니다. 지느러미 대신 땅 위를 기거나 걷기 위해 팔과 다리가 생겼습니다. 몇 년 전에 물고기의 아가미가 인간의 귀로 진화했다는 사실을 입증하는 화석이 발견되었는데, 이는 생명체의 진화를 보여 주는 중요한 증거입니다. 여전히 물에 사는 생명체도 있지만 한 번 육지로 이동한 생명체는 고래를 제외하고 대부분 물로 돌아가지 않았습니다. 육지의 생명체는 알을 낳거나 직접 새끼를 낳는 방식으로 다양하게 번식하기 시작했고, 뇌가 점점 커지고 복잡해지면서 다양한 생명체가 등장하게 됐습니다.

고대부터 존재했던 철학자의 진화론

고대에도 진화론이 존재했습니다. 그리스 철학자 아낙시만드로스Anaximander는 모든 생명체가 진흙에서 자연적으로 발생했는데 최초의 동물은 가시로 덮인 물고기 형태였다고 주장했습니다. 그는 이 생명체 중 일부가 육지로 올라오면서 다른 동물이 되었고 결국 인간으로 변했다고 생각했습니다. 이는 최초의 진화론입니다. 또 다른 철학자 엠페도클레스는 생명체가 어떤 목적이나 계획에 따라 생겨난 것이 아니라 환경에 적응한 생명체만 살아남은 것이라고 주장했습니다. 아리스토텔레스도 처음에는 살아남은 생명체가 생존에 유리한 특징을 가졌기 때문이라고 생각했지만 이후 생명체는 고정되고 변화하지 않는다고 믿었습니다. 이를 통해 진화론은 오래전부터 사람들이 생각한 이론이었고 근대 이후 체계화된 것임을 알 수 있습니다.

9세기경 이슬람 철학자 알 자히즈Al Jahiz는 『동물에 관한 책』을 저술했습니다. 이 책은 300종이 넘는 동물을 소개한 백과사전인데 동물 세계의 질서를 설명하면서 동물의 다양성과 상호연관성을 강조합니다. 그의 저서는 이슬람 최초의 동물책이라는 점에서 중요하며, 특히 근대 진화론과 비슷한 생각을 담고 있어 주목받고 있습니다. 알 자히즈는 서로 다른 동물이 살아남기 위해 경쟁한다고 생각했고, 동물의 모습이 서로 다른 이유는 환경에 적응한 결과라고 주장했습니다. 그리고 개와 늑대, 여우처럼 비슷하게 생긴 동물은 똑같은 조상에서 나왔다고 생각했습니다.

프랑스 생물학자 장바티스트 라마르크Jean-Baptiste Lamarck는 유럽에서 최초로 진화론을 제시한 과학자입니다. 그는 자신의 저서『동물철학』에서 '용불용설用不用說'이라는 진화론을 주장했습니다. 용불용설이란 자주 사용하는 기관은 더 발달하고, 잘 사용하지 않는 기관은 점점 퇴화한다는 이론입니다. 또한 라마르크는 생명체가 살아 있는 동안 환경에 적응하면서 얻은 변화가 자손에게 유전되며 진화가 발생한다고 주장했습니다.

라마르크는 기린의 목을 사례로 들었습니다. 기린은 높은 나무에 있는 잎을 먹기 위해 목을 길게 뻗다 보니 시간이 지면서 목이 점점 길어졌고, 그런 변화가 자손에게도 유전되어 오늘날처럼 목이 길어졌다는 것입니다. 그러나 20세기 이후 멘델의 유전법칙을 재발견하면서 유전적인 변화는 염색체 안에 있는 DNA로 전달된다는 사실이 밝혀졌습니다. 살아가면서 얻은 몸의 변화가 자손에게 유전되지 않는다는 것입니다.

그런데 최근 라마르크의 주장과 비슷한 현상이 다시 주목받고 있습니다. 과학자들은 일부 생명체에서 환경에 따라 유전자에 메틸기CH_3라는 화학물질이 붙으면 해당 유전자의 활성도가 낮아져 그 정보가 자손에게도 전달될 수 있다는 사실을 발견했습니다. 일부 식물에서도 환경에 적응하는 과정에서 발생한 유전자 변화가 다음 세대에 영향을 미칠 수 있다는 사실이 확인됐습니다. 라마르크의 생각이 모두 옳지는 않았지만, 환경이 유전자에 영향을 주고 그 변화가 전달될 수 있다는 점은 오늘날까지 이어지고 있습니다.

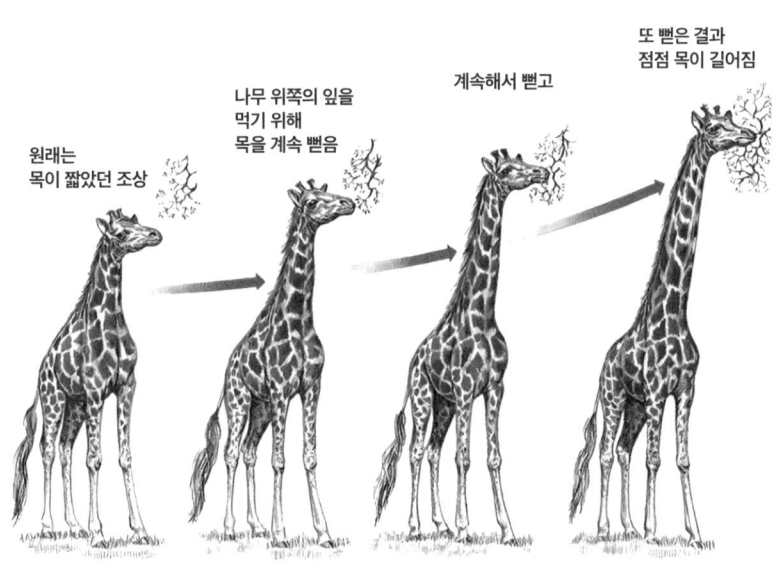

라마르크의 기린 목 진화
라마르크는 '용불용설'이라는 최초의 진화론을 제시한 과학자입니다.

**찰스 다윈의
자연선택**

태평양에 있는 에콰도르 영토 중 거북이 등껍질처럼 솟은 섬이 있습니다. 그래서 스페인어로 거북이를 뜻하는 '갈라파고Galápago'에서 이름을 따서 그곳을 갈라파고스 제도라고 부릅니다. 이곳에는 다른 곳에서 볼 수 없는 독특한 동식물이 많이 살고 있어 동물학이나 식물학, 진화론을 연구하는 학자가 자주 찾습니다.

갈라파고스 제도를 방문한 사람 중 생명체의 진화와 인류의 기원에 대한 중요한 이론을 제시한 과학자가 있습니다. 바로 영국 진화학자 찰스 다윈입니다. 그는 비글호HMS Beagle를 타고 영국에서 브라질을 지나 갈라파고스 제도와 뉴질랜드를 거쳐 다시 영국으로 돌아오는 5년간의 탐험을 통해 다양한 동식물과 지질 구조, 자연환경을 관찰했습니다. 이 경험을 바탕으로 다윈은 생명체의 종이 시간이 지나면서 변화한다고 생각했고, 이는 진화론의 기본 개념이 됐습니다.

다윈은 자신의 이론이 사회에 큰 충격을 줄 수 있다고 생각해서 영국에 돌아온 뒤 무려 20년이 지나서야 『종의 기원』을 출간했습니다. 이 책에서는 생명체가 어떻게 변화하고 발전했는지를 '자연선택'이라는 개념을 중심으로 소개합니다. 자연선택은 생명체가 살고 있는 환경에 더 잘 적응한 개체가 그렇지 않은 개체보다 잘 살아남고 더 많은 자손을 남기는 과정을 의미합니다. 생명체 사이에는 크기나 색, 행동 등 다양한 차이가 있는데, 환경에 유리한 특징을 가진 개체가 더 오래 살아남아 그 특징을 다음 세대에 물려줄 확률이 높아집니다. 결국 시간이 지나면 유리한 특징을 가진 생명체가 많아지고, 그렇지 못한 생명체는 줄어듭니다.

다윈의 자연선택에 따르면 지구에 살고 있는 생명체는 아주 오래전부터 계속 조금씩 변해 왔는데, 이 변화는 대부분 돌연변이 때문에 발생합니다. 돌연변이는 부모에게 없던 새로운 특징이 자식에게 생기는 현상입니다. 우리 몸의 유전자나 염색체에 변화가 생기면 돌연변이가 나타납니다. 이렇게 태어난 자식은 부모나 형제와도 조금씩 다른 유전자를 가지고, 주변 환경에 더 잘 적응할 수 있는 특징을 가진 개체가 더 오래 살아남습니다. 진화는 이런 방식으로 발생합니다.

자연선택은 생명체가 어떻게 진화하는지 설명하는 중요한 원리입니다. 생명체가 살아남고 자손을 남길 수 있는 것은 생명체 자체의 힘이나 특징보다 환경에 따라 결정됩니다. 아무리 힘이 센 동물이라도 주변에 먹을 것이 없다면 굶어 죽을 수밖에 없습니다. 반면 먹이를 조금만 먹어도 살 수 있는 동물은 약하더라도 오히려 살아남을 수 있습니다.

라마르크가 예로 든 기린의 경우, 오래전 기린의 목은 지금보다 짧았기 때문에 높은 곳의 나뭇잎을 먹기 힘들었습니다. 그런데 그중 조금 더 목이 긴 기린이 있었고, 이들은 높이 있는 나뭇잎을 잘 먹을 수 있어 살아남는 데 유리했습니다. 이런 기린이 살아남아 자손을 더 많이 낳았고 그 자손도 목이 조금 더 길었습니다. 이렇게 시간이 흐르면서 목이 짧은 기린은 점점 줄고, 결국 목이 긴 기린만 살아남게 됐습니다.

1. 큰부리 핀치
   단단한 씨앗을 섭취
2. 중간부리 핀치
   다양한 씨앗을 섭취
3. 작은나무 핀치
   곤충을 섭취
4. 노랑방울 핀치
   잎, 열매를 섭취

다윈의 핀치별 부리
다윈은 핀치가 먹는 먹이에 따라 부리의 모양도 다르게 진화했다는 사실을 발견했습니다.

다윈의 진화론을 잘 보여 주는 또 다른 유명한 사례는 바로 핀치입니다. 이 새는 갈라파고스 제도에 살고 있는 작은 새인데 먹는 음식에 따라 여러 종류로 나뉩니다. 어떤 핀치는 씨앗이나 열매, 잎 같은 식물성 먹이를 먹고, 다른 핀치는 곤충을 먹습니다. 이렇게 먹는 것이 다르므로 핀치마다 부리의 모양도 조금씩 다르게 진화했습니다.

1970년대 초반에 갈라파고스 제도에 큰 가뭄이 닥쳐 핀치의 90% 이상이 죽고 일부는 멸종했습니다. 그런데 살아남은 핀치를 조사해 보니 이들의 부리는 평균 10~11mm로 다른 핀치보다 0.5mm 정도 더 두꺼웠습니다. 이와 같은 차이는 먹이를 먹는 방식에 큰 차이를 만들었고 그 덕분에 살아남은 것입니다. 이후 비가 많이 오고 먹이가 풍부해지자 생존에 유리한 조건도 다시 바뀌었습니다. 이렇게 환경이 달라지면 어떤 특징이 살아남는 데 유리한지도 달라집니다.

다윈은 생명체가 자손을 낳는 과정에서 부모의 모습이 그대로 전해지는 것이 아니라 조금씩 달라질 수 있다고 생각했습니다. 그리고 이와 같은 변화 중 살아남는 데 도움이 되는 변화는 다음 세대로 계속 이어진다고 생각했습니다. 그는 이런 변화가 생기는 이유가 자연환경에 적응하기 위해서라고 주장했습니다. 자연은 항상 변하고 먹을 것이나 살기 좋은 공간 등의 자원이 한정되어 있으므로 생명체는 경쟁할 수밖에 없습니다. 이 경쟁에서 이긴 생명체만이 자손을 남기게 됩니다.

다윈은 자신의 진화론을 설명하기 위해 '생명의 나무'라는 개념을 만들었습니다. 생명의 나무는 지금까지 지구에 살았던 모든 생명체가 어떻게 서로 연결되어 있는지 보여 주는 그림입니다. 마치 나뭇가지처럼 하나의 공통된 조상에서 여러 생명체가 갈라져 나와 다양한 종이 되었다는 의미입니다. 그는 인간의 손, 박쥐의 날개, 고래의 앞 지느러미가 생김새는 다르지만 해부학적 구조가 비슷한 것에 흥미를 느꼈습니다. 이와 같은 공통된 구조는 하나의 조상에서 시작되었기 때문이라고 생각했습니다. 이후 시간이 지나면서 환경에 맞게 변화하고, 그 결과 인간, 박쥐, 고래처럼 다른 생명체가 된 것입니다.

오늘날 지구에 살고 있는 모든 생명체는 아주 오래전에 하나의 공통된 생명체에서 시작됐습니다. 과학자는 이를 '최후의 공통조상LUCA, Last Universal Common Ancestor', 줄여서 루카라고 부릅니다. 약 40

구스타프 클림트, 《생명의 나무》, 1909년.

억 년 전에 살았던 것으로 추정됩니다. 루카에서 분화한 이후 생명체는 주변 환경에 맞게 변화하면서 진화했습니다. 환경에 잘 적응한 생명체는 살아남았고 그렇지 못한 생명체는 사라졌습니다. 생명의 나무는 이와 같은 생명의 탄생과 변화, 멸종의 과정을 보여 주는 그림입니다. 그러나 누가 살아남고 멸종했는지 보여 주는 것에만 그치지 않습니다. 제한된 환경 속에서 살아남으려 노력했던 다양한 생명체와 더불어 서로 다른 종이 어떻게 함께 살아갔는지를 알려 줍니다. 이렇게 우리는 생명의 나무를 통해 진화를 더 잘 이해할 수 있습니다.

다섯 번의
대멸종

몇 년 전 영국의 한 대학교 연구팀은 약 6,500만 년 전에 지구를 지배했던 공룡이 멸종한 이유를 설명해 줄 수 있는 새로운 연구 결과를 발표했습니다. 오랫동안 과학자 사이에서는 소행성 충돌과 대형 화산 폭발 중 어떤 것이 공룡을 멸종시켰는지 논쟁이 있었습니다. 연구팀의 조사에 따르면 소행성이 지구에 떨어지면서 공룡이 살 수 없는 극심한 환경 변화가 일어나 공룡이 완전히 사라지게 됐습니다. 반면 화산 폭발은 새로운 동물이나 식물이 나타나는 데 도움을 준 것으로 보입니다.

이를 확인하기 위해 연구팀은 공룡이 살아가기에 적합한 기온, 강수량과 같은 환경 조건을 바탕으로 소행성 충돌과 화산 폭발이 일어난 뒤 공룡이 살 수 있는 장소가 남아 있었는지 비교했습니다. 그 결과 소행성이 떨어진 뒤에는 공룡이 살던 모든 지역이 사라졌지만, 화산 폭발 이후에는 적도 근처에 공룡이 살 수 있는 일부 지역이 남아 있었습니다. 특히 화산에서 방출된 온실가스가 지구의 기온을 올려 새로운 생명체가 등장하는 데 긍정적인 영향을 주었다고 밝혔습니다.

지구가 생긴 이후 오랜 시간 동안 많은 생명체가 멸종해 왔습니다. 그중 규모가 매우 크고 많은 생명체가 한꺼번에 사라진 사건을 '대멸종'이라고 부릅니다. 과학자는 이런 대멸종이 20번 이상 있었던 것으로 보고 있습니다. 가장 규모가 크고 심각했던 다섯 번의 대멸종이 있었는데, 이것들로 지구에 살던 생물종의 90%가 한꺼번에 사라졌을 정도로 피해가 매우 컸습니다.

제1차 대멸종은 고생대 오르도비스기에 일어났습니다. 약 4억 8,830만~4억 4,370만 년 전입니다. 당시 공기 중에는 산소와 질소가 풍부했습니다. 앞선 캄브리아기에는 '캄브리아기 대폭발'로 다양한 생물이 등장했고, 오르도비스기에는 플랑크톤의 종류가 다양해져 해양생물 세계가 복잡해졌습니다. 그러나 갑자기 빙하기가 찾아오면서 바닷물의 온도가 낮아져 해양생물의 약 80%가 멸종했습니다.

제2차 대멸종은 고생대 데본기 말에 발생했습니다. 약 3억 7,000만~3억 6,000만 년 전입니다. 갑자기 바닷속 산소가 줄어들고 탄소가 많이 쌓이면서 바닥에 살던 무척추동물이 큰 타격을 입었습니다. 그 결과 오징어나 문어와 같은 연체동물이 감소했고 오래된 척추동물 중 하나였던 갑주어도 멸종했습니다. 대멸종의 원인이 무엇인지 아직 정확하게 밝혀지지 않았지만, 소행성 충돌이나 초신성 폭발과 같은 우주에서 일어난 사건 때문으로 보입니다.

제3차 대멸종은 지금까지 있었던 대멸종 가운데 가장 규모가 크고 피해가 심했습니다. 당시 지구의 모든 대륙은 하나로 합쳐진 판게아라는 초대륙을 이루고 있었습니다. 여러 지역에서 화산 폭발이 활발했고 엄청난 양의 탄소가 대기 중에 퍼지며 지구의 기온은 최소 6℃ 이상 상승했습니다. 화산에서 방출된 유독한 가스는 오존층을 파괴해 광합성을 하던 식물이 죽으면서 대기 중 산소도 감소했습니다. 산소가 부족해지자 철이 산화되어도 붉게 변하지 않았고 죽은 생물이나 식물도 잘 부패하지 않았습니다. 이와 같은 극심한 환경 변화로 해양생물의 약 95%, 육지에 살던 척추동물의 80% 이상이 멸종했습니다.

제4차 대멸종은 약 2억 5,000만 년 전인 중생대 트라이아스기 말에 일어났습니다. 당시 바다와 육지에서 많은 생물이 멸종했습니다. 바다에서는 원시물고기인 코노돈트가 멸종했고 암모나이트와 같은 연체동물도 크게 감소했습니다. 육지에서는 초기 양서류와 포유류의 조상, 공룡, 익룡, 악어 등을 제외한 대부분의 파충류가 사라졌습니다. 이후 공룡이 본격적으로 번성하기 시작했습니다. 당시 하나였던 초대륙 판게아가 둘로 나뉘기 시작했는데, 이 과정에서 화산 활동이 활발해지고 기후가 급격하게 변하면서 멸종이 발생한 것으로 추정합니다.

제5차 대멸종은 우리가 잘 알고 있는 공룡의 멸종입니다. 약 6,600만 년 전 중생대 백악기 말에 일어났습니다. 당시 공룡, 어룡, 익룡 등이 모두 멸종했고 조류와 악어만 살아남았습니다. 과학자는 이 멸종의 가장 큰 원인으로 멕시코 유카탄반도에 떨어진 거대한 소행성을 언급합니다. 소행성이 지구에 부딪히면서 엄청난 충격파가 발생했고, 산성비가 쏟아졌으며, 하늘을 뒤덮은 먼지 때문에 햇빛이 지표에 도달하지 못해 기온이 급격히 떨어지는 소규모 빙하기가 시작됐습니다. 이와 같은 갑작스러운 환경 변화로 공룡을 포함해 당시 지구에 살던 많은 생명체가 한꺼번에 사라진 것입니다.

백악기 말 공룡 멸종의 결정적인 증거는 K-Pg 경계라는 지층에서 발견됐습니다. 이 경계는 백악기와 신생대 팔레오기를 나누는

제5차 대멸종
멕시코 유카탄반도에 떨어진 소행성의 충격으로 공룡이 멸종했습니다.

지층인데 전 세계에서 공통으로 발견됩니다. 여기에서는 이리듐이 다량 검출되었는데 이리듐은 지구에 거의 존재하지 않고 소행성처럼 지구 밖 물질에 많습니다. 그래서 이리듐이 많다는 것은 과거에 소행성이 지구에 충돌했음을 보여 주는 증거입니다. 또한 지층에서 발견된 텍타이트라는 물질은 암석이 녹을 정도로 강한 충격에서만 만들어집니다. 이 역시 소행성 충돌이 있었다는 증거로 여겨집니다.

    실제로 과학자는 1960년대에 멕시코 유카탄반도에서 직경 약 180km에 달하는 거대한 충돌 분화구를 발견했습니다. 이 분화구는 소행성이 충돌하면서 생긴 것으로 추정됩니다. 이와 같은 증거를 바탕으로 소행성 충돌이 공룡을 포함한 많은 생물을 멸종시킨 원인으로 언급되고 있습니다. 공룡이 멸종한 이후 육지에서 살아남은 동물 중 가장 큰 것은 고양이 정도였습니다. 이후 태반을 가진 포유류가 증가했는데 이들이 인간을 포함한 다양한 포유류로 진화했습니다.

이렇게 대멸종은 한 번에 아주 많은 생명체가 사라지는 큰 사건입니다. 어쩌면 지구가 망할 것 같은 위기처럼 보일 수 있습니다. 그러나 대멸종이 항상 부정적인 파멸만 초래한 것은 아닙니다. 어떤 생명체는 사라졌지만 다른 생명체는 살아남아 새로운 환경에 적응하고 진화했습니다. 그래서 대멸종은 단순히 생명체가 사라지는 것이 아니라 새로운 생명체가 나타나서 생태계의 빈자리를 새로 채우는 기회이기도 합니다.

공룡이 멸종한 이후 포유류는 급속하게 증가했고 다양해졌습니다. 그렇게 인간이 등장해서 오늘날 우리까지 이어졌습니다. 대멸종은 하나의 끝이자 새로운 시작입니다. 오랫동안 생명체는 위기를 맞으면서도 또 다른 가능성을 만들면서 진화해 왔습니다.

생명체 탄생의 구성 요소, 골디락스 조건 그리고 새로운 복잡성

약 38억 년 전 지구에서 최초의 생명체가 탄생했습니다. 생명체는 바닷속 열수분출구에서 시작된 것으로 추정됩니다. 그곳에는 다양한 유기물과 미네랄이 있고 미네랄이 화학반응을 도와주는 촉매 역할을 하면서 열에너지와 화학물질이 풍부하게 생겼습니다. 이와 같은 환경은 생명체의 탄생에 꼭 필요한 아미노산, 당 같은 유기물이 만들어지기 적합했습니다.

이후 생명체가 진화하면서 식물은 광합성을 통해 스스로 아미노산을 만들어 내고, 동물은 식물이나 다른 동물을 먹으면서 아미노산을 얻는 방식으로 살아갑니다. 아미노산은 생명체에 아주 중요한 성분으로 몸을 성장시키고 유지하는 데 꼭 필요합니다. 또한 우리 몸에 작용하는 효소나 면역력을 담당하는 항체의 주요 재료가 되기도 합니다.

원핵생물에서 진핵생물로 진화한 것은 생명체의 역사에서 매우 큰 변화였습니다. 원핵생물은 핵막이 없어 DNA가 세포질 안에 떠 있고 세포 내 특별한 기관이 거의 없습니다. 반면 진핵생물은 핵막으로 둘러싸인 핵 안에 DNA를 보관하고 있으며 여러 가지 세포 소기관이 있어 기능이 복잡합니다. 예를 들어 소포체는 단백질을 만들어 필요한 곳에 전달하며, 리소좀은 세포에 침입한 세균을 분해하고 청소합니다. 미토콘드리아는 세포가 사용할 에너지를 만듭니다. 이와 같이 진핵생물은 세포 내에서 일어나는 다양한 활동을 조절함으로써 생명체가 더 복잡하고 다양하게 진화할 수 있는 기반이 됐습니다.

생명체가 탄생하기 위해서는 몇 가지 골디락스 조건을 충족해야 합니다. 첫 번째는 지구형 행성입니다. 생명체가 살 수 있는 행성은 지구처럼 단단한 표면을 가진 행성이어야 합니다. 태양계에서는 지구, 화성, 금성, 수성 등이 암석이나 금속처럼 밀도가 높은 물질로 이루어진 행성으로 생명체가 존재할 가능성이 있습니다. 두 번째는 태양과의 적당한 거리와 에너지입니다. 생명체가 살기 위해서는 너무 뜨겁지도 너무 차갑지도 않아야 합니다. 지구는 태양에서 약 1억 5,000만km 정도 떨어져 있는데 이는 딱 알맞은 에너지를 받을 수 있는 거리입니다. 덕분에 지구에는 질소와 산소와 이루어진 안정적인 대기가 존재할 수 있습니다.

생명체가 탄생하기 위한 또 다른 조건은 바로 액체 상태의 물입니다. 최초의 생명체가 바닷속 열수분출구에서 탄생한 것으로 추정되기 때문에 액체 상태의 물은 생명체 탄생에 매우 중요합니다. 그러나 모든 행성에 물이 존재하는 것은 아닙니다. 수성은 태양과 너무 가까워 액체 상태의 물이 존재하지 않고, 금성에도 두꺼운 이산화탄소 대기가 온실효과를 일으켜 액체 상태의 물이 없습니다. 반면 화성은 지구와 가장 비슷한 환경을 가진 행성으로 예전에 액체 상태의 물이 있었던 흔적이 발견됐습니다. 그래서 과학자는 화성을 제2의 골디락스 행성으로 보고 생명체의 흔적을 찾기 위한 탐사를 하고 있습니다. 목성처럼 기체로 이루어진 행성은 위성의 얼음층 아래에 액체 상태의 물이 있을 가능성이 있어 연구를 계속하고 있습니다.

태양계에 있는 여러 행성 중에서 생명체가 존재하는 유일한 곳은 지구입니다. 화성을 비롯한 다른 행성에서도 생명체가 살 수 있는 가능성이 제기되어 탐사가 계속되고 있지만, 지금까지 밝혀진 과학적 증거에 따르면 생명체가 실제로 존재하는 곳은 지구뿐입니다. 지구는 탄소나 질소, 산소처럼 생명체에 꼭 필요한 다양한 원소가 풍부하고 액체 상태의 물이 존재하기 때문입니다. 밀러의 실험은 물이 생명체 탄생에 얼마나 중요한지 잘 보여 줍니다.

최초의 생명체인 원핵생물은 바닷속에서 살다가 점점 수면 가까이로 이동하면서 새로운 에너지원을 찾았습니다. 바로 태양빛입니다. 태양빛 에너지를 이용해 광합성으로 스스로 에너지를 만들기 시작했고, 이후 대기 중 산소가 많아지자 더 복잡하고 다양한 생명체가 살 수 있는 환경으로 변했습니다.

다섯 번째 임계국면, 생명체의 탄생

최초의 생명체가 탄생한 이후 오랜 시간이 지나면서 단세포 생물이 나타났고 이후 여러 세포로 이루어진 다세포 생물도 등장했습니다. 이 과정에는 아주 많은 변화와 진화가 있었습니다. 과학자는 화석이나 지층을 연구하면서 생물종이 시간이 지나며 변했다는 사실을 알게 됐습니다. 이런 종의 변화를 설명하기 위한 여러 이론이 등장했는데 가장 유명한 것이 다윈의 진화론입니다.

다윈은 부모의 특징이 자식에게 그대로 전달되는 것 같지만 실제로는 조금씩 차이가 생기며, 그중 살아남는 데 유리한 특징은 다음 세대로 계속 전해진다고 생각했습니다. 이 과정을 통해 생명체는 변화하는 자연환경에 적응하면서 진화했습니다. 다윈은 생명체가 살아가기 위해 필요한 에너지나 자원이 한정되어 있으므로 서로 경쟁할 수밖에 없고, 그 경쟁에서 더 잘 적응한 종만이 살아남는다고 주장했습니다.

환경에 잘 적응한 종은 살아남았고 그렇지 못한 종은 멸종했습니다. 그러나 멸종은 단순히 어떤 생명체가 사라지는 일만 의미하지 않습니다. 멸종이 나타나면 그 자리를 채울 수 있는 새로운 생명체가 등장하며 다양한 종이 함께 살아갈 수 있는 새로운 공간과 기회가 생깁니다.

이와 같이 진화와 멸종은 모든 생명체가 환경과 서로 영향을 주고받으며 살아간다는 사실을 잘 보여 줍니다. 이 과정을 통해 생명체는 공생하거나 서로 맞춰 변화하는 공진화를 합니다. 인간도 예외는 아닙니다. 우리가 살고 있는 지구는 오랫동안 수많은 생명체가 함께 살아온 공간으로 결코 인간만을 위한 세상이 아닙니다.

최근 여섯 번째 대멸종에 대한 경고가 심각해지고 있습니다. 인류의 활동으로 20세기 중반 이후 급격하게 심화되고 있는 이 대멸종은 자연 상태에서 발생하는 대멸종보다 속도가 1,000배 이상 빠릅니다. 서식지 파괴나 기후변화, 포획과 남획, 외래종 유입, 환경오염 등으로 인해 생물 다양성이 빠르게 감소하며 인간의 생존 자체를 위협할 수도 있습니다. 이런 위험을 막기 위해 인류는 다른 생명체와 함께 살기 위한 태도, 즉 공생과 공진화가 반드시 필요합니다. 이것이 빅히스토리에서 말하는 다섯 번째 임계국면이 우리에게 주는 교훈입니다.

**핵심
요약**

최초의 생명체는 약 38억 년 전 열수분출구에서 탄생해 원핵생물에서 진핵생물, 다세포 생물로 진화하며 점점 복잡해졌습니다. 세포로 이루어진 생명체는 물질대사, 항상성, 생식을 바탕으로 환경에 적응해 왔으며, 광합성을 통한 산소 생산은 지구 환경과 생명체 진화에 큰 영향을 줬습니다. 다윈은 자연선택 이론을 통해 생명체가 환경에 적응하며 진화한다고 설명했고, 이는 모든 생명체가 하나의 공통조상에서 유래되었다는 '생명의 나무' 개념으로 이어졌습니다. 지구에는 지금까지 다섯 차례 대멸종이 있었고, 오늘날 인류의 활동은 여섯 번째 대멸종을 불러올 수 있어 다른 생명체와의 공존이 중요한 과제가 됐습니다.

제 6 장

집단학습으로 생존한 현생인류

6장.
집단학습으로 생존한 현생인류

KEYWORD

- **최후의 공통조상**: 지구에 존재하는 모든 생명체가 공통으로 가지는 마지막 조상으로 약 35~40억 년 전에 존재한 생명체입니다.

- **화식** Cooking : 불을 사용해 음식을 익혀 먹는 행동으로 에너지 효율을 높이고 뇌의 발달과 사회 구조의 변화를 초래했습니다.

- **공진화** Coevolution : 다른 생명체나 환경과 상호 작용하면서 함께 진화하는 과정입니다.

- **집단학습** Collective Learning : 언어를 통해 지식과 정보를 세대 간에 축적하고 전달하는 능력으로 호모 사피엔스만이 가진 진화적 특성입니다.

- **언어와 추상적 사고**: 감정, 생각, 개념 등을 상징적으로 표현하고 해석하는 능력으로 상징체계와 문화, 예술, 도구 사용 등을 가능하게 한 인간 고유의 특징입니다.

인간을 세상의 중심으로 그린
오래된 탄생 신화

그리스 신화에 등장하는 티탄족 중 프로메테우스는 인간에게 매우 중요한 존재입니다. 다른 티탄과 달리 티타노마키아에 참여하지 않았기 때문에 지하 감옥인 타르타투스에 갇히지 않았습니다. 그가 흙으로 만든 것에 아테나가 숨결을 불어 넣어 인간이 탄생했습니다. 그의 동생 에피메테우스Epimetheus는 신이 창조한 동물에게 생존에 필요한 강한 힘이나 날카로운 이빨, 날개 등을 나누어 줬습니다. 그렇게 인간에게 줄 것이 남지 않자 프로메테우스는 신의 불을 훔쳐 선물했습니다. 덕분에 인간은 어둠을 밝히고 음식을 익히며 동물로부터 자신을 지킬 수 있게 되었습니다.

중국 신화에는 여와女媧라는 여신이 등장합니다. 전한 시대 여행자들이 모아 편찬한 저서인 『회남자』에 따르면 오래전 하늘을 떠받치고 있던 4개의 기둥이 무너지면서 땅이 갈라졌고 홍수와 불이 나 세상이 엉망이 됐습니다. 이때 여와는 빛나는 5개의 돌을 녹여 하늘에 뚫린 구멍을 막고 세상을 다시 안정시켰습니다. 세상이 평화로워지자 그녀는 사람을 만들었는데 시간이 지나면서 사람의 수가 줄자 남자와 여자가 짝을 이루어 자손을 낳게 해 인간은 다시 번성할 수 있었습니다.

북아메리카 알곤퀸에 전해지는 전설에 따르면 어느 날 갑자기 세상이 온통 물에 잠겼습니다. 큰 토끼는 세상을 다시 만들기 위해 까마귀에게 진흙을 가져오라고 했지만 까마귀는 그냥 돌아왔습니다. 수

달도 물속에 들어갔지만 아무것도 찾지 못하고 돌아왔습니다. 마지막으로 사향쥐가 물속 깊이 들어가 진흙을 가져왔습니다. 큰 토끼는 그 진흙으로 새로운 땅을 만들고 화살을 나무에 꽂자 화살이 자라 나뭇가지가 됐습니다. 큰 토끼는 사향쥐를 아내로 삼아 자식을 낳았고 이후 인간이 번성하게 됐습니다.

마야 신화에 따르면 세상이 처음 생겼을 때는 하늘과 바다밖에 없었고 인간, 동물, 식물도 없는 어두운 세상이었습니다. 하늘의 신과 바다의 신은 힘을 합쳐 땅과 식물, 동물을 만들었습니다. 그러나 동물은 신을 찬양하지 못해 인간을 만들기로 결정했습니다. 그렇게 진흙으로 인간을 만들었지만 얼굴이 흘러내리거나 물에 녹아 버렸습니다. 나무로 만든 인간은 신을 믿지 않아 홍수와 괴물을 보내 이들을 멸망시켰습니다. 나무 위로 도망친 일부 인간은 원숭이가 됐습니다. 마지막으로 노란 옥수수와 흰 옥수수로 만든 인간은 똑똑하고 신에게 감사하며 살았습니다. 이에 신은 태양을 떠오르게 해 주었고 인간은 농사를 지으면서 살아가기 시작했습니다.

미국 네브래스카주에서 유사한 이야기가 전해집니다. 대추장과 아내는 하늘에 살고 있었는데 자신들을 본떠 인간을 만들고 각자에게 맞는 능력과 일을 나누어 줬습니다. 당시 물뿐이던 세상에 땅이 나타났고 산과 계곡이 생겼습니다. 땅에서는 곡식이 자라 풍요로운 대지가 되었고 태양과 달은 부부가 되어 자식을 낳았습니다. 인간을 만들기 전 대추장은 쫓겨난 별을 가둔 주머니를 번갯불에 맡겼습니다. 그런데 늑대가 그 주머니를 훔쳐 달아나 별을 하늘에 풀어 놓았습니다. 그런데 별이 번갯불이 아니라는 사실을 알게 된 늑대는 하늘로 돌아가지 않고 땅에 남았습니다. 이후 이 지역에서는 인간이 죽으면 작은 별이 되어 하늘로 올라간다는 이야기가 전해지게 됐습니다.

우리나라 함경북도에도 인간의 탄생 이야기가 전해집니다. 먼 옛날 하늘과 땅이 붙어 있다가 갈라지는 순간 미륵이 탄생했습니다. 그는 물과 불이 어디에서 나오는지 궁금했는데 쥐가 답을 알려 줘 쌀독을 쥐에게 선물했습니다. 이후 미륵이 금쟁반과 은쟁반을 준비하고 하늘을 향해 주문을 외우자 애벌레 한 쌍이 떨어졌고 이들은 인간 남녀가 됐습니다. 그는 그들에게 옷을 만드는 법, 음식을 먹는 법 등 살아가는 방법을 가르쳤습니다. 그런데 석가라는 신이 나타나 미륵이 다스리던 세상을 빼앗았습니다. 화가 난 미륵은 석가가 다스리는 세상이 타락할 것이라는 저주를 내리고 사라졌습니다. 석가는 많은 인간을 태어나게 했고 불을 사용해 음식을 익혀 먹도록 했습니다. 그렇지만 화식을 거부한 두 사람은 결국 죽어서 소나무와 바위가 됐습니다.

이렇게 여러 지역에 전해지는 인류의 기원 이야기에는 공통점이 존재합니다. 엉망진창인 혼란스러운 세상에서 갑자기 인간이 생기지 않고 산과 바다, 하늘, 땅과 같은 세상이 먼저 만들어진 후 등장한다는 것입니다. 그래서 인간은 이미 만들어진 세상의 중심이 되어 살아가고 자연을 다스리거나 지배하는 존재로 중요하게 그려지는 경우가 많습니다.

모든 생명체와
조상을 공유하는 인류

그렇다면 과학적으로 믿을 만한 인류의 기원은 무엇일까요? 1859년에 찰스 다윈은 줄여서 루카라고 부르는 모든 생물의 공통조상이라는 개념을 제시했습니다. 이는 현재 지구에 살아 있는 모든 생명체가 공유하는 마지막 조상입니다. 과학자는 이 생명체가 약 35~40억 년 전에 존재했던 것으로 추정합니다.

루카는 모든 생명체의 공통조상이기 때문에 기본적으로 생명체의 특징을 가지는 것으로 추정합니다. 유전정보를 담고 있는 DNA와 RNA를 가지고 있습니다. DNA는 두 가닥이 꼬여 있는 이중 나선 구조이고, RNA는 한 가닥으로 되어 있습니다. DNA와 RNA에는 아데닌A, 구아닌G, 사이토신C이라는 공통 성분이 들어 있지만 DNA에는 티민T, RNA에는 유라실U이라는 다른 성분도 가지고 있습니다.

DNA 안에서는 여러 가지 염기가 짝을 이루어 결합하고 이 결합은 DNA 구조를 안정적으로 만듭니다. 아데닌은 티민과 만나 2개의 수소 결합을 만듭니다. 이를 통해 DNA 구조가 단단해집니다. 구아닌은 사이토신과 짝을 이루는데 이때 구아닌이 변형되어 생기는 아이소구아닌iG이라는 물질이 끼어들 수 있습니다. 이는 DNA가 손상될 때 발생하는데 돌연변이의 원인이 되기도 합니다. 사이토신은 세포의 에너지 생산 과정에 도움을 주고, RNA에만 있는 유라실이 DNA에 들어가면 암과 같은 병을 유발할 수 있는 돌연변이를 만듭니다.

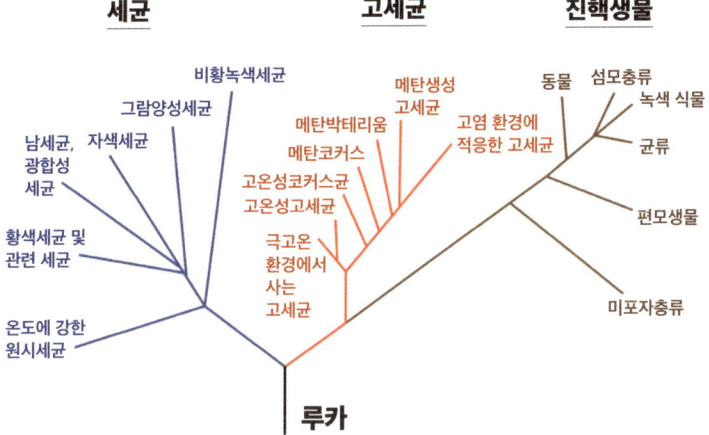

최후의 공통조상인 루카
약 35~40억 년 전에 존재했던 것으로 추정하며 인간을 포함한 모든 생명체가 루카에서 분화됐습니다.

루카는 단백질을 만들어 낼 수 있기 때문에 오늘날 모든 생명체도 단백질을 바탕으로 살아간다고 볼 수 있습니다. 생명체가 살아가기 위해서는 에너지가 필요한데 이때 사용되는 에너지원이 바로 아데노신 삼인산ATP, Adenosine Triphosphate입니다. 이는 생명체가 등장한 이후 아주 오래전부터 지금까지 생명 활동의 기본적인 에너지원이었습니다. 인간뿐만 아니라 동물, 식물, 바이러스까지 아데노신 삼인산을 사용해 생명을 유지합니다. 이것은 우리 몸속 세포질과 미토콘드리아에서 만들어집니다.

인간과 침팬지는 공통조상에서 분화됐습니다. 이 공통조상을

'호미니니 Hominini'라고 부르는데 인간과 침팬지를 포함하는 '사람족'을 의미합니다. 학자들은 이 공통조상에서 인간과 침팬지가 분화된 시기를 1,300만~500만 년 전으로 추정합니다. 이 시기를 대표하는 화석 중 하나는 투마이 원인입니다. 이 화석은 중앙아프리카 차드의 두라브 사막에서 발견되었는데 약 600만~700만 년 전에 살았던 것으로 추정됩니다. 대부분의 인류 화석은 동아프리카에서 발견되었는데 이것은 중앙아프리카에서 나와 인류의 조상이 아프리카 전역에 퍼져 살았다는 사실을 보여 줍니다.

이 화석의 정식 명칭은 사헬란트로푸스 차덴시스 Sahelanthropus Tchadensis입니다. 뇌는 침팬지보다 작고 눈 주위의 뼈가 튀어나온 모습이나 각진 얼굴 등 외형은 인간보다 유인원에 더 가까웠을 것입니다. 주된 식량은 나뭇잎, 씨앗, 작은 곤충 등으로 추정하며 크기 역시 침팬지와 비슷한 것으로 보입니다. 인류가 유인원과 분화한 뒤 등장한 가장 초기의 모습으로 여겨지는 존재입니다.

두 발로 걷기 시작한 루시, 오스트랄로피테쿠스 아파렌시스

오렌지 나무와 마멀레이드 하늘과 함께
네가 강 위의 배에 있다고 상상해 봐

> 누군가가 너를 부르고 너는 아주 천천히 대답하지
> 만화경 같은 눈을 한 소녀야
> 노랗고 연두색인 셀로판 꽃들이
> 너의 머리 위로 날아오르고 있어
> 태양을 눈에 담은 소녀를 찾아
> 하지만 그녀는 가 버렸어
> 다이아몬드와 함께 하늘에 있는 루시

1957년에 영국 리버풀에서 4명의 청년이 모여 밴드를 만들었습니다. 그들은 비틀스라는 이름으로 활동을 시작했고 1960년대 초에 미국으로 진출하면서 세계적인 인기를 얻었습니다. 멤버 중 한 명인 존 레논의 아들은 유치원에 다닐 때 여자 친구 루시가 다이아몬드를 가지고 하늘에 있는 모습을 그렸습니다. 존 레논은 아들이 그린 이 그림을 보고 노래를 만들었는데 바로 〈다이아몬드와 함께 하늘에 있는 루시〉입니다.

1974년에 에티오피아 하다르에서 아주 오래된 인류 화석이 발견됐습니다. 발견 당시 현장에 있던 사람들은 라디오를 켜 놓고 있었는데 이때 흘러나오던 노래가 비틀스의 〈다이아몬드와 함께 하늘에 있는 루시〉였습니다. 그렇게 발견된 화석에는 '루시Lucy'라는 이름이 붙었습니다. 그러나 루시가 언제 살았던 종인지 알아내는 일은 쉽지 않았습니다. 비나 바람 등으로 암석이 깎이고 지층이 많이 변해 정확한 연대를 측정하기 어려웠습니다. 이후 아르곤 동위원소를 이용한 연대측정법으로 루시는 약 320만 년 전에 살았던 것으로 추정합니다. '오스트랄로피테쿠스 아파렌시스Australopithecus Afarensis'라는 학명이 붙은 종이 바로 이 루시입니다.

루시가 인류의 진화에서 중요한 이유는 바로 직립보행 때문입니다. 사실 직립보행은 루시보다 먼저 등장한 종에서도 나타납니다. 약 600만 년 전에 등장했던 오로린 투게넨시스Orrorin Tugenensis의 화석에는 두 발로 걸었던 흔적이 남아 있습니다. 그러나 루시는 현생인류처럼 제대로 된 직립보행을 시작한 최초의 인류 중 한 명입니다. 몸 전체의 40%에 해당하는 유골을 발견했는데 여기에는 넙다리뼈와 골반도 있습니다. 루시의 넙다리뼈는 안쪽으로 살짝 기울어져 있어 몸의 무게가 다리 중앙으로 실리면서 균형을 잡을 수 있었고, 골반이 넓고 튼튼해 내장 기관을 잘 받쳐 줘 서서 걷는 자세를 유지할 수 있습니다.

루시의 직립보행을 보여 주는 또 다른 증거는 1978년 탄자니아 라에톨리 사막에서 발견됐습니다. 고고학자는 그곳에서 아주 오래된 사람의 발자국을 발견했는데 약 350만 년 전의 것으로 추정됩니다. 당시 아프리카에서는 화산 폭발로 화산재가 땅에 쌓였고 비가 내려 땅이 진흙처럼 변했습니다. 루시처럼 직립보행을 하던 인류의 조상이 그 위를 걸어가면서 발자국이 남기게 된 것입니다. 이후 다시 화산이 폭발해 땅에 찍힌 발자국이 화산재로 덮였고 수백만 년 동안 보존되다가 발견됐습니다.

라에톨리 사막에서 발견된 '인류 최초의 두 발자국'
앞다리의 발자국이 없는 것으로 보아 두 발로 걷는 직립보행을 했던 것으로 추정합니다.

사람들은 이 발자국을 '인류 최초의 두 발자국'이라고 부릅니다. 1969년에 아폴로 11호를 타고 달에 착륙한 닐 암스트롱이 달에 남긴 발자국이 '인류 최초의 달 발자국'으로 알려져 있습니다. 그래서 라에톨리 발자국은 지구에서의 첫걸음, 암스트롱의 발자국은 우주에서의 첫걸음으로 인류 역사에서 모두 특별한 의미를 가지고 있습니다.

전 세계가 라에톨리 발자국에 큰 관심을 가진 이유는 발자국에 앞다리의 흔적이 없기 때문입니다. 이 발자국을 남긴 존재는 네 발이 아닌 두 발로만 걷는 완전한 직립보행 생명체였던 것입니다. 또 다른 놀라운 사실은 발자국을 자세히 살펴보면 엄지발가락이 다른 발가락과 나란하다는 점입니다. 일반적으로 유인원은 엄지발가락이 옆으로 튀어나와 나무를 잡기 좋도록 되어 있습니다. 그런데 이 발자국은 현생인류처럼 엄지발가락이 나란히 놓여 있습니다. 이런 점에서 많은 학자는 루시가 현생인류의 조상일 수 있다고 생각했습니다.

루시는 간단한 도구를 만들어서 사용할 수 있었습니다. 작은 돌멩이를 깨서 날을 만들어 물건을 찍거나 자르기도 했습니다. 두 발로 걷는 직립보행으로 손을 자유롭게 사용할 수 있었기 때문에 인류학자는 루시를 인간과 같은 '호모Homo속'에 포함해야 하는지 오랫동안 고민했습니다. 그러나 루시의 뇌 용량은 500cc 이하로 현생인류의 약 3분의 1밖에 되지 않습니다. 결국 루시는 호모속이 아닌 오스트랄로피테쿠스속으로 남게 됐습니다. 우리와 비슷했지만 뇌의 다른 크기로 완전한 현생인류로 인정받지 못한 것입니다.

루시는 주로 나무에서 거주한 것으로 알려져 있습니다. 약 10년 전 미국 텍사스대학교 연구팀은 루시의 사망 원인에 대한 가설을 발표했습니다. 연구팀은 루시의 화석을 자세히 분석해 보니 오른쪽 팔뼈가 부러져 있다는 사실을 발견했습니다. 이와 같은 골절은 보통 높은 곳에서 떨어졌을 때 생기는 것으로, 두 팔을 가진 사람이 떨어질 때면 본능적으로 팔을 앞으로 뻗어 충격을 막으려 하기에 어깨나 팔 주변의 뼈가 특정한 방식으로 부러지는 경우가 많습니다.

그래서 루시가 살던 지역은 대체로 평평한 지형이었지만 적이나 위험을 피해 나무에 올라갔다가 실수로 떨어지면서 부상을 입고 사망했을 가능성이 크다고 봅니다. 루시는 우리와 마찬가지로 직립보행을 했지만 여전히 나무에서 생활하는 습관을 가졌고 이것이 사고로 이어진 것입니다.

그러나 루시는 식량을 찾기 위해 땅으로 내려오기 시작했습니다. 직립보행을 하면서 두 손이 자유로워져 간단한 도구를 만들게 됐습니다. 도구를 사용하면서 더 많은 식량을 얻게 되었고 이후 인류의 뇌 용량은 더욱 커졌습니다. 침팬지의 뇌 용량은 400cc로 수백만 년 전이나 지금이나 큰 변화가 없습니다. 하지만 직립보행과 도구 사용은 인간이 침팬지나 오랑우탄 등 다른 유인원과 완전히 다른 방식으로 진화하는 계기가 된 것입니다.

불을 사용하기 시작한
호모 에렉투스

마천루는 하늘을 찌를 듯이 아주 높게 솟은 건물을 의미합니다. 제1차 세계대전 이후 뉴욕에는 대표적인 마천루가 세워졌는데 크라이슬러 빌딩과 엠파이어 스테이트 빌딩이 있습니다. 엠파이어 스테이트 빌딩은 1930년대부터 1970년대까지 세계에서 가장 높은 건물이었습니다. 록펠러 센터도 그중 하나입니다. 높이 259m인 지상 70층의 건물로 당시 건설 노동자들이 거대한 강철 기둥인 H빔에서 점심을 먹는 유명한 사진이 남아 있습니다.

록펠러 센터에는 뉴욕에서 가장 유명한 황금 조각상이 있습니다. 바로 프로메테우스 조각상이죠. 프로메테우스는 인간에게 많은 도

작가 미상, 《마천루 위에서의 점심》, 1932년.

움을 준 티탄입니다. 그는 소를 잡아 고기와 내장을 가죽에 숨기고 뼈를 지방으로 예쁘게 꾸며 두 부분으로 나눴습니다. 그리고 제우스에게 하나를 고르도록 했습니다. 제우스는 겉모습이 더 좋아 보이는 뼈와 지방을 골랐고, 이후 인간은 신에게 제사를 지낼 때 뼈와 지방을 바치고 고기와 내장은 자신이 먹는 풍습이 생겼습니다.

프로메테우스는 인간에게 불을 가져다준 영웅입니다. 제우스는 인간에게 불을 주지 않으려고 감추어 뒀는데 프로메테우스는 이를 훔쳐 인간에게 전달했습니다. 그렇게 불을 얻게 된 인간은 위험한 동물로부터 스스로를 지키고 어두운 밤을 밝히며 음식을 익혀 먹게 됐습니다. 이에 대한 벌로 제우스는 프로메테우스를 거대한 기둥에 사슬로 묶어 매일 독수리가 간을 쪼아 먹도록 했습니다. 불사의 존재였던 그는 간이 매일 다시 자라 끝없이 고통당하는 영원한 벌을 받았습니다. 이후 헤라클레스가 나타나 독수리를 활로 쏘아 죽이면서 그의 고통은 겨우 끝날 수 있었습니다.

프로메테우스

페테르 파울 루벤스, 《결박된 프로메테우스》, 1611~1612년경.

처럼 불을 훔친 이야기는 다른 지역의 신화에도 등장합니다. 아프리카 피그미족에게도 불과 관련된 전설이 전해집니다. 피그미족은 평균 신장이 150cm 이하의 작은 종족으로 오랫동안 아프리카에서 살았습니다. 그들의 신화에 따르면 아주 먼 옛날에는 신만이 불을 가지고 있었습니다. 신의 집 모닥불은 늘 타오르고 있었고 그의 어머니는 그 불로 몸을 따뜻하게 하며 지냈습니다. 그런데 어느 날 길을 잃은 피그미가 신의 불을 발견하고 어머니가 잠든 틈을 타서 불을 훔쳤습니다. 추위 때문에 잠에서 깬 어머니가 소리를 지르자 신이 나타나 도망친 피그미를 잡아 불을 되찾았습니다. 다음 피그미도 마찬가지였습니다.

그런데 세 번째 피그미는 달리기를 매우 잘했습니다. 신조차도 그를 따라잡을 수 없었습니다. 결국 세 번째 피그미는 불을 훔치는 데 성공했습니다. 그러나 신의 어머니가 불 없이 추위로 죽자 화난 신은 그에게 벌로 죽음을 보냈습니다. 이 이야기는 인간이 어떻게 불을 얻었고 그 대가로 죽음을 치르게 되었는지 설명합니다.

불은 마치 물질처럼 보이지만 현상입니다. 산소와 함께 있는 잘 타는 물질이 어느 정도 이상의 온도에 도달하면 뜨거운 열과 밝은 빛을 내는데 이것이 바로 불입니다. 인간이 불을 사용하기 시작한 것은 그렇게 오래되지 않았습니다.

화석 기록에 따르면 불을 처음 사용한 때는 약 47만 년 전입니다. 이 시기에 불을 사용했던 인류는 호모 에렉투스Homo Erectus입니다. 호모 에렉투스는 기원전 200만~10만 년 사이에 존재했습니다. 처음에는 아프리카에서만 살다가 약 180만 년 전에 유럽과 아시아로 이동했습니다. 당시 기온이 내려가면서 바닷물의 양이 줄어들었고 그 결과 유럽과 아프리카 사이에 있는 홍해의 수심이 얕아져 그들이 걸어서 다른 대륙으로 이동할 수 있었던 것입니다.

호모 에렉투스는 아프리카를 떠나 여러 지역으로 이동하면서 새로운 환경에 적응해야 했습니다. 이와 같은 과정에서 매우 중요한 도구가 바로 불이었습니다. 예를 들어 남아프리카에 있는 본더버크 동굴에서는 불에 탄 식물 재와 동물 뼈가 발견됐습니다. 이는 호모 에렉투스가 오랫동안 불을 반복해서 사용했다는 증거인데 약 100만 년 전의 흔적으로 추정됩니다.

또 다른 예는 중국 베이징의 저우커우뎬 유적지입니다. 여기에서는 두개골 화석과 6m 이상의 잿더미층이 발견됐습니다. 두개골 화석은 약 50만 년 전 그 지역에 살았던 호모 에렉투스의 것으로 밝혀졌고, 잿더미는 그들이 불을 사용하고 음식을 익혀 먹었다는 증거였습니다. 이와 같은 유적을 통해 인류학자는 호모 에렉투스가 불을 사용했을 뿐만 아니라 불을 저장하고 음식도 조리한 것으로 생각합니다.

그래서 많은 과학자는 불의 사용이 인간의 두뇌 용량 증가와 관련이 있다고 생각합니다. 오스트랄로피테쿠스의 두뇌 용량은 500cc, 조금 더 진화한 호모 하빌리스Homo Habilis의 두뇌 용량은 약 600cc였습니다. 반면 호모 에렉투스의 두뇌 용량은 약 1,200cc로 이전보다 2배 이상 커졌습니다.

불을 사용하기 전에는 딱딱하고 질긴 음식을 날것 그대로 씹어야만 했습니다. 인간은 다른 유인원보다 턱과 이빨이 작아 날고기를 오랫동안 씹는 것이 힘들었습니다. 그러나 불로 익히면 음식이 부드러워져서 소화도 쉽고 에너지를 적게 들이고도 영양을 잘 흡수할 수 있습니다. 그 결과 두뇌로 더 많은 에너지를 보낼 수 있어 용량이 커졌다는 것입니다.

불에 음식을 익혀 먹는 것을 '화식'이라고 합니다. 지금까지 많은 사람이 직립보행이나 도구 사용을 인간의 고유한 특징이라고 말했습니다. 그러나 루시 같은 초기 인류나 침팬지를 비롯한 일부 유인원도 간단한 직립보행을 하거나 도구를 사용하는 경우가 있습니다. 결국 직립보행이나 도구 사용만으로는 인간을 완전히 구별하기 어렵습니다. 그런데 불을 이용해 음식을 익혀 먹는 유인원은 인간뿐입니다. 그래서 일부 인류학자는 화식이야말로 인간을 가장 인간답게 만드는 특징이라고 주장합니다. 화식으로 인간은 더 많은 고기를 먹게 되었고 두뇌 용량도 점점 커지게 되었다는 것입니다.

인간의 두뇌는 몸무게의 약 2.5%밖에 안 되지만 몸 전체가 사용하는 에너지의 20% 이상을 사용합니다. 다시 말해 두뇌는 아주 작지만 엄청나게 많은 에너지를 사용하는 기관입니다. 침팬지나 고릴라처럼 인간과 가까운 유인원의 두뇌는 전체 에너지의 약 10%를 사용합니다. 이와 비교하면 인간의 두뇌는 2배 이상 많은 에너지를 사용합니다.

화식으로 에너지 섭취가 빨라져 효율성이 높아지면 두뇌는 에너지를 더 많이 사용하면서 더욱 커집니다. 그리고 두뇌가 발달하면서 인간은 언어나 문화, 협동 등과 같은 고도화된 활동이 가능해져 이전과는 완전히 다른 생활방식을 가지게 됐습니다.

지구 전체로 퍼져 나간 호모 사피엔스

현생인류인 호모 사피엔스Homo Sapiens는 약 25만~20만 년 전에 아프리카 동북부에서 처음 출현했습니다. 이후 약 12만~10만 년 전에 이들은 아프리카를 떠나 중동으로 이동했는데 당시 두 가지 경로를 이용한 것으로 추정합니다. 한 가지는 이집트의 나일 계곡을 따라 북쪽으로 이동해서 중동으로 가는 방법입니다. 나일 계곡은 길이가 1,500km에 달하지만 폭은 20km 정도로 좁아서 이동에 큰 어려움이 없습니다. 좁고 긴 강을 따라 올라가면 결국 중동에 도달할 수 있습니다.

또 다른 방법은 홍해를 건너는 것입니다. 홍해는 아프리카와 아라비아반도 사이의 긴 바다인데 바닷속에 사는 산호 때문에 붉은빛을 띠어 홍해라고 부릅니다. 인류학자는 빙하기 동안 기온이 낮아지고 바닷물의 양이 줄어 홍해의 수면이 얕아지자 호모 사피엔스가 바다를 건너 중동으로 이동했다고 생각합니다.

기원전 5만 년 전 호모 사피엔스는 필리핀이나 인도네시아 등 동남아시아까지 이동했습니다. 지리학자는 오늘날 말레이반도와 인도네시아의 여러 섬을 포함한 지역을 '순다랜드Sunda Land'라고 부릅니다. 과거에 하나의 큰 육지였을 가능성이 있다고 여겨집니다. 그중 자바섬과 수마트라섬 사이에는 '순다 해협'이라는 좁고 얕은 바다가 있습니다. 깊이가 20m 정도로 매우 얕아 마지막 빙하기 때 바닷물이 얼어 해수면이 낮아졌을 때 이 지역이 육지로 연결되어 있었을 것으로 추정합니다. 그래서 호모 사피엔스는 이곳을 지나 인도네시아까지 이동할 수 있었던 것으로 보입니다.

그러나 인도네시아에서 오스트레일리아로 이동하는 것은 쉽지 않았습니다. 오스트레일리아는 뉴기니와 태즈매니아 등 큰 섬과 함께 '사훌Sahul'로 불립니다. 빙하기에 해수면이 많이 낮아졌지만 인도네시아와 사훌 사이에는 높은 바다가 있었기 때문에 걸어서 갈 수는 없었습니다. 사훌로 이동하기 위해서는 배를 만들어야 했습니다. 오늘날 우리가 보기에는 매우 어설프고 단순한 뗏목이지만 당시 호모 사피엔스는 그런 뗏목을 이용해 사훌로 건너갔습니다. 이렇게 새로운 지역에 도착한 사람들은 바닷가를 따라 살기 시작했고 더 많은 지역으로 퍼져 나갔습니다.

호모 사피엔스가 가장 마지막으로 이동한 지역은 바로 아메리카입니다. 처음에 이들은 아프리카에서 출발해 유럽과 아시아로 떠났습니다. 그중 일부는 시베리아까지 이르렀고 약 1만 4,000년 전에 아메리카로 이동했습니다. 당시 시베리아에서 아메리카로 가려면 '베링 해협'을 지나야만 했습니다. 베링 해협은 오늘날 러시아와 미국 알래스카 사이에 있는 좁은 바다입니다. 이 해협은 태평양 북쪽의 베링해와 북극해를 연결하기 때문에 아시아와 아메리카의 경계라고 할 수 있습니다.

빙하기에 바닷물이 얼고 해수면이 낮아졌기 때문에 해협은 육지처럼 드러나 있었습니다. 그래서 사람들은 걸어서 아메리카로 이동할 수 있었습니다. 그렇게 아메리카에 도착한 호모 사피엔스는 점점 남쪽으로 이동했습니다. 그리고 약 1만 년 전에 남아메리카의 가장 끝에 있는 '불의 섬'까지 도달했습니다. 16세기 초 항해가 마젤란은 티에라델푸에고섬을 지나가다 원주민이 추위를 이기기 위해 항상 모닥불을 피우는 것을 보고 이 섬을 불의 섬이라고 불렀습니다.

이제 남극을 제외하고 지구에 호모 사피엔스가 이동하지 않은 지역은 거의 없었습니다. 처음 아프리카에서 등장한 호모 사피엔스는 빙하기라는 큰 기후변화 속에서 유럽, 아시아, 동남아시아, 사훌 그리고 아메리카까지 이동했습니다. 이동한 지역마다 기후와 환경이 매우 달랐기 때문에 살아남기 위해 서로 다른 방식으로 적응했습니다. 어떤 지역에서는 추위를 견디는 법, 다른 지역에서는 더위나 습한 날씨에 대응하는 법을 배우고 실천했습니다.

이처럼 다양한 환경에 잘 적응하고 살아남을 수 있었던 가장 큰 이유는 바로 '집단학습' 덕분입니다. 집단학습이란 한 사람이 배운 지식을 다른 사람과 공유하고 그 지식을 다음 세대에 전달하면서 점점 발전시켜 나가는 능력을 의미합니다. 예를 들어 도구를 만드는 방법, 불을 피우는 법, 위험한 동물을 피하는 법 등의 정보를 서로 나누고 배우는 것입니다. 이런 능력 덕분에 호모 사피엔스는 새로운 지역에서도 도구를 만들고 위기를 해결하며 더 나은 생존 방법을 찾을 수 있었습니다.

이러한 지식의 교환과 축적은 공동체에서 일어나는 현상입니다. 사람들은 서로 지식을 주고받았고 시간이 지나면서 그 양이 점점 많아졌습니다. 특히 언어의 사용이 큰 역할을 담당했습니다. 말을 통해 서로의 생각을 더 정확하게 전달하고 지식을 효율적으로 나눌 수 있게 됐습니다. 호모 네안데르탈렌시스Homo Neanderthalensis도 단순한 언어를 사용해 정보를 교환했을 것으로 추정합니다. 그러나 호모 사피엔스는 목소리와 입의 구조가 훨씬 정교해서 추상적인 생각까지 언어로 표현할 수 있습니다.

예를 들어 위험하다고 말하는 것과 여기에는 큰 동물이 나타나니까 우리가 피해야 한다고 말하는 것에는 큰 차이가 있습니다. 호모 사피엔스는 복잡한 계획이나 생각까지 말로 표현할 수 있었습니다. 호모 네안데르탈렌시스는 하지 못했던 일입니다. 지식과 정보가 한 세대에서 다음 세대로 전달되면서 개인의 정보는 공동체의 힘이 되었고, 이를 바탕으로 호모 사피엔스는 더 복잡한 사회를 만들기 시작했습니다.

호모 사피엔스가 다른 종보다 더 잘 살아남을 수 있었던 이유는 체력이나 환경이 아닌 집단학습 때문이라는 고고학적 증거가 존재합니다. 마지막 빙하기에 호모 사피엔스와 호모 네안데르탈렌시스는 함께 살고 있었습니다. 호모 네안데르탈렌시스는 몸집이 더 크고 추운 날씨에도 잘 견디는 체질이었습니다. 하지만 이들은 결국 멸종했고 호모 사피엔스만 살아남아 지금의 인류가 됐습니다. 그 이유 중 한 가지는 바로 바늘입니다.

1868년에 프랑스 남서부 레제지 지역에 있는 크로마뇽 동굴에서 호모 사피엔스 화석이 발견됐습니다. 과학자는 이곳에서 발견된 사람들을 흔히 '크로마뇽인Cro-Magnon man'이라고 부릅니다. 이들은 기원전 4만 5,000~1만 년 사이에 살았던 것으로 추정됩니다. 크로마뇽인은 동물의 뼈로 바늘을 만들어 실을 꿰고 옷을 만들어 입었습니다. 반면 호모 네안데르탈렌시스는 단순히 동물 가죽을 어깨에 걸치는 방식으로 추위를 견뎠기 때문에 혹독한 날씨에 호모 사피엔스만큼 효과적으로 몸을 보호하기 어려웠습니다. 결국 도구를 만들고 지식을 나눌 수 있는 능력인 집단학습이 있었기 때문에 호모 사피엔스는 더 따뜻한 옷을 만들어 혹독한 환경에서도 살아남을 수 있었습니다.

크로마뇽인이 만든 것은 바늘만이 아닙니다. 이들은 도구를 더 다양하게 만들어서 사용했습니다. 이들보다 먼저 살았던 호모 네안데르탈렌시스는 돌을 깨뜨린 파편을 주워 사용하는 방식으로 무스테리안 석기를 만들었습니다. 다시 말해 돌을 두드려 부서진 조각을 그대로 재활용한 것입니다.

그렇지만 호모 사피엔스는 부서진 파편보다 돌의 본체인 몸돌에 더 관심을 가졌습니다. 이들은 몸돌을 항상 가지고 다니다가 필요할 때마다 다양한 용도로 사용했습니다. 나무나 뼈를 자를 때는 새기개로, 동물의 가죽을 벗길 때는 긁개로 사용했습니다. 무기에도 큰 차이가 있었습니다. 호모 네안데르탈렌시스는 손에 쥔 돌칼로 사냥했지만 호모 사피엔스는 돌이나 뼈에 긴 막대기를 연결해서 창처럼 만든 무기를 사용했습니다. 이렇게 만든 창을 더 멀리 있는 사냥감에 던져 안전하게 사냥할 수 있었습니다.

계속되는
진화론 vs. 창조론

오늘날 우리는 인간이 유인원과 공통조상을 가진 존재라는 것을 과학적으로 알고 있습니다. 인간과 유인원이 같은 조상에서 갈라져 나와 다른 방향으로 진화한 것입니다. 그러나 19세기 중반 다윈이 처음 진화론을 발표했을 때 많은 사람이 이 이론에 반대했습니다.

당시 사람들은 모든 생명체는 신이 만든 것이라는 창조론을 믿었기 때문입니다. 그래서 생명체는 처음부터 있는 모습 그대로 존재한다고 믿었습니다. 다윈은 진화론에서 인간과 원숭이가 공통조상에서 분화되었다고 설명했지만 시간이 지나면서 많은 사람이 원숭이가 인간이 된다는 것으로 오해했습니다.

1860년에 영국에서는 다윈의 진화론을 두고 큰 논쟁이 벌어졌습니다. 당시 영국 국교회 주교였던 새뮤얼 윌버포스 Samuel Wilberforce 는 진화론을 강하게 반대했습니다. 그는 공개 토론회에서 생물학자 토마스 헉슬리 Thomas Huxley 에게 "당신의 할아버지 쪽이 원숭이인가, 아니면 할머니 쪽이 원숭이인가?"라는 질문을 던졌습니다. 이에 헉슬리는 "진리를 찾기 위해 노력하는 사람을 왜곡하는 인간을 할아버지로 삼기보다 차라리 정직한 원숭이를 할아버지로 두겠다"고 대답한 것은 매우 유명한 일화입니다. 700만 년 전 인간과 유인원은 공통조상에서 갈라져 나와 서로 다른 방향으로 진화했습니다. 다시 말해 인간은 원숭이에서 진화한 것이 아니라 인간과 원숭이는 같은 조상에서 출발한 것입니다. 그러나 당시 많은 사람은 이를 오해했고 20세기 초에도 크게 다르지 않았습니다.

1925년 7월 21일, 미국 테네시에서 전 세계의 관심을 모은 재판이 열렸습니다. 바로 '스콥스 재판'입니다. 당시 미국 공립학교에서는 진화론을 가르치는 것이 금지되어 있었습니다. 버틀러법Butler Act이 적용되었기 때문인데, 이 법은 『성경』에 나오는 신의 창조 이야기를 부정하거나 인간이 하등동물에서 진화했다고 가르치는 것을 불법으로 규정했습니다. 그러나 데이튼고등학교의 과학 교사 존 스콥스John Scopes는 이 법을 어기고 학생들에게 진화론을 가르쳐 법정에 서게 됐습니다. 그렇게 이 재판은 진화론과 창조론의 충돌로 전 세계적인 관심을 끌었습니다.

재판에는 유명한 인물이 등장했습니다. 진화론을 반대한 쪽의 변호사는 윌리엄 제닝스 브라이언William Jennings Bryan이었습니다. 그는 과거 민주당 하원의원, 국무장관, 대통령 후보까지 지낸 매우 유명한 정치인이었습니다. 존을 변호한 사람은 미국시민자유연맹American Civil

진화론자 클래런스 대로원쪽와 창조론자 윌리엄 제닝스 브라이언오른쪽
스콥스 재판은 진화론과 창조론의 대결로 전 세계의 이목을 끌었습니다.

Liberites Union의 일원인 클래런스 대로Clarence Darrow였습니다.

재판에서 대로는 놀라운 전략을 사용했습니다. 상대편 변호사인 브라이언을 증인석에 앉힌 것입니다. 가장 유명한 질문은 바로 이것입니다. "당신은 『성경』에 나오는 '하나님이 6일 동안 세상을 만들었다'는 기록을 문자 그대로 믿습니까?" 이에 브라이언은 "하나님의 하루는 우리가 아는 하루와 다를 수 있어 수백만 년일 수도 있다"고 대답했습니다. 이 대답은 『성경』에 쓰인 문자 그대로의 해석과 어긋나 많은 사람에게 모순으로 보이며 재판에서 궁지에 몰렸습니다. 그런데도 스콥스는 버틀러법을 어긴 사실이 인정되어 결국 재판에서 패배하며 100달러의 벌금형을 받았습니다. 이 재판은 법적 판단을 넘어 전 세계적으로 과학과 종교, 표현의 자유와 교육의 자유에 큰 영향을 미쳤습니다.

1960년대까지 미국에서는 여전히 학교에서 기도나 『성경』 공부를 시키는 일이 흔했습니다. 그러나 점점 많은 사람이 공립학교에서 종교 활동을 하는 것이 옳은 일인지에 의문을 가지기 시작했습니다. 이후 1962년에 뉴욕의 한 학부모 단체는 공립학교에서 기도와 『성경』 공부를 시키는 것에 반대하며 소송을 제기했습니다. 학교가 특정 종교를 강요해서는 안 된다는 이유였습니다. 법원은 학부모 단체의 손을 들어 주었습니다. 당시 재판을 담당했던 휴고 블랙Hugo Lafayette Black 판사는 학교에서 기도나 『성경』 공부를 시키는 것은 연방헌법 수정조항 제1조에 위배된다고 판결했습니다.

수정조항 제1조에 따르면 연방의회는 국교를 정하거나 사람들이 종교를 자유롭게 선택하는 것을 금지하는 법을 만들 수 없습니다. 다시 말해 정부나 학교를 포함한 공립기관은 특정 종교를 강요하거나 신앙의 자유를 침해해서는 안 됩니다. 휴고 판사의 판결 이후 미국 공립학교에서는 기도나 『성경』 공부 같은 종교 활동이 중단됐습니다. 학교는 중립적인 공간이 되어야 한다는 원칙이 강화된 것입니다.

1980년에 미국 연방대법원은 중요한 판결을 내렸습니다. 공립학교에 십계명을 다는 것을 금지한 것입니다. 십계명이란 기독교의 하나님이 모세를 통해 이스라엘 백성에게 주었다고 『성경』에 기록된 열 가지 계명입니다. 유대교와 기독교에서 매우 중요한 가르침으로 여깁니다. 십계명의 주요 내용은 하나님 외에 다른 신을 섬기지 말고, 우상을 만들지 않으며, 하나님의 이름을 함부로 부르지 말고, 안식일을 지키며

부모를 공경하는 것입니다. 이와 살인과 간통, 도둑질, 거짓말을 하지 않고, 남의 것을 탐내지 말도록 합니다. 당시 미국의 많은 공립학교나 주의회 건물, 법원 등 공공건물에는 십계명이 걸려 있었습니다. 이 판결을 계기로 공공기관에서 십계명을 게시하는 것이 금지되었고 종교와 공공의 역할을 분리하려는 원칙이 더 강화됐습니다.

이 판결은 단순히 종교의 문제만이 아닙니다. 이는 정치와 종교의 분리 원칙과도 관련성을 가집니다. 판결 이후에도 많은 사람이 이 문제에 대해 찬반 논쟁을 벌였습니다. 결국 연방대법원은 종교와 교육은 분리되어야 한다는 결정을 내렸고 이후 과학과 종교를 분리하려는 움직임은 더욱 확대됐습니다.

오늘날에도 진화론과 창조론의 논쟁은 계속되고 있습니다. 그러나 종교적 신앙과 과학적 지식은 서로 다르게 다루어야 합니다. 학교에서 배우는 지식과 과학 교육은 객관적 증거에 기반해야 하며, 이를 위해서는 무엇보다 생명의 나무를 기반으로 한 다윈의 진화론을 정확하게 이해하는 것이 필요합니다.

현생인류 등장의 구성 요소, 골디락스 조건 그리고 새로운 복잡성

빅히스토리에서는 현생인류의 등장과 진화를 이해하기 위한 구성 요소 중 한 가지는 두뇌 용량의 증가입니다. 과거에 많은 인류학자는 직립보행을 하면서 자유로워진 두 손을 이용해 도구를 제작하게 되어 인간으로서의 특징을 가진다고 생각했습니다. 직립보행이 인간만의 고유한 특징이라는 것입니다.

그러나 1974년에 루시가 발견되면서 이 생각은 바뀌었습니다. 약 320만 년 전에 살았던 루시는 직립보행을 하고 있었지만 두뇌 용량은 500cc 정도로 오늘날 인류의 3분의 1밖에 되지 않았습니다. 이는 두뇌가 커지기 전에 이미 직립보행을 하고 있었다는 사실을 잘 보여 줍니다. 이후 등장한 호모 하빌리스도 약간의 도구를 사용했지만 두뇌 용량은 여전히 작았습니다. 그러나 호모 에렉투스는 달랐습니다. 불을 사용하면서 음식을 익혀 먹자 소화가 쉬워지면서 더 많은 에너지가 두뇌 발달에 사용된 것입니다.

또 다른 중요한 구성 요소는 바로 언어의 사용입니다. 일부 학자는 언어가 인간만의 특별한 능력이라고 주장합니다. 언어는 자신의 느낌이나 생각을 다른 사람에게 전달하는 수단입니다. 말이나 글, 몸짓 등이 모두 언어의 형태입니다.

그렇다면 인류는 언제부터 언어를 사용하기 시작했을까요? 많은 학자는 언어를 처음 사용한 인류가 호모 사피엔스라고 생각합니다. 호모 사피엔스의 두뇌 용량은 공존했던 호모 네안데르탈렌시스보다 조금 작았습니다. 그래서 두뇌가 크다고 언어를 사용할 수 있는 것은 아니라고 생각했습니다. 대신 이들이 주목한 것은 호모 사피엔스가 가진 특별한 사고방식입니다. 바로 추상적 사고인데 눈에 보이지 않는 개념을 상상하고 표현하는 사고방식입니다.

쉽게 말해 자료나 경험을 통해 의미나 관계를 스스로 찾아내는 것입니다. 예를 들어 장미꽃을 보면 누군가는 예쁘다거나 가시에 찔리면 아프겠다고 생각합니다. 어떤 사람은 장미꽃의 붉은색이 사랑을 의미한다거나 『어린 왕자』에 등장하는 이기적인 장미를 떠올립니다. 이런 식으로 눈에 보이지 않는 감정이나 개념을 연결해서 생각하는 것이 바로 추상적 사고입니다. 언어학자는 호모 사피엔스가 추상적으로 생각할 수 있었고, 이를 언어로 표현했기 때문에 지금처럼 복잡하고 풍부한 의사소통이 가능해졌다고 말합니다.

일부 학자는 호모 네안데르탈렌시스 역시 언어를 사용했을 가능성이 높다고 주장합니다. 호모 네안데르탈렌시스의 두개골을 자세히 살펴보면 설골이라는 특별한 뼈가 존재합니다. 설골은 혀의 밑부분에 붙어 있는 'V'자 모양의 작은 뼈인데 혀 근육과 목소리를 내는 기관인 후두를 연결해 줍니다. 후두에는 목소리를 만드는 성대가 있어 말을 하거나 숨을 쉴 때 중요한 역할을 합니다. 한 연구에 따르면 호모 네안데르탈렌시스의 후두는 가로로 눌린 모양으로 호모 사피엔스와 유사합니다. 그래서 이들 역시 언어를 사용했을 가능성이 충분하다고 생각합니다.

그러나 아직 확실하게 밝혀진 것은 없습니다. 아마 어느 정도 말은 할 수 있었겠지만 호모 사피엔스처럼 복잡하고 정교한 언어를 사용하지는 못했을 것입니다. 바로 후두의 위치와 두뇌 구조의 차이 때문입니다. 호모 네안데르탈렌시스의 후두 위치는 호모 사피엔스보다 높아 다양한 소리를 분명하게 내기 어려웠을 것입니다. 말을 하더라도 뚜렷하고 다양한 발음을 하기 어려웠을 것입니다. 또한 호모 네안데르탈렌시스의 두뇌는 말과 관련된 두정엽이나 언어를 이해하는 측두엽이 호모 사피엔스보다 작아 말하기 능력이나 기억력이 호모 사피엔스만큼 발달하지 않았을 것으로 추정합니다.

최근 일부 학자는 호모 네안데르탈렌시스 역시 나름대로 지식과 정보를 가지고 있었을 것으로 추정합니다. 다만 지식을 연결하고 응용하는 능력인 추상적인 사고와 효과적인 의사소통 능력이 호모 사피엔스보다 부족했다고 설명합니다.

호모 사피엔스는 두뇌 발달과 언어로 지식을 서로 나누고 쌓으면서 집단학습에 성공했습니다. 이와 같은 집단학습은 생존에 꼭 필요한 골디락스 조건이었습니다. 결국 이들은 다른 종보다 더 오래 더 넓은 지역에서 살아남을 수 있게 됐습니다.

**여섯 번째 임계국면,
현생인류의 등장**

나에게는 꿈이 있습니다. 언젠가 이 나라가 일어나서 '모든 인간은 평등하게 태어났다'는 그 분명한 진실을 진심으로 받아들이고 실천하게 될 것이라는 꿈이 있습니다. 나에게는 꿈이 있습니다. 언젠가는 조지아주의 붉은 언덕 위에서 한때는 노예였던 사람의 자손과 그들을 지배했던 주인의 자손이 형제처럼 함께 식탁에 둘러앉게 될 것이라는 꿈입니다.

1963년 8월 28일, 미국 워싱턴 D.C. 링컨 기념관에서 전 세계에 깊은 감동을 준 역사적 연설이 있었습니다. 흑인 민권운동가인 마틴 루터 킹 목사의 연설입니다. 내전 이후 연방헌법 수정조항 제14조와 제15조로 흑인에게도 시민권을 인정하고 투표권을 부여했습니다. 그렇지만 법으로 권리를 인정했다고 해서 모든 사람이 평등하게 대우받은 것은 아니었습니다. 여전히 흑인과 백인은 학교나 식당, 버스 등에서 분

링컨 기념관 연설대에서 인사하는 마틴 루터 킹 목사
킹 목사는 피부색과 관계없이 모든 사람이 평등하게 살 수 있는 세상을 꿈꿨습니다.

리된 채 살았고 차별과 갈등은 심각한 문제로 남아 있었습니다. 이런 상황에서 킹 목사는 모든 사람이 피부색에 관계없이 평등하게 살 수 있는 세상을 꿈꾸며 연설을 했습니다.

인종 간 평등 문제는 과연 미국만의 문제일까요? 그렇지 않습니다. 인종에 대한 구분과 차별은 전 세계의 역사에 오랫동안 존재했습니다. 18세기 초에 스웨덴 식물학자 칼 린네Carl von Linne는 사람들이 살고 있는 지역에 따라 인류를 유럽인, 아메리카인, 아프리카인, 아시아인으로 구분했습니다. 유럽인은 피부가 희고, 아메리카인은 붉은색이며, 아시아인은 노란색이고, 아프리카인은 검은색입니다. 이와 같은 구분은 과학이 아닌 외모 중심의 편견으로 차별을 정당화하는 데 사용됐습니다.

린네가 지역과 피부색으로 인종을 구분한 이후 많은 유럽인은 백인이 더 우월하고 다른 인종은 열등하다고 생각했습니다. 이런 생각은 점점 확산되어 사람의 피부색이 우열을 판단하는 기준으로 여겨졌습니다. 그래서 오늘날까지도 미국이나 우리나라를 포함한 여러 나라에서 피부색이 다르다는 이유만으로 차별하거나 다른 인종을 무시하는 일이 여전히 남아 있습니다. 그러나 최근 연구 결과에 따르면 이와 같은 생각은 완전히 잘못된 것입니다. 인간과 침팬지는 98% 이상의 DNA를 공유합니다. 인간들끼리는 99.9%의 DNA가 동일합니다. 다시 말해 피부색이나 눈동자 색, 머리카락 색 등의 차이는 0.1%의 DNA 차이에서 생긴 것에 불과합니다. 그래서 과학자는 피부색과 같은 겉모습은 인종의 우열을 판단하는 기준이 될 수 없다고 말합니다.

오늘날 피부색뿐만 아니라 종교, 언어, 문화 등이 다르다는 이유로 전 세계에서 갈등과 문제가 발생합니다. 그렇다면 이런 문제를 어떻게 해결할 수 있을까요? 가장 중요한 것은 모든 인간이 유전적으로 거의 동일하다는 사실을 인식하는 것입니다. 우리는 모두 호모 사피엔스라는 같은 종이고 99.9%의 DNA를 공유합니다. 이런 사실을 깨달으면 겉모습이나 문화적 차이는 갈등의 원인이 아니라 자연스러운 다양성을 받아들일 수 있습니다. 다시 말해 우리 모두를 하나의 종, 하나의 공동체로 바라본다면 지금까지 민족이나 국가 사이에 발생했던 문제도 더 평화롭게 이해하는 시각으로 다가갈 수 있습니다.

호모 사피엔스를 포함한 여러 인류는 다른 동물과 마찬가지로 살아남기 위해 주변 환경에 적응하면서 진화했습니다. 시간이 지나면서 여러 종 사이에 다양한 차이점이 생겼습니다. 어떤 종은 주로 나무에서 살면서 식량이 필요할 때만 나무 아래로 내려왔습니다. 다른 종은 더는 나무에서 살지 않고 지상에서 더 많은 식량을 찾기 위해 눈과 손이 발달했습니다. 또 다른 종은 도구를 만들고 불을 사용하며 언어를 사용하기 시작했습니다. 이와 같이 다양한 진화의 길이 있었지만 가장 중요한 사실은 환경에 잘 적응한 종만 살아남았다는 것입니다. 변화에 유연하게 대응한 인류는 바로 호모 사피엔스였습니다.

우리는 한 가지 사실을 기억해야 합니다. 호모 사피엔스, 즉 우리가 살아남을 수 있었던 이유는 특별히 뛰어났기 때문이 아니라는 점입니다. 약 700만 년 전 공통조상에서 인류가 분화한 이후 여러 종의 인류가 등장했습니다. 이들은 살아남기 위해 주변 환경에서 정보를 얻으며 축적했습니다. 이 과정에서 중요한 역할을 한 것은 지구의 기후변화, 다양한 동식물, 그리고 다른 종과의 상호작용이었습니다. 호모 사피엔스가 살아남은 것은 혼자만의 능력이 아니라 자연과 다른 생명체들과 끊임없이 관계를 맺고 적응했기 때문입니다.

빅히스토리에서는 현생인류의 등장을 우주와 생명의 역사 속에서 여섯 번째 임계국면이라고 부릅니다. 현생인류의 등장과 진화는 우리만의 이야기가 아니라 자연과 생명체와의 오랜 상호작용 속에서 만들어진 공동의 역사이기 때문입니다.

핵심 요약

현생인류인 호모 사피엔스는 약 25만 년 전 아프리카에서 등장해 집단학습을 통해 전 지구로 확산됐습니다. 직립보행과 도구 사용 외에도 화식으로 두뇌 용량을 키우며 진화했습니다. 호모 사피엔스는 언어와 추상적 사고, 지식의 축적 능력 덕분에 다른 종보다 혹독한 환경에서도 생존하며 다양한 문화를 형성했습니다. 인종 간 유전적 차이는 극히 미미하며 겉모습의 차이는 우열이 아닌 다양성을 보여 주는 증거일 뿐입니다. 현생인류의 등장과 진화는 자연과 생명체와의 상호작용 속에서 나타난 빅히스토리의 여섯 번째 임계국면입니다.

생명체의 연표

40억 년 전
최초의 생명체 탄생
원시수프 또는 심해열수공에서 최초의 단세포 생명체가 등장했습니다.

38억 년 전
원핵생물의 등장
물질대사와 생식이 가능한 생명체가 출현했습니다.

35억 년 전
광합성 생물의 출현
일부 원핵생물이 광합성을 시작하면서 산소가 생성됐습니다.

25억 년 전
제1차 산소 대폭발
대기 중 산소 농도가 급증하며 진핵생물로 진화할 수 있는 기반이 조성됐습니다.

20억 년 전
진핵생물의 등장
핵, 세포 소기관 등 복잡한 구조를 가진 생명체가 출현했습니다.

10억 년 전
다세포 생물의 출현
세포마다 역할을 분화할 수 있는 다세포 생물로 진화했습니다.

5억 4,000만 년 전
캄브리아기 대폭발
짧은 기간 동안 다양한 종류의 동물이 등장했습니다.

4억 7,000만 년 전
생명체의 육지 진출
일부 물고기의 지느러미가 다리로 진화하면서 육지에서 생활을 시작했습니다.

3억 6,000만 년 전
곤충과 양서류의 번성
육지에 적응한 다양한 생명체가 확산됐습니다.

2억 5,000만 년 전
페름기 대멸종
지구 역사상 최대의 멸종으로 생명체의 90% 이상이 사라졌습니다.

제 7 장

가장 오래된 생활 방식, 수렵채집

ORIGIN STORY

7장.
가장 오래된 생활 방식, 수렵채집

KEYWORD

- **수렵채집** Forager : 동물을 사냥하고 식물을 채집해서 식량을 얻는 생활 방식으로 인류가 가장 오랫동안 유지한 생존 방법입니다.

- **도구의 발달** : 사냥, 가죽 벗기기 등 실생활에 필요한 도구가 점점 정교해지고 효율적으로 진화했습니다.

- **동굴벽화** Cave Art : 호모 사피엔스가 동굴에 남긴 동물 그림, 손바닥 무늬 등 예술적 표현물로 감정 표현이나 주술적 목적, 의식적 상징 등 다양한 의미를 담고 있습니다.

- **사후 세계** : 시신과 함께 꽃, 뼈, 도구 등을 묻는 장례 행위에서 나타나는 믿음으로 초기 종교 행위로 추정됩니다.

- **대형 포유류의 멸종** : 호모 사피엔스의 도구 사용과 사냥 전략으로 매머드, 도도새 등 대형동물이 멸종하여 인간이 생태계에 미친 영향을 보여 줍니다.

알타미라 동굴에 그려져 있는 화려한 벽화

1868년에 스페인의 한 변호사가 산티야나 델 마르라는 마을 근처로 사냥을 나갔다가 개를 잃어버렸습니다. 그는 개를 찾기 위해 주변을 살펴보다가 한 동굴을 발견했지만 당시에는 특별한 것을 찾지 못했습니다. 나중에 변호사는 가족과 함께 다시 그곳을 방문했고 딸이 우연히 천장과 벽에 그려진 그림을 발견하게 됩니다. 전문가가 연대를 측정한 결과 약 3만~2만 5,000년 전에 그려진 것으로 밝혀졌습니다. 이 그림을 그린 존재는 호모 사피엔스였습니다.

당시 고고학자들은 이렇게 선명하고 잘 그려진 그림이 그렇게 오래된 것일 리 없다면서 믿지 않았습니다. 이후 유럽의 다른 지역에서도 비슷한 동굴벽화가 발견되자 학자들은 서서히 구석기 시대의 벽화에 관심을 가지기 시작했습니다. 대표적인 예가 바로 '구석기 시대 박물관'이라 불리는 알타미라 동굴벽화입니다.

알타미라 동굴벽화에는 다양한 동물이 그려져 있는데 그중에서 가장 뛰어난 작품으로 평가받는 것이 바로 '상처 입은 들소'입니다. 이 그림은 죽어 가는 들소의 모습을 바위에 그린 것으로 표현이 매우 생생하고 사실적이어서 마치 현대의 화가가 그린 작품처럼 정교하고 인상적입니다. 실제로 세계적인 스페인 화가 파블로 피카소는 알타미라 동굴벽화를 직접 보고 나서 "알타미라 이후 모든 미술은 쇠퇴했다"고 말하기도 했습니다. 그만큼 알타미라 동굴벽화의 예술성이 오늘날 작품과 비교해도 전혀 뒤지지 않는다는 뜻입니다.

'상처 입은 들소'를 그린 호모 사피엔스는 들소의 모습을 아주 세밀하게 관찰한 뒤 그림으로 표현했습니다. 기운이 빠져 땅에 쓰러진 모습이나 사람에게 공격당하지 않으려고 머리를 숙인 모습까지 정확하게 그렸습니다. 들소의 전체적인 형태와 윤곽선도 또렷하게 묘사했고 명암을 표현하여 더욱 입체적이고 사실적인 느낌을 줬습니다. 들소의 털 하나하나까지 정성스럽게 그렸습니다. 그리고 다양한 색상을 사용했습니다. 먼저 밑그림을 그리고 그 위에 진한 갈색, 연한 갈색, 노란색, 빨간색, 검은색 등을 여러 번 덧칠했습니다. 이런 색은 모두 자연에서 얻을 수 있는 나무 열매나 진흙, 색이 있는 돌을 이용한 것으로 추정됩니다.

그렇다면 호모 사피엔스가 알타미라 동굴에 벽화를 그린 이유는 무엇일까요? 그 시기의 사람들은 오늘날 우리와 달리 자연에서 필요한 음식과 에너지를 얻으며 살았습니다. 숲에서는 동물을 사냥하거나 열매를 따 먹었고 강에서는 물고기를 잡았으며 들판에서는 야생 곡물의 씨앗을 모았습니다. 이런 생활 방식을 '수렵채집'이라 부릅니다. 많은 역사학자는 수렵채집 시대보다 농경 시대나 근대에 더 풍요롭고 편리한 생활을 했다고 생각했습니다.

그러나 미국 인류학자 마셜 살린스Marshall Sahlins는 다르게 생각했습니다. 그는 수렵채집 시대의 호모 사피엔스가 오히려 더 풍요로운 삶을 살았다고 주장했습니다. 당시 아프리카 동북부 지역에 살던 여러 종이 다양한 기후와 자연환경 덕분에 영양분이 높은 음식을 먹을 수

알타미라 동굴벽화의 '상처 입은 들소'
피카소가 알타미라 동굴벽화를 보고
"알타미라 이후 모든 미술은 쇠퇴했다"고 말한 것으로 유명합니다.

있었기 때문입니다. 어떤 음식을 구하지 못하더라도 대체 음식이 많아 굶을 가능성이 낮았고 식량을 구하는 데 쓰는 시간도 지금보다 훨씬 적었습니다. 그래서 쉬거나 다른 활동을 할 수 있는 시간이 많았습니다. 이런 점에서 보면 수렵채집 시대의 사람들은 오늘날 우리보다 더 여유롭고 만족스러운 삶을 살았다고 할 수 있습니다.

알타미라 동굴에는 동물 그림만 있지 않습니다. 동물을 사냥하는 사람의 모습도 그려져 있습니다. 호모 사피엔스는 눈에 보이지 않는 힘이나 영혼이 자신을 도와 더 많은 동물을 잡게 해 주기를 바랐고, 그런 바람을 담아 사냥하는 장면을 벽에 그렸습니다. 또한 사람의 손바닥처럼 생긴 그림도 등장합니다. 손바닥이 어떤 의미인지 학자들 사이에서 의견이 서로 다릅니다. 어떤 학자는 자신의 존재를 남기기 위한 표시라고 해석하고, 다른 학자는 더 많은 사냥감을 잡고 싶다는 소망을 표현한 것으로 해석합니다. 아직 정확한 의미는 밝혀지지 않았지만 단순한 낙서가 아닌 특별한 의미나 주술적인 목적을 가지고 그린 것으로 추정됩니다.

올두바이 협곡에서 발견된
수십 종의 도구

아프리카 탄자니아에는 '올두바이 협곡'이라는 중요한 유적지가 있습니다. 유네스코 세계유산으로도 지정되어 있죠. 영국 고고학자

루이스 리키Louis Leakey는 이 협곡에서 호모 하빌리스의 화석을 발견했고 또 다른 종인 파란트로푸스 보이세이Paranthropus boisei의 화석도 찾았습니다. 그런데 리키가 발견한 것은 사람의 화석만이 아니었습니다. 그는 수십 종에 달하는 뗀석기도 발견했습니다. 뗀석기는 돌을 깨뜨려서 만든 구석기 시대의 도구입니다. 초기에는 아프리카에서만 만들어졌지만 호모 에렉투스가 아프리카를 떠나 유럽과 아시아로 이동하면서 다른 지역으로까지 퍼졌습니다.

1859년에 프랑스 북쪽의 생 아슐에서 많은 석기가 발견됐습니다. 이곳에서는 코끼리 뼈와 호모 에렉투스의 화석도 함께 발견됐습니다. 특히 코끼리의 갈비뼈와 목뼈에 날카로운 도구로 자른 듯한 흔적이 남아 있었는데 학자는 그 지역에 살던 호모 에렉투스가 날카로운 석기를 사용해 코끼리를 사냥한 것으로 추정합니다. 석기를 발견한 지역의 이름을 따서 이 석기를 '아슐리안 석기'라고 부릅니다. 초기의 석기는 올두바이에서 발견된 것처럼 필요한 부분만 조금 다듬고 나머지는 그대로 둔 단순한 모양이었습니다. 그러나 아슐리안 석기는 이보다 발전해서 돌의 양쪽 면을 모두 다듬어 더 정교하고 튼튼하게 만들었습니다.

그렇다면 왜 호모 에렉투스는 대칭형이고 날카로운 아슐리안 석기를 만들었을까요? 고고학자는 식생활의 변화에서 이유를 찾습니다. 호모 에렉투스보다 먼저 살았던 호모 하빌리스는 찍개라는 도구를 사용했습니다. 이는 돌 한쪽만 쳐서 만든 것으로 한쪽 면만 날카롭고 나머지 부분은 그대로입니다. 이렇게 간단한 도구로는 큰 동물을 사냥하기 어려워 호모 하빌리스는 작은 동물을 사냥하거나 다른 동물이 먹다 남긴 고기를 먹었던 것으로 보입니다.

반면 호모 에렉투스는 양쪽을 다듬은 석기로 코끼리나 매머드처럼 덩치가 큰 동물을 사냥했습니다. 이런 동물을 해체하고 고기를 자르기 위해서도 날카롭고 정교한 석기가 필요했습니다.

경기도 전곡리에서 발견된 아슐리안 석기
초기 석기와 달리 양쪽 면을 모두 다듬어 더 정교하고 튼튼하게 만들었습니다.

다. 호모 에렉투스는 아슐리안 석기를 이용해 큰 동물을 사냥하고 불에 익혀 먹었습니다. 이와 같이 도구와 불을 사용하는 기술이 발전하면서 인간의 뇌 용량은 더욱 커지게 됐습니다.

1940년대에 미국 고고학자 할람 모비우스Hallam L. Movius는 대칭형으로 날카롭게 만든 아슐리안 석기는 아프리카와 유럽에서만 만들어졌다고 주장했습니다. 아프리카에서 처음 등장한 호모 에렉투스가 유럽과 아시아로 이동했지만 유럽과 아프리카에서 주먹도끼 같은 정교한 석기가 발견된 반면, 동아시아에서는 더 오래된 도구인 찍개가 주로 발견되었기 때문입니다. 이를 근거로 모비우스는 동아시아의 기술이 열등하다고 주장했고 오랫동안 사람들은 그 말을 믿었습니다.

1978년에 우리나라 경기도 전곡리 한탄강에서 주한미군으로

파병 온 그렉 보웬Greg L. Bowen이 특이하게 생긴 돌을 하나 주웠습니다. 대학교에서 고고학을 전공한 그는 돌의 모양이 예사롭지 않다는 사실을 알아차렸습니다. 구석기 시대 전문가인 프랑수아 보르드Freancois Bordes에게 돌의 사진을 보냈고 아슐리안 석기와 동일하다는 답변을 받았습니다. 이후 전곡리에서는 무려 5,000점 이상의 구석기 유물이 발견되며 1981년에 멕시코에서 열린 국제학회에서 공식적으로 인정받았습니다. 전곡리 유물은 약 30만 년 전의 것으로 추정되는데 이 발견 덕분에 모비우스의 가설은 설득력을 잃게 됐습니다.

　　　　　일본에는 '신의 손'이라는 별명으로 불린 아마추어 고고학자가 있었습니다. 독학으로 고고학을 공부하며 혼자 유물을 찾아다닌 후지무라 신이치藤村新一입니다. 그는 1981년 일본 혼슈에 있는 미야기현 유적지에서 4만 년 전의 유물을 발굴하면서 유명해졌습니다. 당시 일본에서 가장 오래된 유물이 3만 년 전의 것이었기 때문에 그의 발굴은 대단한 업적이었습니다. 이후 후지무라는 60만 년 전에 일본에 인류가 존재했다는 사실을 입증하는 유물을 발굴해 교과서에 실리기도 했습니다.

　　　　　그러나 한 신문사의 제보로 이와 같은 성과가 조작이라는 사실이 밝혀졌습니다. 2000년 11월 5일 마이니치 신문每日新聞 제1면에는 후지무라가 구덩이를 파고 유물을 묻는 사진이 실렸습니다. 정밀 조사 결과 그의 발굴은 일본 구석기 문화의 기원을 우리나라보다 더 오래전으로 만들기 위해 조작된 것이었습니다. 이 사건은 놀랄 만한 발견이라도 객관적인 증거와 반복 검증이 반드시 필요하며 역사 왜곡은 진실을 잃게 만든다는 사실을 잘 보여 줍니다.

정교했던 호모 사피엔스의 도구

호모 네안데르탈렌시스는 호모 에렉투스보다 더 정교한 석기를 만들었습니다. 석기를 만들 때 사용하는 돌을 몸돌이라고 하는데 몸돌을 깨뜨리면 여러 조각이 떨어집니다. 이 중 길쭉한 조각을 돌날이라고 하고 짧고 뭉툭한 조각을 격지라고 합니다. 호모 에렉투스는 돌날을 사용해 도구를 만들었지만 네안데르탈렌시스는 격지를 주로 사용했습니다. 또한 돌을 한 번만 깨지 않고 여러 번에 걸쳐 깨서 두께와 길이를 조절해서 도구에 쓰기 좋은 조각을 골라 나무나 동물 뿔에 고정하고 칼이나 긁개, 찌르개 등의 도구를 만들었습니다. 이와 같이 계획적으로 돌을 다듬는 방식을 '르발루아 기법'이라 부르는데 약 30만~4만 년 전까지 사용됐습니다.

호모 사피엔스와 호모 네안데르탈렌시스는 마지막 빙하기에 공존했습니다. 지질학자에 따르면 마지막 빙하기는 약 11만 년 전에 시작되어 1만 2,000년 전에 끝났습니다. 이 시기에는 지구 전체에 이상기후가 발생해 기온이 급격하게 떨어지며 한파와 폭설이 이어졌습니다. 이와 같이 추운 환경에 호모 네안데르탈렌시스는 꽤 잘 적응했습니다.

이들은 추운 북유럽에 살던 호모 하이델베르겐시스Homo Heidelbergensis 가 진화한 것으로 추정되기 때문입니다.

호모 네안데르탈렌시스는 추위를 견디기 위해 동물의 가죽이나 털을 몸에 두르고 허리에 끈을 맸습니다. 그러나 이런 방식으로는 몸을 완전히 따뜻하게 보호하지는 못해 동상이나 저체온증 같은 문제가 자주 발생했습니다. 반면 호모 사피엔스는 더 효과적인 방법을 찾았습니다. 이들이 사용한 도구는 바로 바늘이었습니다. 프랑스 남서부 오리냐크 동굴에서는 약 2만 8,000년 전의 것으로 추정되는 뼈바늘이 발견됐습니다.

초기 바늘에는 실을 꿰는 구멍인 바늘귀가 없어 학자들은 바

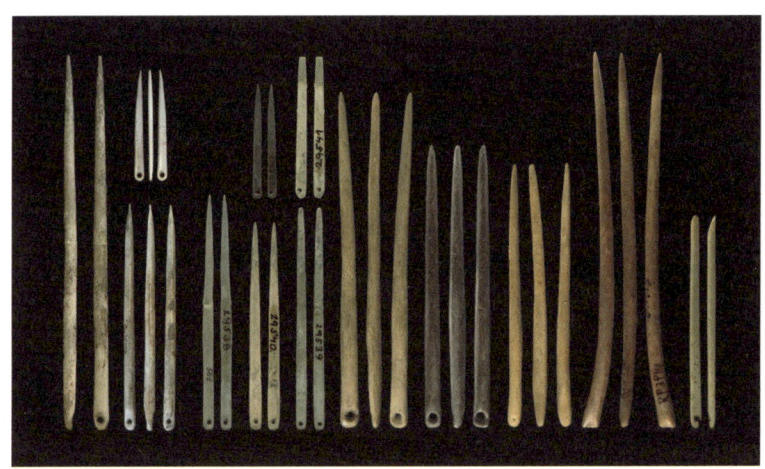

호모 사피엔스가 사용한 뼈바늘
뼈바늘을 사용해 옷을 만들어 입은 호모 사피엔스는 호모 네안데르탈렌시스보다 추위를 잘 견딜 수 있었습니다.

늘로 가죽에 구멍을 뚫거나 끈을 통과시켜 옷을 만들 때 사용한 것으로 생각합니다. 지금까지 발견된 바늘 중 가장 오래된 것인데 호모 사피엔스가 추위에 잘 적응하기 위해 활용했던 대표적인 도구입니다.

시간이 지나면서 호모 사피엔스는 바늘귀를 만드는 기술까지 발전시켰습니다. 바늘귀가 달린 뼈바늘을 이용해 동물 내장이나 식물 줄기 등을 실처럼 꿰어 여러 겹의 동물 가죽으로 몸에 꼭 맞는 옷을 만들었습니다. 단순히 가죽을 덮기만 했던 호모 네안데르탈렌시스보다 훨씬 따뜻하고 실용적인 옷을 입을 수 있었습니다. 이러한 점에서 뼈바늘은 단순히 옷을 만드는 도구가 아니라 생존을 위한 중요한 발명품이었습니다.

호모 사피엔스가 멸종시킨
수많은 대형동물

약 20~25만 년 전에 호모 사피엔스는 아프리카에 처음 등장했습니다. 이미 호모 에렉투스가 약 100만 년 전에 아프리카를 떠나 유럽과 아시아로 이동한 적이 있지만 호모 사피엔스는 훨씬 더 멀리 이동했습니다. 약 7만 년 전부터 호모 사피엔스는 아프리카를 떠나 유럽, 아시아, 오스트레일리아, 뉴기니 같은 지역까지 이동했습니다.

오스트레일리아와 뉴기니에 도착하려면 바다를 건너야 했기 때문에 이들은 나뭇가지로 뗏목을 만들어 사훌 해협을 건넜습니다. 당시는 빙하기로 해수면이 지금보다 낮아 간단한 도구로 바다를 건널 수 있었습니다. 이후 기원전 1만 4,000년경 호모 사피엔스는 얼어붙은 베링 해협을 건너 아메리카로 이동했고 4,000~6,000년이 지나자 남아메리카 끝까지 이동했습니다.

캐나다 앨버타주 에드먼턴은 호모 사피엔스가 베링 해협을 건너 아메리카로 이주하는 관문이었습니다. 이곳에는 넓은 평야가 펼쳐져 있고 코끼리나 말 등과 같은 사냥감도 풍부해서 살기 좋은 환경이었습니다. 호모 사피엔스는 수렵채집을 하며 살았고 인구가 증가하자 다른 지역으로 이동했습니다.

1932년에 미국 뉴멕시코주에서 다양한 석기가 발견됐습니다. 약 1만 년 전에 만들어진 것으로 주로 화살촉이나 날카로운 돌처럼 사냥에 사용된 도구였습니다. 고고학자는 이 유물을 발견한 지역의 이름을 따서 '클로비스 유적'이라고 불렀는데 이는 아메리카에서 발견된 최초의 인류 문화입니다.

당시 북아메리카는 넓은 대평원이 있었습니다. 마지막 빙하기가 끝나고 풀이 자라기 시작했고 그 풀을 먹는 들소나 매머드 같은 큰 동물도 살았습니다. 이런 대형동물은 호모 사피엔스에게 매우 귀중한 식량이었습니다. 한 마리만 잡아도 많은 사람이 나눠 먹을 수 있었기 때문입니다. 그들은 더 효과적으로 사냥하기 위해 돌로 날카로운 찌르개를 만들고 긴 나무 막대기에 붙여 창을 만들었습니다. 이런 창은 가까이 다가가지 않고도 멀리 있는 동물에게 던질 수 있어 매우 유용했습니다.

나아가 더 나은 사냥을 위해 아틀라틀을 발명했습니다. 아틀라틀은 창을 멀리 던지기 위한 도구입니다. 주로 사슴 뼈나 동물의 긴 다리뼈로 만드는데 길이는 약 30cm~1m 정도였습니다. 이 도구의 가운데에는 날카로운 돌창을 끼울 수 있는 홈이 있고, 한쪽 끝에는 손잡이, 다른 쪽 끝에는 창이 빠지지 않도록 막아 주는 돌기가 있습니다. 아틀라틀로 창을 던지면 시속 150km로 약 150m까지 날아갈 수 있습니다. 한 번 맞으면 매우 치명적이어서 매머드처럼 큰 동물을 사냥할 때 활용도가 높았습니다.

클로비스 유적지에는 아틀라틀 외에도 화살촉이 발견됐습니다. 화살촉은 서부의 대평원뿐만 아니라 버지니아주, 메릴랜드주처럼 동쪽 지역에서 발견됐습니다. 이를 통해 호모 사피엔스가 서쪽에서 동쪽으로 이동하면서 정교한 석기를 퍼뜨렸다는 사실을 알 수 있습니다. 지역마다 화살촉의 모양은 조금씩 달랐습니다. 원래 시베리아에서 화살촉은 동물 뼈에 홈을 파서 그 안에 돌조각을 끼워 넣는 구조였습니다. 그러나 버지니아주에서 발견된 화살촉은 돌 양쪽에 홈을 파서 나무 막대기를 끼우는 방식이었습니다. 이렇게 만든 화살촉은 동물의 몸을 더 깊이 찌를 수 있어 사냥 효율성이 높았습니다.

아메리카로 이주한 호모 사피엔스가 정교한 도구로 사냥하면서 아메리카 생태계에 큰 변화가 생겼습니다. 가장 큰 변화는 대형동물의 멸종이었습니다. 수만 년 전 미국 서쪽 지역은 지금과 많이 달랐습니다. 당시 그곳은 아프리카처럼 넓은 초원이 있고 코끼리나 사자, 말, 치타, 나무늘보, 산양 등 다양한 대형동물이 살고 있었습니다. 그러나 호모 사피엔스가 이 지역에 도착한 지 100~200년이 채 되지 않아 그랜드 캐니언에 살던 나무늘보와 산양은 완전히 사라졌습니다. 이들이 멸종한 시기와 호모 사피엔스가 이 지역에 도착한 시기가 일치하기 때문에 학자들은 그들의 사냥이 멸종의 원인이라고 생각합니다.

콜롬비아 매머드, 자이언트 땅나무늘보, 검치호랑이, 자이언트 캥거루, 디프로토돈. 이런 동물은 이제 더는 볼 수 없는 멸종된 동물입니다. 마지막 빙하기가 끝난 후 모두 멸종했습니다. 학자들은 이런 대형동물이 멸종한 이유를 두 가지로 제시합니다. 첫째, 기후변화입니다. 빙하기에 북아메리카와 유라시아 북부에는 넓은 초원이 있었는데 빙하기가 끝나고 날씨가 따뜻해지자 초원은 숲이나 사막으로 변했습니다. 그 결과 대형동물이 살 곳이 줄면서 멸종했습니다.

그러나 이와 같은 설명에 의문을 제기하는 학자도 있습니다. 지난 100만 년 동안 빙하기는 여러 차례 있었고 초원이 숲으로 바뀌는 것은 흔한 현상이었기 때문입니다. 더욱이 매머드 말고 다른 환경에 살던 대형동물도 같은 시기에 멸종했습니다. 숲이나 습지에 살던 동물도 말이죠. 기후가 따뜻해져서 먹이가 더 많아졌는데도 멸종한 것입니다. 그래서 많은 학자는 기후변화만으로는 설명이 부족하다고 생각합니다.

이들이 생각하는 가장 큰 이유는 호모 사피엔스의 사냥입니다. 호모 사피엔스는 세계 여러 지역으로 퍼지면서 아틀라틀이나 화살촉 같은 정교한 도구를 만들어 효율적으로 빠르게 사냥할 수 있었습니다. 결국 대형동물이 멸종에 이를 정도로 남획한 것입니다. 매머드와 다른 대형동물은 살 곳과 충분한 먹이에도 불구하고 호모 사피엔스의 과도한 사냥 때문에 멸종했습니다.

사실 인간 때문에 사라진 동물은 수없이 많습니다. 지금은 어디에서도 볼 수 없는 특별한 새가 있었습니다. 바로 도도새입니다. 도도새는 인도양 남서쪽에 있는 모리셔스섬에만 살던 새였습니다. 비둘기과의 새였지만 몸집은 칠면조보다 크고 청회색 깃털과 검은 부리를 가졌습니다. 그러나 날개가 매우 작아 날 수 없었는데 날 필요가 없었습니다. 섬에는 도도새를 공격하는 천적이 없었기 때문입니다. 도도새는 나무에서 떨어진 과일을 먹고 땅 위에 둥지를 만들어 평화롭게 살았습니다.

그런데 1505년에 포르투갈 사람들이 향신료 무역을 위해 이 섬에 도착하면서 도도새의 운명이 바뀌었습니다. 당시 포르투갈은 인도양의 향신료에 관심이 많았고 모리셔스섬은 교역 중간 지점이 됐습니다. 포르투갈 사람들은 날지도 못하고 사람을 무서워하지 않는 이 새를 쉽게 잡을 수 있었습니다. 그래서 이 새를 포르투갈어로 어리석다는 뜻을 가진 '도도dodo'라고 불렀습니다.

도도새는 모리셔스섬에 도착한 유럽인에게 좋은 식량이었습니다. 당시 네덜란드는 이 섬을 죄수 유배지로 사용했는데 죄수뿐만 아니라 돼지나 쥐, 원숭이 등도 함께 데려왔습니다. 이전까지 도도새는 천적이 없어 평화롭게 살았지만 돼지나 원숭이 등이 도도새의 알을 먹어 치우면서 도도새의 수는 점점 줄기 시작했습니다. 결국 17세기에 모리셔스섬에서 도도새는 완전히 멸종했습니다. 영국 작가 루이스 캐럴의 동화책 『이상한 나라의 앨리스』에는 앨리스에게 코커스 경주를 알려 주는 도도새가 나옵니다. 이제 우리는 도도새를 책 속 캐릭터로만 기억할 뿐입니다.

도도새
향신료 무역을 목적으로 모리셔스섬에 도착한 포르투갈 사람들이 도도새를 잡기 시작하면서 멸종하게 됐습니다.

호모 사피엔스는 아프리카를 떠나 여러 지역으로 이동하면서 서로 다른 환경에 적응해 살기 시작했습니다. 그 결과 약 1만 년 전부터는 지구의 거의 모든 곳에서 사람이 살기 시작했습니다. 새로운 환경에서 살아남기 위해 호모 사피엔스는 더 정교하고 날카로운 도구를 만들었고 새로운 기술 덕분에 대형동물도 사냥할 수 있었습니다.

그러나 이와 같은 도구나 기술이 좋은 점만 있었던 것은 아닙니다. 호모 사피엔스가 살아남기 위해 많은 동물을 멸종시켰기 때문입니다. 인간의 등장 이전까지 수많은 생물종은 자연환경의 변화에 따라 진화하면서 오랫동안 살아남았습니다. 그러나 인간의 등장 이후 짧은 시간 동안 많은 종이 멸종했습니다. 오늘날 우리는 이제 여섯 번째 대멸종에 직면해 있습니다. 인간만이 아니라 모든 생명체가 함께 공존할 수 있는 방법을 찾아야 합니다.

인류가 만든
최초의 예술 작품

    1913년 2월 17일, 미국 뉴욕에서 국제 현대미술 전시회가 열렸습니다. 전시회는 렉싱턴가에 있는 무기고에서 열렸기 때문에 사람들은 이 전시회를 '아모리쇼Armory Show'라고 부릅니다. 당시 미국은 산업이 발전하고 도시가 커졌지만 예술은 여전히 전통 방식에 머물러 있었습니다. 그래서 전시회의 목적은 미국 화가와 조각가가 전통 예술에서 벗어나 현대 사회의 모습을 반영한 새로운 예술을 할 수 있도록 돕는 것이었습니다.

    이를 위해 유럽에서 온 모더니즘 작품도 함께 전시했습니다. 그런데 예상과 달리 관람객은 미국 작품보다 유럽의 모더니즘 작품에 큰 관심을 보였습니다. 새롭고 실험적인 예술 스타일이 충격과 인상을 주었기 때문입니다. 당시 큰 화제가 된 작품은 마르셀 뒤샹의 《계단을 내려오는 누드》였습니다. 계단을 내려오는 사람을 그린 것이지만 전혀 사람처럼 보이지 않고 오히려 연속 사진처럼 한 사람이 움직이는 과정을 여러 동작으로 나누어 그린 듯 보입니다. 기존의 표현 방식과 형태를 완전히 깨뜨린 작품이었습니다.

    강한 원색을 사용해 그림을 주로 그리던 앙리 마티스의 그림도 전시됐습니다. 당시 미국 예술 비평가는 그의 그림을 유치하다고 비판했습니다. 그러나 이러한 반응에도 불구하고 아모리쇼는 미국에 전통을 깬 새로운 모더니즘 예술을 소개하는 중요한 계기가 됐습니다. 이 전

마르셀 뒤샹, 《계단을 내려오는 누드》, 1912년.

시를 통해 많은 예술가와 대중이 새로운 표현 방법, 새로운 주제, 강렬한 색채의 세계를 경험할 수 있었고 결국 미국 미술의 발전에 큰 영향을 줬습니다.

미술을 비롯한 모든 예술은 단순히 그림을 그리고 조각을 만드는 것을 넘어서 한 사회의 문화가 형성되고 바뀌며 발전하는 것에 영향을 주는 중요한 요소입니다. 그렇다면 인류의 역사 속에서 예술은 어떻게 시작됐을까요? 여러 학자는 가장 오래된 예술 작품이 호모 네안데르탈렌시스가 살았던 시기에 만들어졌다고 보고 있습니다.

중동에 있는 시리아의 남서쪽에 골란고원이라는 구릉지대가 있습니다. 골란고원의 북동쪽에는 람 호수가 있는데 과거에 화산 활동이 활발해서 지금도 현무암이 많이 발견됩니다. 1981년에 이 람 호수 근처에서 작은 조각상 하나가 발견됐습니다. 과학자가 조각상의 나이를 추정한 결과 약 23만 년 전에 만들어진 것이었습니다. 여인의 모습처럼 보인 이 현무암 조각상은 '베레카트 람의 비너스Venus of Berekhat Ram'라는 이름으로 불렸습니다.

그러나 조각상을 둘러싸고 학자 사이에 논쟁이 일어났습니다. 호모 네안데르탈렌시스가 만든 것인지 아니면 자연적인 풍화작용으로 만들어진 것인지 분명하지 않기 때문입니다. 아직 그 진실은 밝혀지지 않았지만 인류 초기 예술의 흔적일 수 있다는 점에서 이 조각상은 매우 의미가 있습니다.

이후 아프리카 북서부에 있는 모로코에서도 이와 비슷한 조각상이 발견됐습니다. 모로코에는 드라아강이라는 긴 강이 있는데 길이가 무려 1,100m나 됩니다. 이 강 근처에 있는 탄탄이라는 작은 마을에서 조각상이 발견되었고 '탄탄의 비너스Venus of Tan-Tan'라는 이름이 붙었습니다. 베레카트 람의 비너스처럼 사람의 형상을 닮은 모습의 조각상이 발견된 지층에는 기원전 70만~23만 년 전의 퇴적물이 함께 있었습니다. 그래서 고고학자는 이 조각상이 최소 23만 년 전에 만들어진 것으로 추정합니다. 베레카트 람의 비너스와 비슷한 시기에 만들어진 것입니다.

탄탄의 비너스는 길이가 약 6cm 정도 되는 매우 작은 조각상입니다. 표면의 일부분은 붉은색을 띠고 있는데 분석한 결과 망간이나 철 등의 성분이 포함되어 있습니다. 또한 고대에 사용하던 오커라는 붉은 안료가 칠해져 있었습니다. 오커는 철과 산소가 결합한 물질로서 과거에 사람들이 그림을 그리거나 물건을 꾸밀 때 사용한 색소입니다. 이를 바탕으로 고고학자는 조각상이 자연적으로 만들어진 것이 아니라 사람이 만든 것이라고 판단합니다. 만약 이 주장이 맞다면 탄탄의 비너스나 베레카트 람의 비너스는 인류 역사상 가장 오래된 조각상입니다. 이 조각을 만든 사람들은 당시 아프로-유라시아에 살고 있던 호모 네안데르탈렌시스입니다. 이들은 인류 최초로 예술 작품을 만든 것입니다.

탄탄의 비너스
최소 23만 년 전에 호모 네안데르탈렌시스가 만든 여인상으로 인류 최초의 예술 작품으로 여겨집니다.

    일부 학자는 베레카트 람의 비너스나 탄탄의 비너스처럼 고대 여인상에 비너스라는 이름을 붙이는 것을 반대합니다. 비너스는 로마 신화에 등장하는 미와 사랑의 여신인데 아프리카나 서남아시아에서 발견된 조각상에 이 이름을 붙이는 것은 유럽의 문화나 종교, 신화를 무의식적으로 받아들이는 것이기 때문입니다. 조각상의 원래 의미나 그 지역 문화를 무시하고 유럽 중심의 시각으로 해석할 위험이 있다는 것입니다. 20세기 말부터 역사학계에서는 유럽 중심의 해석 방식에 비판을 제시하고 다양한 지역의 역사와 문화를 균형 잡힌 시각으로 바라보려는 연구 경향이 강해졌는데, 이런 흐름 속에서 오늘날에는 비너스 대신 여인상이라는 중립적 이름을 사용하는 것이 적절하다는 의견이 많습니다. 보다 공정하고 객관적인 시각에서 인류 역사를 바라보려는 노력의 일환입니다.

사후 세계에 대한
믿음의 시작

미라는 죽은 사람이나 동물이 썩지 않도록 특별한 처리를 해 원래 상태에 가까운 모습으로 남아 있는 시신입니다. 많은 사람이 이집트에서만 미라를 만든다고 알고 있지만 사실 여러 지역에서 미라를 만들었습니다. 다만 이집트가 가장 먼저 체계적으로 미라를 만들었기 때문에 자연스럽게 미라를 이집트 문명의 대표적인 특징으로 생각하게 된 것입니다. 이집트는 기후가 매우 건조해서 시신을 천으로 싸서 땅에 묻기만 해도 자연스럽게 잘 보존됩니다. 이런 자연적인 보존 과정을 반복하면서 사람들은 시신이 다시 살아날 수 있다는 믿음을 가졌고 이는 점차 종교적인 신념으로 발전했습니다.

그렇다면 시신을 땅을 묻고 다시 살아날 것이라는 믿음은 언제 시작됐을까요? 역사학에 따르면 이런 믿음과 함께 시신을 매장한 최초의 인류는 호모 네안데르탈렌시스입니다. 이들은 죽음에 특별한 의미를 부여하고 죽은 사람을 매장하면 다른 세계에서 부활할 것이라고 믿었던 듯합니다.

1951년에 고고학자들은 이라크 북부 자그로스산맥 서쪽에 있는 샤니다르 동굴을 조사하다가 중요한 유적을 발견했습니다. 동굴에서 4개의 퇴적층이 확인되었는데 여기에서 두개골을 비롯한 여러 가지 화석이 나왔습니다. 방사성탄소를 이용해 유골의 연대를 측정한 결과 약 4만 7,000년 전에 살았던 호모 네안데르탈렌시스의 것이었습니다.

그런데 흥미로운 것이 더 발견됐습니다. 바로 시신 근처 흙에서 꽃가루가 발견된 것입니다. 과학자들이 꽃가루를 분석한 결과 당시 봄에 피던 여러 종류의 꽃에서 나온 가루였습니다. 이는 네안데르탈렌시스가 단순히 시신을 묻는 것에 그치지 않고 죽은 이를 위해 꽃을 바치는 풍습이 있었다는 것을 보여 줍니다. 다시 말해 죽음을 슬퍼하고 기리는 감정, 누군가를 애도하는 의식을 가지고 있었다는 것입니다.

시신을 물건과 함께 묻는 풍습은 샤니다르 동굴 외 다른 지역에서도 발견됩니다. 프랑스 무스티에 동굴에서는 10대로 추정되는 유골이 발견되었는데 주변에서 여러 가지 종류의 도구나 소의 뼈가 함께 나왔습니다. 고고학자는 이 유골을 약 5만 년 전의 것으로 추정합니다. 중앙아시아 우즈베키스탄의 테쉭 타쉬에서도 호모 네안데르탈렌시스의 유골이 발견되었는데 염소의 뼈로 둘러싸여 있었습니다. 알프스산맥 근처의 여러 동굴에서는 네안데르탈렌시스의 유골과 곰의 두개골이 나란히 묻혀 있기도 했습니다.

이와 같은 사례는 단순히 시신만 묻는 것이 아니라 도구나 동물의 뼈를 같이 매장했음을 보여 줍니다. 무엇을 묻었는지는 지역이나 시기에 따라 다르지만 아프로—유라시아 지역에 살던 호모 네안데르탈렌시스가 공통적인 풍습을 가졌다는 점은 매우 흥미롭습니다. 이와 같은 부장품은 당시 사람들이 사후 세계를 믿고 시신에 무언가를 남기는 의식을 중요하게 여겼다는 증거입니다.

그래서 일부 역사학자는 호모 네안데르탈렌시스가 사후 세계에 대한 믿음을 가졌을 것이라고 생각합니다. 사실 사후 세계에 대한 믿음은 오랫동안 존재해 왔고 오늘날에도 여전히 많은 사람 사이에서 논쟁거리입니다. 최근 사후 세계는 실제로 존재하는 것이 아니라 뇌가 만드는 환각이라는 과학적 주장도 제기됐습니다. 심장이 일시적으로 멈추었던 사람이 사후 세계에 다녀왔다고 말하는데, 이는 뇌가 완전히 죽지 않았기 때문에 생기는 환각이라고 설명합니다. 환자가 본 것은 실제 영적인 세계가 아닌 뇌가 만든 이미지라는 것입니다. 그래서 많은 의사나 과학자는 사후 세계가 과학적으로 존재하지 않는다고 주장합니다.

그러나 인류는 오래전부터 사후 세계를 믿었습니다. 호모 네안데르탈렌시스는 죽은 이가 좋은 곳으로 가기를 바라는 마음으로 시신을 매장하고 부장품을 함께 묻었습니다. 이러한 풍습은 사후 세계에 대한 믿음이 어디에서 시작되었는지 보여 주는 중요한 흔적입니다. 호모 사피엔스는 사후 세계에 대한 믿음을 더 추상적인 믿음과 의식으로 발전시켰습니다. 바로 죽은 사람을 기리는 제사입니다. 죽은 이를 다시 만날 수는 없지만 제사를 통해 그들과 마음을 나누고 기억하는 방법을 만든 것입니다.

농경이 시작된 이후 제사의 의미는 더욱 커졌습니다. 사람들은 농작물과 생명이 자연의 힘, 더 나아가 신의 뜻에 따라 움직인다고 믿기 시작했기 때문입니다. 그래서 죽은 사람뿐만 아니라 생명을 주는 신에게도 제사를 지냈습니다. 이와 같은 변화 속에서 제사와 사후 세계에 대한 믿음은 종교로 발전하기 시작했습니다.

수렵채집 시작의 구성 요소, 골디락스 조건 그리고 새로운 복잡성

2001년에 아프리카 케냐 투겐 언덕에서 매우 중요한 인류 화석이 발견됐습니다. 이 지역은 오래전 화산 활동으로 생긴 지형으로 화산이 폭발하면서 땅속의 마그마가 흘러나와 용암으로 만들어졌습니다. 화산 지형은 형성 시기를 파악하기 쉬워 이곳에서 발견된 화석도 연대를 정확하게 추정할 수 있습니다.

방사성탄소 연대측정법을 통해 이 화석은 약 600만 년 전의 것으로 밝혀졌습니다. 사헬란트로푸스 차덴시스를 제외하면 가장 오래된 인류 화석입니다. 영장류와 인류의 공통조상에서 인류가 분화된 시점의 화석이죠. 그래서 많은 과학자는 이 화석이 인간과 영장류의 공통조상에 매우 가까운 존재일 것이라고 생각합니다. 화석에 '오로린 투게넨시스Orrorin Tugenensis'라는 이름을 붙였는데 '최초의 인간'이라는 뜻입니다.

오로린 투게넨시스 이후 인류의 조상으로 보이는 다양한 종이 등장했다가 사라지는 현상이 반복됐습니다. 시간이 흐르면서 이런 종의 두뇌 용량은 점점 커졌습니다. 직립보행을 했던 루시의 두뇌 용량은 500cc였지만 이후 등장한 호모 하빌리스는 약 600cc로 좀 더 큰 두뇌를 가지고 있었고 간단한 도구를 사용했습니다. 그다음에 등장한 호모 에렉투스는 불을 사용해 더 많은 에너지를 섭취했고 그 결과 두뇌 용량이 약 1,200cc로 급격하게 증가했습니다. 현생인류인 호모 사피엔스나 동시대에 살았던 호모 네안데르탈렌시스의 두뇌 용량은 약 1,400~1,700cc로 우리와 비슷하거나 좀 더 컸던 것으로 알려져 있습니다. 이러한 점에서 두뇌 용량의 증가는 인류 진화의 중요한 구성 요소입니다.

두뇌 용량이 커지면서 인간에게는 큰 변화가 생겼습니다. 직립보행을 하면서 두 손이 자유로워지자 그 손을 이용해 도구를 만들기 시작했습니다. 시간이 지나면서 더 정교하고 날카로워진 도구를 이용해 먹을 것을 구하며 생존했습니다. 도구를 만들 때 가장 흔하게 사용한 재료는 돌입니다. 돌은 구하기 쉽고 단단했으므로 여러 가지 용도로 쓰이기에 적합했습니다. 현재까지 발견된 가장 오래된 석기는 기원전 330만 년 전의 것으로 인류가 아주 오래전부터 도구를 만들어 사용했다는 사실을 잘 보여 줍니다.

아주 오랫동안 인간은 돌을 깨서 만든 뗀석기를 사용했습니다. 뗀석기는 가장 기본적인 도구로서 들고 다니며 동물을 사냥하고 가죽을 벗기고 땅을 파서 식물을 캐는 데 사용했습니다. 시간이 지나면서 돌을 더 효과적으로 활용하는 방법을 알게 됐습니다. 날카로운 돌조각을 자루에 붙여 창이나 화살을 만들어 사냥에 사용했습니다. 이제 돌을 깨는 것을 넘어 돌을 갈아서 도끼나 낫처럼 정교하고 다양한 도구를 만들기 시작했습니다. 이와 같은 도구의 발전은 인간의 두뇌가 커지고 복잡한 생각을 할 수 있게 된 결과입니다.

그래서 학자들은 400만 년 동안 이어진 수렵채집 시대의 핵심 요소를 다음 두 가지로 언급합니다. 한 가지는 두뇌 용량의 증가이고, 다른 한 가지는 도구 제작 기술의 발달입니다. 이 두 가지는 인간이 살아가는 방식에 큰 영향을 미쳤습니다.

인간이 도구를 만들기 시작한 것은 단순히 기술의 발전 때문만은 아닙니다. 그것은 골디락스 조건과 만나 더 큰 영향을 미쳤습니다. 이 시기는 기온이 떨어졌다가 다시 따뜻해지는 빙하기와 간빙기가 반복되는 시기였습니다. 이와 같은 변화로 따뜻한 지역에서 살던 동물이 줄어들고 빙하가 생기고 녹는 과정이 반복되면서 지형과 생태계에도 큰 변화가 생겼습니다.

이와 같이 살기 힘든 환경 속에서 인간은 살아남기 위해 도구를 만들기 시작한 것입니다. 호모 네안데르탈렌시스와 호모 사피엔스 모두 다양한 도구를 만들어 변화에 적응하려 노력했습니다. 그러나 시간이 지나면서 더 실용적이고 합리적인 도구를 만든 호모 사피엔스가 살아남아 결국 오늘날 우리의 조상이 됐습니다.

일곱 번째 임계국면,
수렵채집의 시작

수렵채집 시대는 인류 역사에서 가장 오랫동안 이어진 시기입니다. 그래서 과거에 많은 역사학자는 이 시대에 크게 달라진 것이 없다고 생각했습니다. 그러나 이 시기는 엄청난 자연환경의 변화와 함께한 시기였습니다. 두꺼운 빙하가 지구를 덮었던 플라이스토세와 오늘날처럼 기온이 안정된 홀로세가 이어지는 시기였습니다. 이런 변화 속에서 호모 사피엔스는 살아남기 위해 끊임없이 노력했고 주변 환경에서 식량을 얻기 위해 다양한 도구를 만들었습니다. 덕분에 단순한 도구에서 점점 발전된 도구가 등장했습니다. 그래서 일부 학자는 수렵채집 시대에도 중요한 변화가 있었다고 생각합니다.

시대마다 사람들이 만든 도구의 형태는 조금씩 달랐습니다. 찍개나 주먹도끼, 골각기, 돌칼 등이 대표적인 도구였습니다. 당시 사람들은 생존을 위한 도구만 만든 것이 아니라 장식품이나 작은 조각상도 만들었고, 죽은 사람을 묻을 때 함께 넣는 부장품도 만들었습니다. 이미 죽음에 대한 생각과 감정이 등장했음을 알 수 있습니다. 또한 동굴벽화로 자신의 모습을 남기거나 무언가를 기원하고 소망하는 마음을 표현하기도 했습니다. 오늘날과 비교하면 단순하지만 당시에도 문화와 감정 표현이 존재했다는 점은 매우 중요합니다.

이 시기에 인간은 자연과 함께 살아가는 삶을 오랜 시간 유지했습니다. 무리를 지어 여러 지역을 옮겨 다니며 필요한 만큼 사냥하고 채집했습니다. 이를 통해 자연 속 다른 생물과 균형을 이루면서 살아갔습니다. 인간이 자연을 지배하지 않고 함께 조화를 이루며 살았던 수렵채집 시대는 빅히스토리라는 큰 역사의 흐름에서 일곱 번째 임계국면입니다. 이 시기는 인간과 자연이 서로 공존하던 시기로서 인류 역사의 방향을 결정지은 중요한 변화의 순간이었습니다.

**핵심
요약**

인류는 오랜 기간 수렵채집을 통해 자연에서 살아갔으며, 이 시기에 도구와 예술이 발전했습니다. 동굴벽화나 조각상은 감정 표현과 주술적 의미를 담고 있었고, 사후 세계에 대한 믿음은 매장 풍습으로 드러났습니다. 호모 사피엔스는 정교한 도구와 협력적 사냥으로 대형동물 멸종에도 영향을 끼쳤습니다. 이러한 변화는 두뇌 발달과 생존 전략의 진화로 이어지며 자연과의 공존 속에서 문화를 비롯한 복잡성을 일으켰습니다. 이 모든 흐름은 일곱 번째 임계국면으로 인류 역사에서 매우 중요한 전환점입니다.

제 8 장

자연을 길들이고 사회를 분화한 농경

ORIGIN STORY

8장.
자연을 길들이고 사회를 분화한 농경

KEYWORD

- **농경** : 인간이 식량을 얻기 위해 동식물을 스스로 기르고 재배하기 시작한 현상으로 정착 생활과 잉여생산물, 사회 분화의 시작이 됐습니다.

- **잉여생산물** : 농경으로 인해 필요 이상으로 생산된 식량이나 자원이 발생하여 사회 분화와 권력 형성의 계기가 됐습니다.

- **사회 분화** : 농업에 종사하지 않는 성직자, 군인, 장인, 관리 등 다양한 직업과 계층이 등장하면서 공동체 내부의 역할이 다양해졌습니다.

- **도시와 국가의 탄생** : 농경과 잉여생산물을 기반으로 공동체가 확대되어 지배 계층과 행정 체계를 갖춘 조직화된 사회 구조가 생겼습니다.

- **전염병의 확산** : 정착 생활과 가축화로 사람과 동물이 가까이 생활하면서 감염병이 발생하고 확산되기 시작했습니다.

신에게 배운
농경

『삼국유사』에는 우리나라 건국 신화가 전해집니다. 하늘의 신 아들 환웅은 인간 세상을 돕고 싶어 아버지의 허락을 받고 땅으로 내려왔습니다. 아버지는 그에게 '천부인天符印'이라는 세 가지 신기한 물건을 주었는데 방울과 검, 거울이었습니다. 이는 하늘의 권한과 힘을 상징하는 물건입니다. 환웅은 3,000명의 신하를 데리고 지금의 태백산 근처 신단수가 있는 곳으로 내려와 그곳을 '신시神市'라고 불렀습니다. 신의 도시라는 의미입니다.

함께 내려온 신 중에는 바람을 다스리는 풍백風伯, 비를 맡은 우사雨師, 구름을 관리하는 운사雲師도 있었습니다. 환웅과 신은 사람의 삶과 관련된 여러 가지 일을 맡아 다스렸는데 농사짓기나 병 치료, 처벌 등이었습니다. 이를 통해 당시 사람들이 농사를 중심으로 살아가는 농경 사회를 이루고 있었음을 알 수 있습니다.

크로노스는 그리스 신화에 등장하는 농경의 신입니다. 대지의 여신 가이아와 하늘의 신 우라노스 사이에서 태어난 티탄족 중 하나였습니다. 우라노스는 가이아가 낳은 자식 중 외눈박이 괴물인 퀴클롭스와 머리가 50개이고 팔이 100개인 헤카톤케레이스를 매우 싫어했습니다. 그래서 이들을 깊은 지하 감옥인 타르타로스에 가뒀습니다.

이에 매우 화가 난 가이아는 자식들에게 도움을 요청했습니다. 그때 유일하게 그녀를 도운 자식이 바로 크로노스였습니다. 그는 곡식을 베는 낫을 들고 아버지를 쓰러뜨렸습니다. 그러나 그 역시 감옥에 갇힌 형제를 풀어 주지 않았습니다. 이에 매우 실망한 가이아는 그에게 언젠가 자식이 그를 몰아낼 것이라고 저주했습니다. 이후 실제로 크로노스의 아들 제우스가 그를 물리치고 새로운 왕이 됐습니다. 이 전쟁으로 크로노스를 비롯한 티탄족은 쫓겨났습니다.

크로노스 이후 농경을 담당한 신은 데메테르Demeter였습니다. 데메테르는 땅과 곡식을 다스리는 여신으로 사람들이 살기 위해 꼭 필요한 존재였습니다. 그녀는 사랑하는 딸 페르세포네Persephone와 지내고 있었는데 저승의 신 하데스가 그녀를 납치해서 데려가 버렸습니다. 이에 충격을 받은 데메테르는 모든 일을 멈추고 신에게도 협조하지 않았습니다.

그 결과 모든 식물과 곡식이 자라지 않게 되었고 사람들은 굶주리기 시작했습니다. 인간 세계가 망가지면서 신들조차 위기에 직면했습니다. 딸을 찾아 떠돌던 데메테르는 엘레우시스라는 작은 도시에 도착했는데 자신을 정성껏 맞이해 주는 모습에 감동을

에블린 드 모건, 《페르세포네를 잃고 비탄에 빠진 데메테르》, 1906년.

받아 그 도시를 지켜 주겠다고 약속했습니다. 그리고 감사의 표시로 밀 농사를 짓는 법을 가르쳐 주고 다른 지역에 전파하도록 했습니다.

중국에서는 신농神農이라는 농경의 신이 존재합니다. 신농은 중국 고대의 위대한 인물 세 명인 삼황三皇 중 한 명인데 나머지는 태호복희太昊伏羲와 황제헌원黃帝軒轅입니다. 신농은 사람 몸에 소의 모습을 가졌는데 한족에게 농사짓는 법을 알려 주고 식물이 이로운지 해로운지 직접 맛보며 약초의 효능도 알려 줬습니다. 이 과정에서 수많은 약초와 식물에 대한 『신농본초경』을 집필했는데 이 책은 중국 최초의 농업과 약초 관련 문헌입니다.

또한 신농은 소와 말을 길들이는 법과 쟁기나 마차 같은 농기구를 만드는 기술도 전했습니다. 그래서 단순히 농경만 가르친 것이 아니라 인간의 생활 방식 전반을 발전시킨 매우 중요한 인물로 여겨집니다. 중국 문화의 영향을 받은 우리나라도 신농에게 제사를 지냅니다. 고구려 시대부터 신농에게 제사를 지냈고, 조선 시대에는 '선농단先農壇'이라는 공간을 따로 만들어 매년 임금이 직접 밭을 갈고 제사를 지냈습니다. 농경이 우리에게 얼마나 중요했는지 잘 보여 주는 예입니다.

아즈텍 신화에도 특별한 신이 등장합니다. 바로 케찰코아틀 Quetzalcoatl입니다. 깃털 달린 뱀처럼 생겼는데 마야 제국을 비롯해 중앙아메리카의 여러 지역에서 널리 숭배된 신입니다. 그가 옥수수 씨앗을 찾아 인간에게 나누어 준 이야기는 매우 유명합니다. 옥수수는 이 지역 사람들에게 가장 중요한 식량입니다. 그런데 산속 깊은 곳에 숨겨져 있어 케찰코아틀은 개미로 변신해서 옥수수를 찾았습니다. 씨앗만 나누어 준 것이 아니라 옥수수를 키우는 법, 옷감을 만드는 법, 불을 피우는 법 등 농경과 생활 지식을 함께 가르쳐 줬습니다. 여러 신 중 인간을 가장 많이 돕고 사랑한 신이었던 셈입니다.

최초로 길들인
야생동물과 야생식물

요즘 우리나라에서 반려동물을 키우는 비율이 28%를 넘는다고 합니다. 한 조사 결과에 따르면 5,000명 중 1,400명 이상이 반려동물을 키운다고 응답했습니다. 반려동물이란 단순히 기르는 동물이 아니라 사람과 함께 살아가는 동물을 의미합니다. 강아지나 고양이, 금붕어, 토끼, 햄스터 등입니다. 사람들이 반려동물을 키우는 이유는 다양합니다. 단순히 동물을 좋아해서, 외로움을 달래기 위해, 친구나 가족 같은 존재를 만들기 위해서 등입니다. 전문가들은 반려동물을 키우면 책임감이 커지고 외로움이 줄어들며 삶에 대한 만족감도 높아진다고 합니다.

그중 개는 가장 대표적인 반려동물입니다. 많은 사람이 개를 말을 잘 듣고 충성심이 강한 동물이라고 생각합니다. 실제로 사람에게 충성을 다한 개에 대한 이야기를 여러 곳에서 찾아볼 수 있습니다.

전라북도 임실군 오수면에는 '의견비義犬碑'가 세워져 있습니다. 의로운 개를 기리기 위해 만든 비석입니다. 오래전 김개인金蓋仁이라는 사람이 친구와 술을 마시고 집으로 돌아가던 중 잔디밭에 누워 잠이 들었습니다. 그런데 근처에서 불이 나서 그가 자고 있던 곳까지 불길이 번지게 됐습니다. 당시 그가 데리고 다니는 개가 그를 구하기 위해 냇가로 달려가 자기 몸에 물을 적셔 불을 끄려 했습니다. 그러나 개는 불길에 휩싸여 목숨을 잃고 맙니다.

뒤늦게 잠에서 깬 김개인은 슬퍼하며 개를 위한 무덤을 만들고 들고 다니던 지팡이를 꽂아 뒀습니다. 그런데 시간이 지나 그 지팡이에서 싹이 나고 커다란 나무가 자랐습니다. 그래서 사람들은 이 나무를 의로운 개의 나무라는 뜻에서 '오수獒樹'라고 불렀고 개의 충성심을 기리기 위해 의견비를 세웠습니다.

개와 인간의 우정을 그린 이야기도 있습니다. 벨기에의 한 마을에 소년과 할아버지가 살고 있었습니다. 어느 날 할아버지는 버려진 개 한 마리를 데리고 왔고 소년은 개를 정성껏 돌봐 줬습니다. 둘은 좋은 친구가 됐죠. 소년은 할아버지를 도와 우유 배달을 했는데 개는 수레를 끌어 주며 소년을 도왔습니다.

마을에는 자기 딸과 친하게 지내는 소년을 싫어하는 지주가 있었습니다. 그래서 마을 사람도 소년에게 차갑게 대했습니다. 이후 할아버지가 돌아가시며 소년도 집에서 쫓겨났습니다. 소년은 평소 자신이 너무 좋아하던 루벤스의 그림이 걸린 성당으로 가서 자신의 유일한 친구인 개와 함께 마지막 순간을 맞이했습니다. 사람과 동물의 깊은 우정과 교감, 친구의 소중함을 그려 낸『플랜더스의 개』의 이야기입니다.

개는 사람과 함께 살아간 동물 중에 가장 먼저 가축화된 동물입니다. 약 1만 년 전에 농경이 시작되던 시기부터 인간과 함께 살았습니다. 원래 개의 조상은 야생 늑대였습니다. 과학자에 따르면 개는 기원전 4만 년경에 늑대에서 분화됐습니다. 당시 늑대 중 일부는 유전적인 변화로 사람을 덜 무서워하고 덜 경계했습니다. 이 늑대들은 먹이를 구하기 위해 사람 근처로 왔고 사람이 버린 음식 찌꺼기를 먹으면서 살았습니다.

당시 사람이 먹고 남긴 찌꺼기에는 곡식이나 전분이 많았습니다. 최근 연구에 따르면 늑대와 개를 비교했을 때 아밀라제의 수가 다르다는 사실이 밝혀졌습니다. 아밀라제는 탄수화물을 소화하는 데 필요한 효소입니다. 사람의 음식을 먹기 시작한 늑대 중 일부는 아밀라제 유전자가 많아져서 탄수화물을 더 잘 소화할 수 있었고 살아남는 데 유리했습니다. 이와 같은 유전적 변화는 세대를 거듭하면서 계속 이어져 결국 늑대는 사람과 잘 지내는 개로 진화하게 된 것입니다.

사람들은 더 많은 생산물을 얻기 위해 동물을 가축으로 길렀습니다. 그러나 아무 동물이나 가축이 될 수 있는 것은 아니었습니다. 동물을 가축으로 삼기 위해서는 몇 가지 조건이 있습니다. 첫째, 사람에게 위험하지 않아야 합니다. 사자나 호랑이, 표범처럼 날카로운 이빨이나 발톱을 가진 맹수는 사람을 공격할 수 있어서 가축으로 삼기 적합하지 않습니다. 둘째, 사람과 식성이 비슷하면 안 됩니다. 만약 사람이 먹는 곡식이나 채소를 동물도 먹는다면 먹을 것을 두고 경쟁하기 때문에 가축으로 기르기 어렵습니다. 셋째, 빨리 자라고 새끼를 빨리 낳을 수 있어야 합니다. 코끼리는 몸집이 크지만 새끼를 낳을 수 있을 정도로 자라려면 10년 이상 걸립니다. 이런 동물은 가축으로 기르기에 비효율적입니다. 그래서 소나 돼지, 닭처럼 위협도 없고, 식성도 다르며, 비교적 빨리 자라는 동물이 가축이 된 것입니다.

양도 가축화하기에 적합한 동물입니다. 양은 원래 무플론이라는 야생동물에서 시작됐습니다. 무플론은 크기가 작고 약 8개월 정도만 지나면 새끼를 낳을 수 있을 정도로 빨리 자랍니다. 성장도 빠르고 다루기 쉬워 개 다음으로 사람에게 길러진 동물이 됐습니다. 그러면서 사람이 원하는 대로 모습이 바뀌었습니다. 원래 무플론은 크고 위험한 뿔이 있었지만 사람에게 위협이 될 수 있어 점점 작아졌습니다. 털도 길고 부드럽게 자라도록 바뀌었습니다. 이와 같은 변화는 사람이 무플론을 길들이고 키우는 과정에서 생긴 것으로 진화한 양으로부터 고기와 따뜻한 털을 얻을 수 있게 됐습니다.

더 많은 식량을 얻기 위한 기술 발전은 동물뿐만 아니라 식물에도 적용됐습니다. 우리가 매일 먹는 쌀, 밀, 옥수수 같은 곡식도

무플론
인간에게 길러지면서 점차 기존의 모습을 바꾸어 나갔습니다.

원래는 야생에서 자라던 식물이었는데 오랜 시간에 걸쳐 먹기 좋고 기르기 쉬운 작물로 바뀐 것입니다. 밀은 아주 오래전부터 사람들의 주식 중 하나였습니다. 오늘날 팔레스타인 지역에 살던 나푸트인은 밀을 포함해 여러 종류의 야생 곡물을 먹고 살았습니다.

밀은 기원전 4만 년 전에 벼과 식물에서 분화되어 자랐습니다. 하나의 꽃 속에 암술과 수술이 함께 있어 스스로 꽃가루받이를 할 수 있는 자가수분이 가능해 기르기 쉬운 작물이었습니다. 그러나 초기 야생 밀은 바람이나 사람 손에 밀알이 쉽게 떨어져 수확하기 어려웠습니다. 이후 야생 밀과 외알밀이 자연스럽게 섞이면서 '에머밀'이라는 새로운 종이 생겼습니다. 에머밀은 또 다른 종류의 야생 밀과 섞여 오늘날 우리가 먹는 빵밀로 진화했습니다. 이와 같은 변화는 오랜 시간 작물을 선택하고 키우면서 나타난 기술 발전의 결과입니다.

옥수수도 오늘날 세계에서 가장 중요한 곡물 중 하나입니다. 그러나 처음부터 지금과 같은 모습은 아니었습니다. 옥수수는 아메리카에서 처음 생긴 작물입니다. 그런데 아메리카는 남북으로 길게 뻗은 지형이라 기후가 지역마다 다양해서 야생 옥수수를 길들이는 데 오랜 시간이 걸렸습니다.

초기의 옥수수는 테오신테라는 야생식물이었는데 크기가 매우 작고 낟알이 단단한 껍질로 싸여 있어 먹기 불편했습니다. 그러나 사람들은 더 크고 알이 많은 옥수수를 만들기 위해 좋은 특징을 가진 식물끼리 교배하기 시작했습니다. 그렇게 시간이 흐르면서 알이 많고 껍질이 부드러우며 재배하기 좋은 옥수수가 만들어졌습니다. 옥수수도 사람이 원하는 방향으로 바뀌어 발전한 작물입니다.

사람들이 동물을 기르고 식물을 재배하는 과정은 단순히 식량을 얻는 것 이상의 의미를 가집니다. 사람들은 더 많은 식량을 얻기 위해 서로 다른 종을 교배하거나 접붙이기도 했습니다. 이런 과정을 통해 사람에게 해가 되는 유전자는 점점 사라지고 도움이 되는 유전자만 남게 됐습니다. 늑대는 사람과 가까운 성격으로 변하면서 개로 진화했고, 양과 돼지도 고기와 털, 우유를 주는 가축으로 바뀌었습니다. 밀과 옥수수 역시 알이 많고 큰 작물로 바뀌었습니다.

이와 같은 변화는 단순히 동식물을 기르는 것만이 아니라 기술을 발전시키면서 길들여 나가는 과정입니다. 그 결과 사람들은 수렵 채집 시대보다 더 많은 양의 식량을 생산할 수 있게 되었고 이후 마을이나 도시, 문명과 같은 새로운 변화가 나타났습니다.

철제 무기가 가져다준 강력한 전투력

덴마크 역사학자 베델 시몬센Vedel Simonsen은 인류의 역사를 세 가지 시기로 나눴습니다. 바로 석기 시대, 청동기 시대 그리고 철기 시대입니다. 석기 시대에 사람들은 사냥이나 열매 채집을 위해 돌로 만든 도구를 사용했는데 이 시기는 수십만 년 동안 이어졌습니다. 시간이 흐르면서 사람들은 금속을 사용하기 시작했습니다. 기원전 5,000년경 오늘날 이라크 북부 지역에서 불순물이 섞이지 않은 구리를 사용했습니다. 처음에는 구리를 두드리고 펴서 원하는 것을 만들어 사용했지만 구리가 너무 무르고 약해서 실용적인 도구로 사용하기에 적합하지 않았습니다.

이후 등장한 것이 청동입니다. 청동은 구리와 주석을 섞어 만든 금속입니다. 녹는 온도가 비교적 낮아 만들기 쉽고 단단해서 도구나 무기를 만드는 데 훨씬 유리했습니다. 기원전 4,000년경 메소포타미아 문명이 나타났던 비옥한 초승달 지대의 수메르 지역에서 청동이 본격적으로 사용되기 시작했습니다. 이후 중국의 주나라는 청동의 용도나 특징에 따라 여섯 가지 종류로 나누어 사용했습니다.

청동기 시대의 사람들은 청동으로 무기나 제사에 사용하는 그릇을 만들었습니다. 그러나 청동을 만드는 데 필요한 구리는 돌처럼 쉽게 구할 수 있는 재료가 아니었습니다. 구리 광산은 한정되어 있었고 채굴과 운반도 어려워서 청동은 귀한 재료였습니다. 그래서 일상에서 자주 사용하는 농기구에는 적합하지 않았습니다.

그래서 사람들은 더 쉽게 구할 수 있는 금속인 철을 선택했습니다. 철은 태양보다 훨씬 큰 별의 중심부에서 만들어집니다. 별의 중심부 온도는 30억℃ 이상인데 여기서 핵융합 반응이 일어나 철이 생성됩니다. 이후 별이 수명을 다하면 초신성 폭발이 일어나 철뿐만 아니라 금이나 은처럼 무거운 원소가 만들어지고 우주 전체로 퍼져 나갑니다. 이

비옥한 초승달 지대
이 지역에서 인류 역사상 최초로 농경이 시작되고 도시와 국가, 제국이 등장했습니다.

때 철처럼 무거운 원소는 멀리 날아가지 못하고 지구처럼 가까운 행성에 모입니다. 그래서 지구에 철이 풍부한 것입니다.

사람들은 쉽게 구할 수 있는 철을 사용해서 도구를 만들기 시작했습니다. 철은 청동의 재료인 구리보다 더 단단하고 강해서 농기구처럼 튼튼해야 하는 도구를 만들기에 매우 적합했습니다. 그러나 한 가지 문제가 있었습니다. 녹는 온도가 매우 높다는 점입니다. 구리는 1,000℃에서도 녹지만 순수한 철은 1,500℃ 이상에서 녹기 때문에 철을 다루는 일은 훨씬 어렵고 복잡했습니다.

그러나 인류는 철을 이용하는 방법을 찾아냈습니다. 철을 가장 먼저 사용한 민족은 오늘날 터키 지역에 살던 히타이트인이었습니다. 이들은 철을 녹이고 다듬는 제련 기술을 개발했습니다. 이 시기에 사용된 철은 연철인데 탄소가 약 0.2% 정도 들어 있는 부드러운 철이었습니다. 탄소 함량이 높아지면 철은 더 단단해지지만 동시에 깨지기 쉽기 때문에 적절한 비율을 맞추는 것이 중요합니다. 히타이트인은 연철을 불에 달구고 망치로 두드리는 방식으로 다듬어 청동보다 단단한 강철을 만들었습니다. 당시로서는 매우 획기적인 발전이었고 인류의 도구와 무기 제작에 큰 영향을 줬습니다.

히타이트인은 강철을 이용해 만든 무기로 전쟁에서 크게 승리를 거뒀습니다. 그중에서 가장 중요한 무기는 전차였습니다. 히타이트의 전차는 세 사람이 함께 타는 구조였습니다. 한 명은 말의 고삐를 잡고 전차를 몰고, 다른 두 명은 창과 활을 들고 적을 공격했습니다. 강철로 만들어진 전차는 가볍고 튼튼했기 때문에 빠르게 움직이면서 공격할 수 있어 전투에서 매우 강력한 무기가 됐습니다.

당시 다른 민족이나 국가는 히타이트의 빠르고 강한 전차 공격을 막을 수 없었습니다. 이 강력한 무기를 앞세워 히타이트는 정복 전쟁을 벌였습니다. 메소포타미아 지역을 흐르는 유프라테스강 북쪽에 있는 시리아를 정복했고, 오늘날 터키와 아프리카를 연결하는 중요한 교역로에 있는 카데시를 차지했습니다. 이와 같이 철제 무기와 전차는 히타이트의 힘을 키워 주는 핵심 도구였고 넓은 땅을 정복하는 데 결정적인 역할을 담당했습니다.

그런데 전차를 사용한 것은 히타이트만이 아니었습니다. 이집트는 외부 민족인 힉소스와 전쟁 이후 전차를 사용하기 시작했습니다. 힉소스는 원래 중동 지역에 살던 이민족이었는데 기원전 2,000년경 지중해 연안과 아프리카 북동부 지역까지 점령했습니다. 힉소스가 이렇게 넓은 지역을 점령할 수 있었던 이유는 히타이트처럼 철제 무기와 전차를 사용했기 때문입니다. 이들은 철로 만든 화살과 도끼, 말이 끄는 전차를 사용해 이집트를 공격했고 기원전 1648년부터 100년 이상 이집트를 지배했습니다. 당시 이집트는 말을 식용으로만 여겼지만 힉소스의 영향으로 전차를 끄는 수단으로 활용하기 시작했습니다.

이집트인은 힉소스로부터 전차 기술을 받아들인 후 자신만의 방식으로 더 빠르고 가볍게 개량했습니다. 특히 전차의 바퀴 축을 뒤쪽에 배치해 빠른 속도로 달릴 수 있도록 만든 것이 특징이었습니다. 이집트 전차는 최고 시속 약 40km까지 달릴 수 있었으며 동물의 뿔이나 나무 등으로 만든 합성궁을 쥔 전사가 탑승했습니다. 이 활은 더 멀리까지 화살을 쏠 수 있어 빠른 전차와 함께 이집트의 전투력을 높이는 무기가 됐습니다.

기원전 1308년에 이집트와 히타이트 사이에 카데시 전쟁이 벌어졌습니다. 당시 히타이트는 3만 5,000명 이상의 병사와 3만 대 이상의 전차를 투입했습니다. 히타이트 전차에는 전차를 운전하는 사람, 활을 쏘는 궁수, 창을 던지는 창수가 탑승하여 공격력이 매우 강했습니다. 반면 이집트 전차에는 운전수와 궁수만 탑승했기 때문에 공격력은 떨어졌지만 차체가 가볍고 빠르게 움직일 수 있었습니다. 이제 전차 전투의 시대가 본격적으로 시작된 것입니다.

      카데시 전투는 당시 전 세계적으로 가장 강력했던 두 제국의 전쟁이었습니다. 그러나 승자는 없었습니다. 당시 이집트를 다스리던 파라오 람세스 2세 Ramesses II는 직접 전투에 참여해 이집트가 이겼다고 주장하는 기록을 남겼지만, 실제로 이집트와 히타이트 모두 명백한 승리를 거두지 못했습니다. 전투 이후 두 나라는 전쟁을 막기 위해 기원전 1259년에 평화협정을 맺었습니다. 이 협정은 인류 역사상 최초의 평화 조약입니다.

      이후 100년이 지나 히타이트는 결국 멸망했습니다. 한때 강력한 철제 무기를 사용하면서 전성기를 누렸지만 기술이 다른 지역으로 퍼져 더는 독자적인 힘을 유지하지 못하게 된 것입니다. 히타이트가 멸망하고 철 제련술은 여러 민족과 나라에 퍼지며 세계 여러 지역에서 새로운 국가와 제국이 등장했습니다.

농기구의 발전으로 늘어난 농산물 생산량

      철은 무기뿐만 아니라 농경에도 큰 변화를 가져왔습니다. 사람들은 철로 만든 농기구를 사용하면서 단단한 땅도 쉽게 갈 수 있게 되었고 그 결과 농산물 생산량도 늘어났습니다. 더 많은 수확을 위해 개발된 대표적인 농업 기술이 바로 소를 이용한 우경牛耕입니다. 원래 소는 고기나 젖을 얻기 위한 식용동물이었지만 사람들은 소의 힘을 이용해 밭을 갈 수 있다는 사실을 알아내고 농경에 활용하기 시작했습니다.

우경이 처음 시작된 곳은 중국입니다. 정확하게 언제부터 우경이 시작되었는지 확실하지 않지만 기원전 403년부터 221년까지 중국이 여러 나라로 분열되었던 전국시대에 제齊나라에서 "소를 이용해 땅을 기름지게 했다"는 기록이 남아 있습니다. 이 기록을 바탕으로 이 시기에 우경이 시작되었을 것으로 추정합니다.

우리나라에서 우경이 시작된 시기는 삼국 시대입니다. 『삼국유사』에 따르면 신라 유리 이사금儒理 尼師今 때 이미 쟁기를 이용해 넓은 농지를 개간했다는 기록이 있습니다. 또한 『삼국사기』에는 신라 눌지 마립간訥祗 麻立干 21년인 438년에 백성에게 소로 수레를 끄는 법을 가르쳤다는 내용이 전해집니다. 이를 통해 이 시기에 이미 소의 힘을 농경에 활용했음을 알 수 있습니다.

우경을 활용한 결과 가장 먼저 나타난 변화는 생산성 향상이었습니다. 철제 쟁기와 소의 노동력이 결합하면서 이전까지 경작이 어려웠던 황무지나 비탈진 논밭도 농사가 가능해졌습니다. 흥미로운 점은 우경이 우리나라나 중국에서만 사용된 것이 아니라는 것입니다. 훨씬 시간이 흐른 뒤이지만 11세기경 유럽에서도 더 많은 땅을 경작하기 위해 우경을 도입했습니다.

유럽에서는 더 많은 식량을 생산하기 위해 우경 외에도 새로운 농사법을 개발했습니다. 바로 삼포제三圃制입니다. 삼포제는 땅을 세 구역으로 나누어 돌려 가며 경작하는 방식입니다. 첫 번째 구역은 봄에 작물을 심는 춘경지로 보리나 귀리, 완두콩 같은 작물을 재배합니다. 두 번째 구역은 가을에 심는 추경지로 주로 밀을 심고, 세 번째 구역은 일부러 경작하지 않고 땅을 쉬게 하는 휴경지입니다. 이렇게 땅을 돌려 작물을 재배하는 이유는 한 구역에서만 계속 농사를 지으면 땅이 약해지고 작물이 잘 자라지 않기 때문입니다.

　　삼포제가 유럽에서 언제 시작되었는지 정확하게 알 수 없지만 약 11세기부터 14세기 사이에 널리 확산한 것은 분명합니다. 이 시기에 유럽 인구가 증가했기 때문입니다. 당시 유럽 인구는 3배 이상 증가했는데 더 많은 사람을 먹여 살리기 위해서는 더 많은 농작물이 필요해 삼포제와 같은 효율적인 방법이 확산됐습니다.

　　삼포제가 도입되기 전 유럽에서는 토지를 두 구역으로 나누어 농사짓는 이포제二圃制를 시행했습니다. 이 방식은 한쪽 땅만 농사짓고, 나머지 절반은 쉬게 두는 제도였기 때문에 사용하지 않는 땅이 전체의 절반이었습니다. 그러나 삼포제가 도입되면서 땅을 삼등분해서 3분의 1만 휴경지로 남기게 되자 사용하는 땅의 면적이 증가하면서 생산량도 증가했습니다.

　　삼포제의 춘경지에서 재배한 이중 귀리는 말을 먹이는 사료로 사용됐습니다. 귀리를 더 많이 재배하게 되자 말을 더 많이 기르고 이용할 수 있게 되며 노동 효율성과 농경의 속도도 향상됐습니다. 또한 콩은 단백질이 풍부한 작물이기 때문에 이를 통해 부족한 단백질을 보충할 수 있었습니다. 이렇게 영양 상태의 개선은 인구 증가로 이어지며 유럽 사회는 빠르게 성장할 수 있었습니다.

사회 구조를 바꾼 잉여생산물

수렵채집 시대에는 잉여생산물이 거의 없었습니다. 당시 사람들은 농경에 종사하지 않고 사냥으로 고기를 얻고 채집으로 과일과 곡식을 얻었기 때문입니다. 이들은 필요한 만큼만 먹었고 식량을 얻는 데 많은 시간이 들지도 않았습니다. 그러나 이런 생활은 주변 환경에 크게 영향을 받았습니다. 사냥할 동물이 없으면 고기를 얻지 못했고 열매나 곡식이 자라지 않는 계절에는 먹을 것이 부족했습니다. 그래서 한곳에 정착하지 않고 여러 지역을 옮겨 다니는 경우가 많았습니다.

그러나 시간이 지나 농경이 시작되면서 삶이 달라졌습니다. 가장 큰 변화는 잉여생산물이 생겼다는 점입니다. 농경으로 필요한 양보다 더 많은 곡물을 수확하게 되자 잉여생산물을 저장하거나 다른 사람과 교환하는 데 활용하기 시작했습니다.

먹고 남은 식량을 보관하기 위해 가장 먼저 만든 것은 바로 토기입니다. 토기는 흙과 물, 불, 공기가 합쳐져서 만든 매우 중요한 발명품입니다. 시작은 매우 단순했습니다. 처음에는 풀이나 나뭇가지로 만든 바구니를 사용해 곡물이나 열매를 담았는데 이후 바구니에 찰흙을 발라 단단하게 만들었습니다. 혹은 흙으로 만든 그릇을 말려서 식량을 담기 위해 사용했습니다. 그러다가 흙그릇을 불에 구우면 훨씬 단단해진다는 사실을 알게 되었고 이 과정을 통해 우리가 아는 토기가 만들어졌습니다.

농경이 시작된 이후 전 세계의 여러 지역에서 음식이나 곡식을 담기 위한 토기가 만들어졌습니다. 우리나라에서도 다양한 토기가 출토됐는데 가장 유명한 것이 바로 빗살무늬토기입니다. 그릇의 겉면에 빗살처럼 생긴 무늬가 새겨진 것이 특징입니다. 강원도 양양에 있는 유적지에서 발견된 빗살무늬토기는 기원전 7,000년경에 만들어진 것으로 음식을 조리하거나 저장하는 그릇 또는 제사와 같은 의식에 쓰이는 그릇으로 사용되었을 것으로 추정합니다.

빗살무늬토기의 또 다른 특징은 밑부분이 뾰족하게 생겼다는 점입니다. 역사학자는 이 토기를 만든 사람이 강이나 바다 근처에 살았고 모래가 많은 땅에서 생활했기 때문에 뾰족한 모양

빗살무늬토기
기원전 7,000년경에 만들어진 빗살무늬토기는 단순한 보관 용기가 아닌 실용적인 음식 조리 도구였습니다.

이 안정적으로 바닥에 꽂거나 세울 수 있었다고 설명합니다.

그러나 다른 학자는 이 토기가 단순히 모래가 많은 땅에 잘 세우기 위해 뾰족하게 만든 것이 아니라고 주장합니다. 이들은 당시 사람들이 땅을 파고 지은 움집에 살았는데 바닥에 구멍을 파서 빗살무늬토기를 고정하여 사용했을 것으로 추정합니다. 밑면이 뾰족한 토기는 몇 가지 실용적인 장점이 있습니다. 첫째, 열이 더 잘 전달되어 음식물을 빠르게 익힐 수 있습니다. 둘째, 열이 중심까지 잘 퍼지기 때문에 조리할 때 음식이 고르게 익습니다. 셋째, 곡물이나 재료에 섞인 돌가루 같은 불순물이 아래로 가라앉아 음식과 분리됩니다. 이와 같은 내용을 종합하면 빗살무늬토기는 단순한 보관 용기가 아니라 음식 조리에 적합하도록 설계된 실용적인 도구였을 것입니다.

우리나라에서 빗살무늬토기 이후 등장한 토기는 바로 민무늬토기입니다. 이 토기는 표면에 무늬가 전혀 없는 것이 특징입니다. 우리나라에서 발견된 민무늬토기는 기원전 1,500년경까지 거슬러 올라갑니다. 당시 중국에서 쌀이나 밀 등 다양한 작물이 우리나라로 전해졌고 이와 함께 민무늬토기도 전해진 것으로 추정됩니다. 다시 말해 민무늬토기는 새로운 작물의 도입과 문화 교류의 흔적입니다.

사람들이 쌀이나 밀, 옥수수 등의 작물을 재배하고 양이나 소, 돼지 같은 동물을 기르기 시작하면서 식량 생산량은 급속하게 증가했습니다. 그 결과 모두가 먹고도 남을 만큼의 잉여생산물이 생겼습니다. 그러나 잉여생산물의 등장은 단순히 식량이 많아졌다는 것 이상의 더 중요한 의미를 가집니다. 남는 식량을 누가, 어떻게 나눌 것인가라는 문제가 중요하게 부상했기 때문입니다.

수렵채집 시대에는 사냥한 음식이나 채집한 열매를 함께 나누었고 가장 나이가 많고 지혜로운 사람이 공동체의 존경을 받는 평등한 사회였습니다. 그러나 농경이 시작되고 식량이 남기 시작하면서 식량과 자원을 나누는 권한을 가진 특별한 사람이 생겼습니다. 인류 역사상 최초로 권력자가 등장한 것입니다. 이들은 다른 사람과 농기구, 무기, 식량을 함께 나누지 않았고 자신이 가진 자원을 스스로 관리하면서 더 많은 권력과 부를 가지게 됐습니다. 그 결과 불평등한 사회 구조가 나타났고 지위의 차이나 계급, 통치자 등이 생겼습니다.

농경이 시작된 이후 사람들의 삶에는 또 다른 변화가 생겼습니다. 바로 사회 분화입니다. 수렵채집 시대에는 모든 사람이 함께 사냥하거나 열매를 따면서 생존에 필요한 식량을 얻는 일에 참여했습니다. 그러나 농경이 시작되고 잉여생산물이 생기면서 모든 사람이 농사를 지을 필요가 없어졌습니다. 농사 대신 다른 일을 전문적으로 하는 사람이 생겼습니다. 대표적으로 성직자, 장인, 군인 등이 있습니다.

이 중 성직자는 매우 중요한 역할을 담당했습니다. 신과 사람을 이어 주는 존재로 여겨졌고 풍요로운 수확을 바라는 마음으로 신에게 제사를 지내고 의식을 거행했습니다. 농경이 시작된 이후 태양은 곡물을 자라게 하는 중요한 존재로 여겨지면서 태양을 상징하는 신이 신앙의 중심이 되었고, 성직자는 신의 뜻을 전하고 기도하는 중요한 중재

차탈회위크 유적지
차탈회위크는 가장 오래된 초기 도시 중 하나로 흑요석 교역의 중심지였습니다.

자가 됐습니다. 따라서 성직자는 단순한 종교인이 아니라 공동체에서 큰 영향력을 가진 권력자였던 것입니다.

장인은 무기나 장신구, 도구 등 다양한 물건을 만드는 사람입니다. 오늘날에도 남아 있는 가장 오래된 초기 도시 중 하나는 터키 남부에 있는 차탈회위크입니다. 이곳에는 기원전 7,000년경에 사람들이 살았던 아주 오래된 유적지가 있습니다. 차탈회위크는 흑요석 교역의 중심지였습니다. 흑요석은 화산이 폭발할 때 만들어지는 돌인데 겉모습이 유리처럼 반짝이고 날카롭게 깨지기 때문에 사냥 도구로 많이 사용됐습니다. 곱게 갈아 장신구나 거울로 사용하기도 했습니다. 장인은 직접 농사를 짓거나 가축을 기르지 않았지만 공동체에 필요한 물건을 만들거나 교환 또는 교역이 활발해지면서 중요한 역할을 담당했습니다.

성직자나 장인처럼 군인도 고대 공동체에서 중요한 역할을 담당했습니다. 히타이트와 이집트 간의 카데시 전투가 발발할 수 있었던 이유는 잘 훈련된 군대가 있었기 때문입니다. 체계적인 군사훈련을 받은 군인은 전쟁의 유리한 요소였습니다. 비록 농경에 종사하는 사람이 많아졌지만 일부 공동체는 여전히 수렵채집 생활을 계속했습니다. 농경 사회와 수렵채집 사회는 다양한 관계를 맺었는데 때로는 물건을 교환하거나 교역하면서 평화롭게 지냈고, 때로는 식량이나 더 많은 자원을 얻기 위해 전쟁을 벌이기도 했습니다.

이런 전쟁은 농경 사회와 수렵채집 사회 사이에서만 벌어진 것이 아니라 농경 사회 사이에서도 벌어졌습니다. 이때 군인의 역할은 매우 중요했습니다. 이들은 농경에 종사하지 않지만 외부의 위협으로부터 공동체를 지키고 안전과 평화를 유지하는 책임을 맡았습니다. 이런 점에서 군인은 생산 활동에는 참여하지 않더라도 공동체가 유지될 수 있도록 돕는 핵심 구성원이었습니다.

수렵채집 시대에도 공동체 구성원은 각자 맡은 일이 있었습니다. 보통 남성은 사냥을 담당했고 여성은 열매나 곡식을 채집했습니다. 그러나 농경이 시작되면서 분업은 훨씬 다양하고 복잡해졌습니다. 농사를 짓지 않지만 제사를 지내는 성직자, 도구나 장신구를 만드는 장인, 공동체를 지키는 군인 같은 새로운 직업이 생겼기 때문입니다. 그 대가로 이들은 식량을 제공받아 생계를 유지했습니다. 서로 다른 역할을 하는 사람이 서로 의지하면서 사는 사회가 등장한 것입니다. 공동체의 규모가 커질수록 이와 같은 의존도는 더욱 깊어지고 다양해졌습니다.

또한 다양한 갈등과 문제가 생기면서 이를 해결하기 위한 법률가나 관리도 등장했습니다.

최초로 세워진 도시와 국가

농경이 시작되면서 인류 사회에 아주 큰 변화가 생겼습니다. 무엇보다도 인구가 증가해서 수렵채집 시대보다 훨씬 큰 공동체가 나타났습니다. 기원전 7,000년경 최초의 도시가 등장했습니다. 대표적인 예가 오늘날 이라크 지역의 메소포타미아나 팔레스타인, 이집트 일대에 걸친 수메르입니다. 이 지역은 농경이 가장 먼저 시작된 지역 중 하나였기 때문에 도시의 탄생과 농경은 깊은 관련성을 가집니다.

도시의 출현은 곧 국가의 탄생으로 이어졌습니다. 국가를 다스리는 왕은 더 많은 권력과 부를 가지게 되었고, 자신의 힘을 다른 사람들에게 과시하기 위해 거대한 건축물을 짓기 시작했습니다. 대표적인 건축물이 이집트의 피라미드입니다. 이집트의 최고 통치자인 파라오에게 가장 중요한 일 중 하나는 자신의 무덤을 만드는 것이었습니다. 기원전 2,500년경 이집트를 다스렸던 쿠푸Khufu 왕은 자신의 무덤으로 거대한 피라미드를 지었습니다. 아직도 수도 카이로의 기자 지역에 남아 있는데 높이가 약 138m, 2t이 넘는 돌이 230만 개 이상 사용됐습니다. 현재까지 존재하는 피라미드 중 가장 큰 규모로서 왕의 권력을 보여 주는

쿠푸 왕의 무덤인 피라미드
현재까지 존재하는 가장 큰 규모의 피라미드입니다.

대표적인 건축물입니다.

고대 도시 우르에는 지구라트라는 거대한 건축물이 있습니다. 지구라트는 기원전 2,100년경 햇볕에 말린 벽돌이나 불에 구운 벽돌을 사용해 만든 계단식 성탑입니다. 이 건물은 5단 구조로 되어 있는데 전체 높이는 약 50m에 달합니다. 지구라트의 가장 꼭대기에는 신을 모시는 신전이 있고 성직자만 들어갈 수 있습니다. 고고학자는 이곳에서 달의 신 난나에게 제물을 바치고 신의 축복을 기원했을 것으로 추측합니다. 지구라트는 수메르어로 '높은 곳'이라는 의미인데 하늘과 땅을 이어 주는 신성한 장소를 뜻합니다.

이처럼 높은 건물을 만들기 위해서는 수많은 노동력이 필요했습니다. 그러므로 지구라트는 우르에 이미 강력한 권력이 존재했음을 보여 줍니다. 당시 우르의 최고 권력자는 왕이었는데 왕이 성직자의 역할도 함께했던 것으로 추정됩니다. 즉, 지구라트는 단순한 종교적 건축물이 아니라 왕이 신과 연결된 존재임을 보여 주며 권력을 유지하고 과시하기 위해 만든 상징적인 건축물이었던 것입니다.

농경 시작의 구성 요소, 골디락스 조건 그리고 새로운 복잡성

농경은 인류의 삶을 완전히 바꾼 중요한 사건이었습니다. 사람들이 수십만 년 동안 지속했던 수렵채집 생활을 바꾼 계기는 무엇이었을까요? 핵심은 바로 급격한 인구 증가입니다. 수렵채집 시대에는 먹을 것을 사냥하거나 채집해야 했기 때문에 한 지역에 오래 머무를 수 없고 공동체의 규모도 50명 내외로 작았습니다. 식량이 넉넉하지 않아 인구가 빠르게 증가할 수 없었습니다.

그러나 시간이 지나면서 지구의 환경이 변하고 사람들이 먹을 수 있는 식물과 동물의 종류가 다양해지면서 더 많은 사람을 먹여 살릴 수 있게 됐습니다. 하지만 인구가 증가하면 더 많은 식량이 필요합니다. 그래서 사람들은 떠돌아다니면서 먹을 것을 찾는 대신 한곳에 머무르면서 식량을 직접 재배하는 방식인 농경을 선택하게 된 것입니다.

물론 농경을 시작했다고 처음부터 식량이 풍부해지지는 않았습니다. 식물과 동물을 기르는 일은 사냥이나 채집보다 훨씬 더 많은 시간과 노력이 필요했습니다. 특히 작물을 재배하는 것은 씨앗을 심고 싹이 나고 잘 자라기를 기다려야 했기 때문에 더는 여기저기 떠돌면서 사는 생활을 할 수 없었습니다. 결국 노동 시간이 증가했고 많은 노동력이 필요해졌습니다. 그렇게 사람들은 더 많은 자녀를 낳았고 그 결과 인구가 급속하게 증가했습니다.

급속한 인구 증가가 농경이 탄생하게 된 구성 요소라면, 농경이 시작될 수 있었던 골디락스 조건은 바로 지구온난화입니다. 지금으로부터 1만 년 전에 지구의 기온이 갑자기 따뜻해졌습니다. 사실 지구는 46억 년 전에 탄생한 이후 계속 온도가 변화했습니다. 이 중 네 번의 빙하기도 있었습니다. 마지막 빙하기는 약 11만 년 전인 플라이스토세에 시작되었고 약 1만 1,000년 전에 끝났는데 이후 지구는 급격하게 따뜻해졌습니다.

이와 같은 기후변화는 동물이나 식물 그리고 인간의 삶에 큰 영향을 미쳤습니다. 추운 날씨에 적응했던 큰 동물은 따뜻한 환경에서 살기 어려워져 점점 사라졌고 작고 빠르게 움직이는 동물이 증가했습니다. 또한 따뜻한 기후에서 잘 자라는 식물이 생겨 인간이 얻을 수 있는 식량의 종류가 다양해졌습니다. 뿐만 아니라 해수면도 상승했기 때문에 바닷가 근처에 살던 사람은 점차 내륙으로 이동하면서 새로운 식물과 동물을 접하게 됐습니다. 이와 같은 환경 변화 덕분에 인간은 농경을 시작할 수 있었습니다.

농경을 시작하면서 인류 사회는 훨씬 더 복잡해졌습니다. 식량이 많아지면서 인구가 급증했고 공동체의 규모도 커졌습니다. 수렵채집 시대에는 수십 명 정도의 규모였지만 농경이 시작된 이후 공동체의 규모는 수백 명으로 확대됐습니다. 또한 정착 생활을 하면서 작물을 기르고 가축을 돌보기 시작했습니다. 정착 생활과 안정적인 식량 생산은 도시가 만들어질 수 있는 중요한 바탕이 됐습니다. 잉여생산물로 모든 사람이 농사를 지을 필요가 없어지자 다양한 직업을 가진 사람이 등장했고 권력을 가진 왕이 등장했습니다. 다시 말해 농경은 도시와 국가가 만들어지는 가장 중요한 원동력이었습니다.

농경이 시작된 후 나타난 변화에는 좋은 점만 있지 않았습니다. 대표적으로 부정적인 영향은 바로 전염병의 발생입니다. 물론 수렵채집 시대에도 전염병은 존재했습니다. 사람들이 동물을 사냥하거나 열매를 따다 다치면 상처에 세균이 들어가 감염되기도 하고 풍토병에 걸리기도 했습니다. 그러나 당시에 전염병은 공동체 전체에 큰 영향을 미치지 않았습니다. 한곳에 머무르지 않고 계속 이동하면서 살았기 때문에 한 지역에서 전염병이 발생하면 그 지역을 떠나 다른 곳으로 옮겨 살았기 때문입니다. 덕분에 전염병이 사람들 사이에서 급속하게 퍼지는 경우가 적었고 사망률도 낮았습니다.

그러나 농경이 시작되고 정착 생활을 한 이후 전염병은 매우 치명적이었습니다. 정착 생활을 하면서 야생동물과 더 가까이 지내게 되었고 이로 인해 기생충이나 바이러스 같은 병원균이 사람에게 옮겨 오는 일도 많아졌습니다. 또한 수렵채집 시대보다 공동체 규모가 훨씬 컸기 때문에 한 사람이 병에 걸리면 금새 많은 사람에게 병이 확산됐습니다. 예전처럼 쉽게 이동할 수도 없어 전염병으로 사망하는 사람의 수가 수렵채집 시대보다 훨씬 많았습니다. 농경 사회에서는 출산율이 높아져 인구가 증가했지만 전염병으로 인해 많은 사람이 목숨을 잃었습니다. 심각한 전염병이 발생하면 사망률이 증가해 농사나 건축에 필요한 노동력이 부족한 경우도 자주 발생했습니다.

농경이 시작되면서 사람들은 수렵채집 시대보다 훨씬 더 많은 일을 해야 했습니다. 수렵채집 시대에는 하루에 몇 시간만 주변을 돌아다녀도 먹을 만큼 식량을 얻을 수 있었지만, 농경시대에는 더 많은 작물을 수확하기 위해 아침부터 밤까지 쉬지 않고 일해야 했습니다. 일만 많아진 것이 아닙니다. 농경은 건강에도 새로운 문제를 초래했습니다. 밀이나 보리 같은 곡물을 많이 섭취하게 되면서 몸속 혈당이 높아져 당뇨병이나 충치 같은 질병이 생기기 시작했습니다. 또한 곡물을 빻고 갈아서 죽이나 빵을 만들기 위해 오랫동안 무릎을 구부리고 앉아 일하다 보니 관절염도 생겼습니다. 수렵채집 시대에는 거의 없었던 문제입니다. 농경이 가져다준 새로운 변화였습니다.

여덟 번째 임계국면, 농경의 시작

농경이 시작되면서 인류 사회에 큰 변화가 나타났습니다. 역사학자는 이와 같이 생활 방식이 크게 바뀐 사건을 '신석기 혁명Neolithic Revolution'이라고 부릅니다. 이전까지 인류는 수십만 년 동안 사냥하고 열매를 따면서 살아가는 수렵채집 생활을 했습니다. 그러나 신석기 시대가 되자 농사를 짓고 가축을 기르기 시작했습니다. 이는 인류 역사에 매우 중요한 전환점입니다.

이와 같은 변화는 여러 가지 측면에서 중요한 의미를 가집니다. 첫 번째는 지구 환경의 변화에 인류가 적응한 방식입니다. 기후가 따뜻해지면서 새로운 식물과 동물이 등장했고 사람들은 이를 길들여서 새로운 식량으로 삼았습니다. 두 번째는 사람이 자연에 미치는 영향력이 커졌다는 것입니다. 예전에는 자연에 따라 움직였던 사람들이 이제 동물과 식물을 통제하고 관리하는 존재가 됐습니다.

세 번째는 인류 사회 내부에서 발생한 복잡성입니다. 농경이 확산되면서 도시와 국가가 나타나고 사회가 복잡해지면서 어떤 사람은 더 많은 권력과 부를 가지게 된 반면 다른 어떤 사람은 가난하고 권력이 없는 계층으로 남게 됐습니다. 역사학자 윌리엄 맥닐William McNeill은 이런 지배 계층을 농민의 잉여생산물을 빼앗으면서 살아가는 '거시 기생Macroparasite'이라고 불렀습니다. 결국 농경은 인간이 자연과 관계를 맺는 방식뿐만 아니라 인간끼리 관계를 맺고 사회를 구성하는 방식에도 변화를 가져온 사건이었습니다.

그래서 빅히스토리에서는 농경의 시작을 인류가 새로운 단계로 진입한 임계국면으로 봅니다. 이런 점에서 농경은 단순히 식량을 생산하는 방식의 변화뿐만 아니라 자연과 권력, 사회의 모든 구조를 뒤바꾼 거대한 전환점입니다.

**핵심
요약**

농경의 시작은 인류가 수렵채집에서 벗어나 정착 생활로 전환하도록 만든 결정적인 사건이었습니다. 잉여생산물이 생기며 성직자, 군인, 장인 같은 다양한 계층이 등장하며 사회가 분화되기 시작했습니다. 이는 도시와 국가의 탄생으로 이어졌고 권력과 불평등 구조가 형성됐습니다. 농기구와 철제 무기의 발전은 농업 생산력과 전쟁 능력을 크게 향상시켰습니다. 반면 전염병 확산, 노동 증가, 건강 악화 같은 부정적인 면도 동반했습니다. 이런 점에서 농경은 인류가 자연과 사회를 다루는 방식 모두를 바꾼 여덟 번째 임계국면이자 역사상 중대한 전환점입니다.

제 9 장

제국으로 연결된 세계

ORIGIN
STORY

9장.
제국으로 연결된 세계

KEYWORD

- **제국** Empire : 넓은 지역을 정복하고 여러 민족과 문화를 하나의 권력 아래 지배하는 정치 체계를 의미합니다.

- **글로벌 네트워크** Global Network : 여러 대륙과 문명을 연결하는 교역과 정보 교류의 길로서 상품이나 사람, 전염병 등이 오가면서 상호 작용하던 통로입니다.

- **전염병** : 실크로드와 해상 교역로를 따라 빠르게 확산된 질병으로 천연두나 페스트처럼 인구 감소, 사회 불안, 제국 쇠퇴 등을 초래했습니다.

- **콜럼버스의 교환** Columbian Exchange : 15세기 말 이후 아메리카와 아프로—유라시아 사이에서 일어난 작물, 동물, 질병 등의 상호 이동과 교환입니다.

- **식민지 개척과 대서양 삼각무역** : 유럽 국가가 아메리카를 정복하고 자원을 수탈하며 노예무역을 포함해 유럽—아프리카—아메리카 간 무역 구조를 만든 현상입니다.

왕권을 정당화한
제국의 건국 신화

인류 역사상 최초로 등장한 제국은 메소포타미아 지역을 통일한 아카드 제국입니다. 아카드는 원래 메소포타미아 중부에 있던 작은 도시였지만 사르곤Sargon이 주변 지역을 정복하고 제국을 세웠습니다. 전해지는 이야기에 따르면 사르곤은 기원전 7세기경 아주피라누라는 마을에서 태어났습니다. 그의 어머니는 신전의 대제사장이었는데 사르곤을 몰래 낳아 바구니에 담은 후 유프라테스강에 띄워 보냈습니다. 마치 『성경』의 모세 이야기와 비슷합니다.

그렇게 떠내려가던 아기는 한 정원사에게 발견되어 그의 집에서 자랐습니다. 이후 사르곤은 정원사로 일했는데 당시 메소포타미아의 도시국가 중 하나였던 키쉬의 왕 우르자바바Ur-Zababa가 그를 눈여겨보고 가까이 뒀습니다. 그는 종종 이상한 꿈을 꾸었는데 어느 날 자신이 사르곤에게 죽는 꿈을 꿨습니다. 겁먹은 우르자바바는 사르곤을 먼저 죽이기로 결심했지만 계획이 실패하며 오히려 사르곤이 우르자바바를 죽이고 권력을 얻었습니다.

사르곤은 강력한 군사력을 바탕으로 메소포타미아의 수메르를 공격해 여러 도시를 점령했습니다. 당시 중요한 도시였던 우르크까지 정복해 영향력을 넓혔고 이후 지중해 연안 지역과 동쪽의 엘람까지 정복하면서 광대한 제국을 세웠습니다. 사르곤은 단순히 무력으로만 제국을 다스리지 않았습니다. 그는 사랑과 전쟁의 여신 이난나Inanna를 섬기는 대제사장으로 자신의 딸을 임명했습니다. 종교적인 힘까지 넣으려는 전략이었습니다. 당시는 신을 중심으로 한 사회였기 때문에 여신을 모시는 대제사장이 가족이라는 것은 신의 뜻을 대변한다는 의미였고 사르곤의 권력은 더 정당하게 여겨졌습니다.

여러 전설에 따르면 사르곤은 이난나에게 총애받은 인물로 묘사됩니다. 흥미로운 점은 그의 이름에 이난나의 이름이 들어가지 않는다는 사실입니다. 고대에 왕은 자신의 신을 드러내기 위해 신의 이름을 포함해 이름을 짓는 전통이 있었는데 사르곤은 그렇게 하지 않았습니다. 이런 점에서 그가 실제로 이난나를 믿었다기보다는 종교를 정치적으로 이용해 권력을 강화하려 했던 것으로 해석할 수 있습니다. 즉, 여신 이난나의 권위를 빌려 자신의 지위를 굳건하게 한 것입니다.

로마 제국에도 왕권을 정당화하기 위한 탄생 신화가 있습니다. 이야기의 주인공은 아이네이아스Aeneas입니다. 고대 로마의 유명한 시인 베르길리우스Vergilius는 그의 이야기를 담은 서사시 『아이네이스』를 지었습니다. 아이네이아스는 단순한 전사가 아니라 신과 인간 사이에서 태어난 특별한 존재입니다. 아버지는 트로이의 왕족 안키세스Anchises이고 어머니는 사랑의 여신 아프로디테입니다. 신의 피를 이어받은 영웅이죠.

그는 그리스와 트로이 사이에서 벌어진 트로이 전쟁에서 큰 활약을 했습니다. 트로이 목마 안에 숨어 있던 그리스군이 성을 함락시키기 전 어머니 아프로디테가 그에게 위험을 경고했습니다. 그녀는 아이네이아스에게 가족을 데리고 도망치라고 했고 그는 경고에 따라 아버지와 아들, 일부 부하와 트로이에서 탈출했습니다. 이후 새로운 땅을 찾아 항해하다가 이탈리아에 도착해 도시를 세웁니다. 이 도시가 후일 로마 제국의 기원이 되는 도시입니다. 로마인은 자신들의 뿌리를 신과 영웅의 후손과 연결하면서 제국의 정통성과 위대함을 강조하고자 했습니다.

사실 아이네이아스의 이야기는 로마 제국 초대 황제인 아우구스투스를 신처럼 보이도록 만든 이야기입니다. 베르길리우스는 단순히 신화를 쓴 것이 아니라 여기에 정치적 메시지를 담았습니다. 신의 아들로서 가장 강력한 나라였던 그리스와 맞서 싸운 영웅 아이네이아스의 모습을 통해 아우구스투스의 등장이 이미 신의 뜻이며 운명이라는 메시지를 전달하려 했던 것입니다. 이 이야기를 통해 로마 시민은 아우구스

나다니엘 댄스홀랜드, 《디도와 아이네이아스의 만남》, 1766년.

투스가 단순한 인간이 아닌 신의 후손이자 로마의 운명을 이끄는 지도자라고 받아들이게 됐습니다.

베르길리우스가 쓴 『아이네이스』 덕분에 아우구스투스는 권력을 위해 내란을 일으킨 반역자가 아니라 신 앞에서 겸손하고 가족과 조국을 위해 헌신하는 지도자처럼 보이게 됐습니다. 그의 이야기는 아우구스투스를 신의 뜻을 이어받은 인물로 그렸고 이런 이미지는 로마 시민이 아우구스투스를 존경하고 받아들이는 데 큰 역할을 담당했습니다. 그렇게 로마 제국은 단순한 국가가 아닌 신이 선택한 영원한 제국이 됐습니다. 제국의 정당성이 만들어진 것입니다.

제국과 함께 등장한 실크로드

실크로드는 19세기 독일 지리학자 페르디난트 폰 리히트호펜Ferdinand von Richthofen이 처음 사용한 용어입니다. 그는 중국을 직접 답사하면서 여러 지역을 살핀 후 『중국』이라는 책을 출간했습니다. 제1권에서 그는 과거에 '트란스옥시아나Transoxiana'라고 불렸던 중앙아시아에 있는 시르강과 아무르강 사이의 지역과 인도와 중국 사이에 오갔던 무역에 대해 설명했습니다. 특히 중국에서 만들어져 인도로 수출되는 가장 중요한 상품이 바로 비단이었다고 강조했습니다. 그리고 이 무역로를 독일어로 '자이덴슈트라센Seiden strassen', 영어로는 '실크로드Silk road'라고 불렀습니다. 이후 많은 역사학자는 중국부터 인도, 중앙아시아, 페르시아, 콘스탄티노플 그리고 로마 제국까지 이어지는 거대한 교역망을 실크로드라고 불렀습니다.

보통 실크로드는 세 시기에 걸쳐 형성된 것으로 설명합니다. 첫 번째 시기는 기원전 139년에 한나라 무제武帝가 장건張騫을 서쪽으로 파견한 시기이고, 두 번째 시기는 문화와 국제 교역이 활발했던 당나라 시대이며, 마지막 시기는 유라시아 대부분을 하나로 연결한 몽골 제국 시기입니다.

우리는 흔히 실크로드를 장건이 중국과 서역을 오갔던 길로만 생각합니다. 그러나 실제 실크로드는 그보다 훨씬 넓고 복잡한 네트워크였습니다. 실크로드의 기원은 장건 이전으로 거슬러 올라갑니다. 기원전 6세기경 유목 민족인 스키타이인은 몽골고원에서 카스피해에 이르는 광활한 초원 지대를 따라 기마술과 무역을 발전시켰습니다. 이들은 말을 이용해 빠르게 이동하며 동서양의 상품과 문화를 교류했습니다. 이미 이 시기부터 비단길의 기반이 되는 교역로가 존재했던 셈입니다.

또한 실크로드는 육로뿐만 아니라 바닷길도 포함합니다. 1세기 중반 사람들은 인도양에서 계절풍을 이용해 홍해, 지중해, 인도양을 연결하는 항로를 개척했습니다. 이 해상로를 통해 로마, 인도, 아라비아, 동남아시아, 중국이 무역으로 연결됐습니다. 이와 같이 실크로드는 하나의 길이 아니라 여러 갈래로 나뉘어 있었습니다. 대표적인 길로는 사막의 오아시스를 따라 상인이 이동한 오아시스길, 유목 민족이 사용한 스

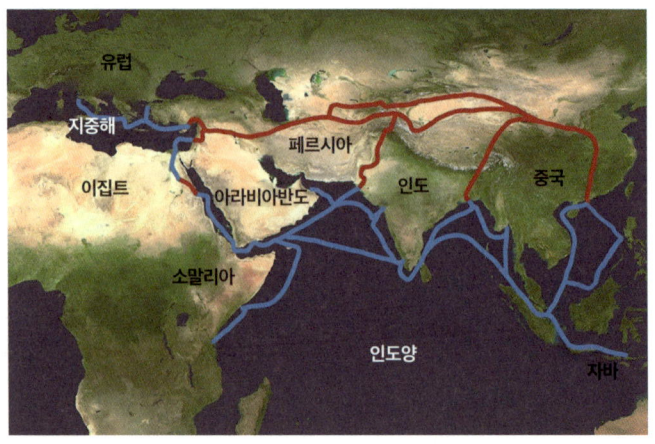

고대의 실크로드
실크로드는 아시아의 중국부터 유럽의 로마 제국까지 이어진 복잡하고 거대한 글로벌 교역 네트워크입니다.

텝 지대의 초원길, 인도양과 동중국해, 남중국해를 잇는 바닷길 등이 있습니다. 이 모든 길이 서로 연결되어 하나의 거대한 글로벌 교역 네트워크를 이룬 것입니다.

이 네트워크는 동쪽으로는 중국 시안에서 시작해 서쪽으로는 로마 제국까지 이어졌습니다. 이 길을 오간 것은 단지 비단만이 아니었습니다. 유리 공예품, 포도, 옥, 도자기, 면직물, 금속 제품, 향신료, 종교, 사상, 기술 등 다양했습니다.

우리나라 국립경주박물관에는 아주 특별한 유물이 전시되어 있습니다. 바로 신라 시대 무덤에서 출토된 유리그릇입니다. 신라에서는 무덤을 만들 때 지하에 깊은 구덩이를 파고 그 안에 나무 상자를 만들었습니다. 그리고 위를 돌로 둥글게 쌓은 후 흙을 덮어 무덤을 만들었습니다. 이런 무덤에서는 다양한 유물이 발견되었는데 여기에는 유리그릇도 포함되어 있었습니다.

그런데 이 유리그릇은 단순한 장식품이 아니라 이미 신라가 외국과 교류하고 있었음을 보여 주는 증거입니다. 유리 제작 기술의 기원은 메소포타미아와 이집트이기 때문입니다. 인류 역사상 가장 먼저 유리를 만든 지역은 기원전 4,000년경 메소포타미아와 이집트입니다. 유리는 규소, 탄산칼슘, 탄산나트륨 등을 높은 온도에서 녹인 후 빠르게 식혀 만듭니다. 이러한 방식으로 유리의 투명함, 단단함, 다양함 등을 표현할 수 있습니다. 서아시아에서 시작된 유리 제작 기술이 실크로드를 따라 동쪽 끝의 신라까지 전해졌다는 사실은 당시 우리나라가 세계 여러 지역과 어떻게 연결되었는지 잘 보여 주는 증거입니다.

실크로드를 통해 우리나라에 전해진 것은 유리그릇만이 아니었습니다. 다양한 물품과 함께 사람도 오갔다는 사실이 유물이나 유적을 통해 드러나고 있습니다. 예를 들어 카자흐스탄 보로보예 지역에서 발견된 단검은 우리나라에서 출토된 단검과 매우 유사한 모양을 하고 있습니다. 이는 유라시아 서쪽 지역과 한반도 사이에 물품이 오갔다는 증거입니다. 또한 신라 원성왕릉元聖王陵에는 2개의 석상이 세워져 있는데 그중 하나는 일반적인 무장 조각상과 전혀 다른 모습을 하고 있습니다. 곱슬거리는 머리카락, 큰 눈, 높고 뚜렷한 콧대를 가진 이 석상은 신라인이 아니라 서역인의 외모를 하고 있어 바로 구별됩니다. 이는 실크로드를 따라 서역에서 사람과 물건이 한반도까지 이동했다는 것을 보여 주는 증거입니다.

실크로드를 따라 이동한 대표적인 물건 중 하나는 바로 종이입니다. 751년에 중앙아시아에서는 탈라스 전투가 벌어졌습니다. 이 전투는 중국 당나라와 이슬람 압바스 제국 사이에 일어났는데 당나라가 패배했습니다. 이 과정에서 중국인 포로가 이슬람군에게 붙잡혔고 여기에는 종이를 만드는 기술자도 포함되어 있었습니다. 이들은 오늘날 우즈베키스탄의 사마르칸트로 끌려갔습니다.

사마르칸트는 물이 맑고 풍부한 지역이기 때문에 종이를 만들기에 매우 적합한 환경이었습니다. 포로가 된 기술자는 이곳에서 종이 제조 기술을 전수했고 이후 사마르칸트 종이는 매우 유명해졌습니다. 이 종이는 이슬람 세계는 물론 지중해를 넘어 유럽까지 전파됐습니다. 이슬람 학자는 이 종이를 이용해 그리스의 철학서나 의학서, 수학서 등 고전을 필사해서 보존했습니다. 이렇게 보존된 지식은 이후 유럽으로 다시 전파되어 14세기 유럽에서 르네상스 발생에 중요한 역할을 담당했습니다.

실크로드와 같은 광범위한 교역망이 번성할 수 있었던 이유 중 한 가지는 바로 강력한 제국입니다. 로마 제국은 넓은 영토를 다스리면서 식민지에서 식량과 특산물을 안정적으로 공급받고 필요한 곳에 군대를 빠르게 파견하기 위해 도로망을 건설했습니다. 이 도로는 단순한 군사 통로가 아니라 사람과 물자가 오가며 문화가 교류되는 통로였습니다. 로마 제국이 영토를 확장한 후 정치적, 문화적, 종교적으로 안정을 이룬 '팍스 로마나Pax Romana'가 도래하면서 교역로는 더욱 안전하고 활발해졌습니다. 덕분에 실크로드를 따라 동서양의 상품과 사람은 더욱 자유롭게 이동할 수 있었습니다.

이는 로마 제국에만 해당하지 않습니다. 중국의 한나라, 몽골 제국, 이슬람 제국처럼 강력한 정부와 질서를 유지한 제국이 등장할 때마다 실크로드는 더욱 확장되고 활기를 띠었습니다. 다시 말해 실크로드와 같은 글로벌 교역 네트워크는 제국 덕분에 유지될 수 있었고 제국의 번영과 함께 성장했던 것입니다.

실크로드로 전역에 퍼진 치명적인 전염병

흔히 실크로드를 따라 비단이나 향신료 같은 상품, 상인이 이동했다고 생각하지만 사실 눈에 보이지 않는 것도 함께 퍼져 나갔습니다. 종교와 사상 같은 것도 실크로드를 통해 다양한 지역으로 전해졌습니다. 불교나 이슬람교, 기독교와 같은 종교나 철학, 문명 간의 지식이 서로 교류되면서 널리 퍼졌습니다. 그러나 좋은 것만 이동하지 않았습니다. 실크로드를 따라 전염병도 퍼졌기 때문입니다.

165년에 로마 제국에는 치명적인 전염병이 발생했습니다. 이 전염병은 오늘날 시리아 지방에서 시작되어 실크로드를 따라 로마 제국까지 확산됐습니다. 당시에는 의학적 지식이 부족해서 이 병이 어떤 병인지 알 수 없었습니다. 그래서 역병이라고 불렀습니다. 그리스의 유명한 의사 갈레노스Galen조차 이 병이 어떤 병인지 밝히지 못했습니다. 그는 전염병에 대해 여러 기록을 남겼는데 오늘날 그 기록을 바탕으로 역병이 아마 천연두였을 것으로 추정합니다.

전염병은 셀레우키아 전쟁 이후 시작된 것으로 알려져 있습니다. 셀레우키아는 기원전 4세기경 알렉산드로스 대왕의 부하였던 셀레우코스 1세Seleucus I가 세운 도시입니다. 이 도시는 오늘날 이라크 근처에 있는데 당시에는 메소포타미아, 페르시아, 인더스강까지 넓은 영토를 연결하는 중심지였습니다. 그리고 실크로드를 따라 여러 나라와 무역도 활발했습니다.

그런데 오늘날 이란 지역에 있던 파르티아 왕국이 셀레우키아를 차지했습니다. 이를 본 로마 제국은 군대를 보내 파르티아를 몰아냈지만 이 전쟁에서 파르티아 병사 사이에 천연두가 퍼지고 있었습니다. 로마군은 전쟁을 치르면서 파르티아군에 확산된 천연두에 감염됐습니다. 그리고 전염병에 걸린 군대가 실크로드를 따라 로마 제국으로 돌아오면서 로마 전역으로 병이 퍼졌습니다.

당시 로마 제국에서는 병의 원인도 모르고 치료 방법도 몰랐습니다. 수많은 사람이 제대로 된 치료도 받지 못한 채 죽어갈 수밖에 없었습니다. 기록에 따르면 하루에 2,000명 이상이 목숨을 잃었고 총 4만~500만 명이 사망했습니다. 이는 로마 제국 전체 인구의 약 3분의 1에 해당하는 엄청난 규모였습니다. 더욱이 로마 군대의 10% 이상이 천연두에 걸려 사망하면서 군사력도 크게 약화됐습니다. 로마 사회는 혼란에 빠졌고 이는 제국이 약해지고 몰락하는 데 큰 영향을 준 요인 중 하나였습니다.

천연두는 매우 무서운 전염병입니다. 고열이 나고 온몸에 수포와 고름이 찬 발진이 생깁니다. 사람들은 매우 고통스러워했고 보기 싫은 흉터를 남기기도 했습니다. 전염성이 매우 강해서 한 번 퍼지면 수많은 사람이 옮았습니다. 한 번 유행한 천연두는 이후 사라지기도 하지만 몇 년이 지나 다시 발생하는 식으로 반복됐습니다.

인류 역사 속에서 천연두는 수많은 사람의 목숨을 앗아 갔습니다. 전 세계적으로 약 10%에 해당하는 사람이 천연두로 사망한 것으로 추정됩니다. 의료 기술이 부족했던 과거에는 더 많은 사람이 천연두로 목숨을 잃었습니다. 18세기 말 영국 의사 에드워드 제너Edward Jenner가 천연두를 예방할 수 있는 종두법을 개발했습니다. 이 방법은 우두를 이용해 몸에 면역력이 생기도록 하는 것입니다. 이후 많은 나라에서 종두법을 사용하면서 천연두가 점점 줄기 시작했고, 1979년에 세계보건기구WHO는 천연두가 지구에서 완전히 사라졌다고 선언했습니다. 이는 백신을 통해 전염병을 이겨낸 첫 번째 사례입니다.

인류 역사에 치명적인 영향을 미친 전염병은 천연두만이 아닙니다. 395년에 로마 제국은 서쪽의 서로마 제국, 동쪽의 동로마 제국으로 분열됐습니다. 476년에 서로마 제국은 게르만 용병 집단에 멸망했지만 동로마 제국은 이후 1,000년 이상 더 유지됐습니다. 특히 6세기는 동로마 제국이 가장 강력했던 전성기였는데 유스티니아누스 1세 Justinianus I가 통치하던 때였습니다.

　　　　유스티니아누스 1세는 나라를 잘 다스리기 위해 가장 먼저 법을 정비했습니다. 과거의 여러 황제가 만든 법과 칙령을 정리해서『로마법 대전 Corpus Iuris Civilis』을 편찬했는데, 이 법전은 시민이 법을 정확하게 알고 문제가 생겼을 때 해결할 수 있도록 돕는 기준이 되는 책이었습니다. 또한 법학을 공부하는 사람을 위한 교재도 만들었습니다. 그 결과 동로마 제국에서는 분쟁이 생겨도 명확한 법의 기준과 원칙에 따라 문제를 해결할 수 있었습니다.

　　　　유스티니아누스 1세는 여기서 그치지 않고 과거에 로마 제국이 차지했던 넓은 땅을 되찾는 일에도 큰 관심을 가졌습니다. 그는 과거의 영광을 되살리고 싶어 했습니다. 117년에 트라야누스 Traianus 황제가 통치했던 시기에 로마 제국의 영토는 가장 넓었습니다. 동쪽으로는 카스피해, 서쪽으로는 잉글랜드, 남쪽으로는 북아프리카까지 로마 제국이 지배했습니다.

　　　　이렇게 넓은 영토를 통치하기 위해 로마 제국은 47개의 속주로 나누어 다스렸습니다. 그리고 속주와 로마를 빠르게 연결하기 위해 약 8km에 달하는 도로를 정비했습니다. 도로는 단순한 길이 아니라 군대와 물자, 정보가 빠르게 이동하는 데 중요한 역할을 담당했습니다. 그래서 "모든 길은 로마로 통한다"는 유명한 속담이 등장했습니다. 로마 제국의 중심은 로마였고 도로는 그 힘을 유지하게 해 준 중요한 요소였습니다.

유스티니아누스 1세가 옛 로마 제국의 영토를 되찾기 위해 관심을 가진 곳은 게르만족이 세운 왕국이었습니다. 먼저 북아프리카의 반달 왕국과 이탈리아의 동고트 왕국을 정복하는 데 성공했습니다. 또한 오늘날 스페인 톨레도 지역에 있는 서고트 왕국을 포함해 아프리카 북부와 시칠리아까지 동로마 제국의 영토를 크게 넓혔습니다. 페르시아와의 전쟁에서는 완전한 승리를 거두지 못했지만 평화조약을 체결해서 국경을 안정시켰습니다. 이러한 그의 노력으로 동로마 제국은 과거 로마 제국이 차지했던 영토의 대부분을 되찾았고 더욱 강력한 나라로 성장했습니다.

동로마 제국의 수도 콘스탄티노플은 당시 정치, 경제, 문화의 중심지였습니다. 전 세계의 사람과 상품이 모이는 국제적인 대도시였죠. 그런데 541년에 콘스탄티노플에서 아주 치명적인 전염병이 발생했습니다. 전염병이 처음 시작된 곳은 이집트 동북부에 있는 펠루시움이었습니다. 당시 이집트를 비롯한 북아프리카 지역은 로마 제국에 아주 중요한 곡물 생산지였습니다. 이 지역에서 재배된 밀은 로마 시민에게 빵을 공급하는 데 꼭 필요했기 때문입니다. 그래서 이집트를 통치하던 관리는 그곳에서 수확한 곡물의 약 3분의 1을 로마 제국으로 보냈습니다.

펠루시움은 고대 이집트의 중요한 항구도시였습니다. 이곳은 로마 제국으로 곡물을 실어 나르던 중심지 중 하나였습니다. 뿐만 아니라 이집트에서 생산된 상아도 펠루시움을 통해 다른 지역으로 거래됐습니다. 여러 상품을 수출하고 수입하기 위해 다양한 나라의 상인과 사람이 몰려들었기 때문에 펠루시움은 전염병이 퍼지기에 매우 적합한 조건이었습니다.

오늘날 여러 학자는 이 전염병이 페스트였다고 추정합니다. 페스트는 페스트균에 의해 생기는 전염병으로 원래 야생에 사는 다람쥐나 들쥐에게서 발견됩니다. 또한 곰쥐를 통해 사람에게 전염될 수도 있습니다. 곰쥐는 인도나 파키스탄에 사는 쥐로 배를 타고 바닷길을 따라 여러 지역으로 퍼졌습니다. 곡물과 상아를 실어 나르던 펠루시움에도 곰쥐가 많이 살았고, 이 곰쥐가 전염병을 옮기면서 콘스탄티노플까지 이동한 것입니다.

콘스탄티노플의 페스트는 인류 역사에서 가장 치명적인 전염병 중 하나였습니다. 정확한 원인을 몰랐기 때문에 당시 황제 이름을 따서 '유스티니아누스 역병'이라고 불렀습니다. 2년 동안 약 30만 명 이상이 사망했습니다. 너무 많은 사람이 사망해서 제대로 장례를 치를 수 없어 결국 시체를 대량으로 묻거나 버려야 할 정도였습니다. 역사학자에 따르면 동로마 제국 전체에서 페스트로 사망한 사람의 수는 약 2,500만 명 이상으로 추정합니다. 상상하기도 어려운 숫자입니다.

페스트가 동로마 제국에 미친 영향은 단순한 인구 감소로만 끝나지 않았습니다. 전염병은 제국 전체를 흔들어 놓을 정도로 큰 피해를 초래했습니다. 동로마 제국 전체 인구에서 약 4분의 1이 사망하면서 농사를 지을 사람이 부족해지며 농업 생산량이 크게 줄어들었습니다. 당시 동로마 제국은 실크로드와 바닷길을 통해 아시아, 아프리카, 유럽의 여러 도시와 활발하게 무역을 하고 있었는데 전염병이 확산하면서 교역도 중단됐습니다. 상품과 자본의 흐름이 멈춘 것입니다. 가장 큰 문제는 군사력의 약화였습니다. 유스티니아누스 1세는 옛 로마 제국의 영토를 되찾기 위해 정복 전쟁을 계속하던 중이었지만 페스트 때문에 병사가 사망하면서 전쟁을 더는 이어갈 수 없었습니다.

결국 전염병 이후 동로마 제국은 아프로-유라시아에서 가장 강력했던 자리를 상실했습니다. 반면 페스트의 영향을 크게 받지 않았던 지역에서는 새로운 강대국이 등장했는데 바로 이슬람 제국입니다. 이슬람 제국은 동로마 제국을 위협하기 시작했습니다. 이와 같이 전염병은 단순한 질병이 아니라 한 제국의 발전과 흥망을 바꾼 역사적인 사건이었습니다.

동로마 제국의 몰락을 초래했던 페스트는 수백 년 뒤인 14세기에 다시 유럽을 휩쓸었습니다. 이 시기에 세계를 지배하고 있던 나라는

조스 리페렝스, 《역병 희생자를 위해 자비를 호소하는 성 세바스티안》, 1497~1499년.

역사상 가장 넓은 영토를 차지했던 몽골 제국이었습니다. 몽골 제국을 세운 칭기즈칸은 로마 제국처럼 여러 도시를 연결하는 도로망을 만들었습니다. 도로망 덕분에 사람과 물자, 정보가 제국 전역을 빠르게 오갈 수 있었습니다. 칭기즈칸의 손자 쿠빌라이Qubilai는 제국의 5대 칸으로 즉위했고 수도를 북경으로 옮겼습니다. 몽골 제국이 유라시아 대륙 전역에 걸쳐 커지면서 북경을 비롯한 여러 도시에 다양한 인종과 민족이 모여들었습니다. 이런 교류는 번영을 가져오기도 했지만 동시에 전염병이 확산하기 쉬운 환경도 만들었습니다.

14세기에 아프로—유라시아를 통틀어서 가장 무서운 전염병은 페스트였습니다. 중국 남서부의 윈난 지역에서는 페스트가 자주 발생하는 풍토병이었습니다. 몽골 제국이 윈난 지역을 정복하면서 전염병도 제국 내로 유입되었고 이후 상인의 이동이나 군대의 전쟁을 따라 제국 내 여러 지역으로 확산됐습니다. 이후 몽골 제국을 넘어 유럽과 중동, 인도까지 전파되었고 수많은 생명을 앗아 갔습니다.

몽골 제국이 통치하던 시기에 페스트가 본격적으로 퍼지기 시작한 곳은 중국 황허강 근처의 허베이성이었습니다. 1331년에 이 지역에서 처음 발생한 페스트로 도시 인구의 90%가 목숨을 잃었습니다. 당시 사람들은 전염병을 막기 위해 삼나무 가지를 태워 연기로 도시를 소독했지만 효과는 거의 없었습니다. 페스트는 다른 지역으로 빠르게 퍼져 나갔습니다. 남쪽으로는 광둥성, 북쪽으로는 중앙아시아의 광활한 초원 지대까지 확산됐습니다. 특히 중앙아시아는 사람이 많이 이동하고 기후와 지형도 전염병을 퍼트리기 쉬운 조건이었기 때문에 몽골 제국은 물론 주변 나라까지 위협하게 됐습니다.

1346년에 몽골군은 흑해 연안에 있는 도시 카파를 포위했습니다. 당시 카파는 제노바 공화국이 지배하던 항구도시로서 러시아에서 끌고 온 사람을 이집트에 파는 노예무역에 활발했습니다. 그러나 포위 중 갑자기 몽골군 내에서 페스트가 퍼지기 시작하며 많은 병사가 목숨을 잃었습니다. 죽은 사람을 묻을 시간도 없을 만큼 빠르게 전염병이 확산하자 몽골군은 결국 포위를 풀고 물러나야 했습니다. 그러나 퇴각 전 몽골군은 시신을 투석기로 카파 성안으로 던졌습니다. 일종의 생물학전입니다. 성안에는 많은 사람이 몰려 있었는데 폐쇄된 공간은 전염병이 퍼지기에 매우 좋은 조건이었습니다. 결국 카파에서도 페스트가 급속하게 확산되면서 이를 피하기 위해 도망친 사람들로 인해 페스트는 유럽으로 번져 나가기 시작했습니다.

유럽으로 퍼진 페스트는 1340년대 말에 그 피해가 절정에 달했습니다. 당시 유럽인은 이 전염병이 어디에서 시작했는지, 왜 퍼지는지, 어떻게 치료해야 하는지 전혀 알지 못했습니다. 그만큼 페스트는 사람들에게 설명할 수 없는 공포 그 자체였습니다. 사람들은 전염병이 신이 인간의 욕심과 죄에 대해 내리는 벌이라고 믿기도 했습니다. 그래서 일부 사람들은 자신의 죄를 씻고 신의 용서를 받기 위해 '채찍질 고행'을 시작했습니다. 이들은 유럽의 여러 도시를 돌며 사람들 앞에서 스스로 등을 채찍질했고 피투성이가 될 때까지 회개를 이어 갔습니다. 그렇지만 전염병은 사라지지 않았고 사람들은 점점 더 절망에 빠졌습니다.

당시 유럽인 중 일부는 그 원인을 특정 집단에 돌리기도 했습니다. 의학 지식이 부족했던 시대였기 때문에 사람들이 전염병에 대한 두려움을 느낄 때마다 누군가를 희생양으로 삼는 일이 자주 벌어졌습니다. 1340년대에 유럽에서 페스트가 퍼지자 유대인이 원인이라는 소문이 돌았습니다. 특히 유대인이 마을 우물에 독을 넣어 전염병을 퍼트렸다는 근거 없는 주장이 퍼지면서 유대인은 많은 사람의 미움을 사게 됐습니다. 결국 유럽 곳곳에서는 유대인에 대한 폭력과 학대가 벌어졌고 방화와 살인 같은 끔찍한 일도 일어났습니다. 전염병의 공포는 단순한 위협을 넘어 사회 전체를 혼란과 증오로 몰아넣었습니다.

오늘날 프랑스 영토에 속한 스트라스부르에서도 당시 유대인은 페스트의 희생양이 됐습니다. 기독교인은 유대인이 우물에 독을 풀어 전염병이 발생했다고 믿고 그들을 마을 공동묘지로 끌고 갔습니다. 다수의 군중이 모인 가운데 즉석 재판이 열렸고 제대로 된 증거도 없이 유대인을 범인으로 지목했습니다. 이런 식으로 살해되거나 마을에서 쫓겨난 유대인은 수천 명에 달했습니다. 일부 유대인에게는 유대교를 버리고 기독교로 개종하라는 강요가 이어졌고 이를 거부한 사람은 공개적으로 화형을 당했습니다. 당시 화형을 당한 유대인은 2,000명 이상이었습니다. 이와 같이 페스트는 질병의 확산을 넘어 유럽 사회에 깊이 뿌리박힌 반유대주의를 자극하고 확산하는 계기가 됐습니다.

페스트가 퍼지자 이를 막기 위해 검역이 시행됐습니다. 특히 이탈리아의 여러 항구도시에서는 전염병이 유입되는 것을 막기 위해 해외에서 온 배를 항구 밖에서 40일 동안 정박시키고 격리했습니다. 이때 40일을 뜻하는 이탈리아어에서 '검역quarantine'이 유래했습니다. 검역 기간 동안 배 안에 있는 사람이나 물건은 허브를 태운 향으로 소독했습니다. 당시 사람들은 허브의 강한 향이 전염병을 몰아낸다고 믿었지만 이런 방식으로는 전염병을 막는 데 큰 효과가 없었습니다.

전염병이 계속 확산하자 일부 사람들은 더 이상 병을 피할 수 없다면 남은 시간을 즐기면서 살아야 한다고 생각했습니다. 여기에서 '카르페 디엠carpe diem'이 유행했습니다. 오늘을 즐기자는 것입니다. 매일 아침 눈을 뜨면 주변 사람들이 죽어 가는 상황에서 하루를 소중하게 여기자는 의미로 서로에게 건네는 인사말이 된 것입니다.

페스트가 유럽 사회에 미친 영향은 매우 컸습니다. 1330년대에 처음 페스트가 발생한 몽골 제국에서도 수천 명이 사망했지만 유럽에서는 상황이 훨씬 심각했습니다. 유럽 전체 인구의 약 3분의 1이 페스트로 사망했고 어떤 역사학자에 따르면 그 수는 2억 명에 이릅니다. 이 치명적인 전염병은 누구도 예외 없이 발생했고 종교 지도자인 성직자조차 피할 수 없었습니다.

성직자의 수가 급격하게 감소하면서 오랫동안 유럽에서 가장 강력한 권력을 행사해 온 교회는 점점 힘을 잃었습니다. 페스트는 약 1,000년 동안 유럽 사회를 지배한 교회의 몰락을 가져온 중요한 계기였습니다. 교회의 힘이 약해지자 각 지역의 영주는 교회의 간섭에서 벗어나 자신의 힘을 키울 수 있는 기회를 얻었습니다. 그 결과 중앙집권적인 권력을 가진 새로운 근대 국가가 탄생했습니다. 이러한 점에서 페스트는 단순한 질병을 넘어 유럽의 정치 구조와 권력 체계를 바꾸는 큰 전환점이었습니다.

콜럼버스의 항해가 초래한 제국의 몰락

15세기까지 유럽과 아시아를 연결하는 육로 무역은 오스만 제국이 장악하고 있었습니다. 오스만 제국은 오늘날 터키 지역인 아나톨리아를 중심으로 세력을 키우면서 끊임없는 정복 전쟁을 벌였습니다. 특히 1453년에 동로마 제국의 수도였던 콘스탄티노플을 점령하면서 국제 무역의 주요 경로까지 지배했습니다. 15세기에 오스만 제국은 발칸반도를 포함해 소아시아, 흑해 그리고 에게해까지 통치했습니다.

당시 유럽에서는 이슬람 세계와의 무역을 통해 향신료 같은 고급 상품을 수입했는데 대표적인 중심지는 이탈리아였습니다. 베네치아, 피렌체, 밀라노, 제노바 등의 도시입니다. 향신료는 유럽에서 매우 귀하고 인기가 많았지만 이슬람 상인을 거쳐야만 구할 수 있었기 때문에 가격이 매우 비쌌습니다. 그래서 유럽인은 이슬람 상인을 거치지 않고 향신료의 원산지인 인도나 동남아시아와 직접 거래하기를 원했고 이는 결국 새로운 탐험의 계기가 됐습니다.

유럽인은 비싼 향신료를 직접 얻기 위해 바닷길을 찾아 나섰습니다. 그들은 육로 대신 바다를 통해 인도로 갈 수 있는 방법을 고민했는데 예전부터 알고 있는 계절풍이 그 실마리가 됐습니다. 계절풍은 일정한 시기에 바람의 방향이 바뀌는 현상으로 이를 잘 이용하면 아라비아반도를 지나 바닷길로 인도까지 갈 수 있다고 믿었습니다.

　　　향신료에 대한 열망은 결국 유럽인이 먼 항해를 떠나도록 만들었습니다. 결국 유럽, 아프리카, 인도, 인도네시아를 잇는 새로운 해상 무역로가 열렸습니다. 이 과정에서 유럽인은 중국, 이슬람, 인도에서 배를 만드는 기술, 나침반, 지도 제작 방법, 항해법 등을 적극적으로 받아들였습니다. 이제 유럽인의 항해가 본격적으로 시작된 것입니다.

　　　향신료를 얻기 위한 항해는 15세기 말에 절정에 달했습니다. 이 시기에 탐험가 콜럼버스는 향신료를 직접 가져와서 부자가 되기를 원했습니다. 그는 당시 중국에서 전해진 나침반과 프톨레마이오스가 제작한 지도를 참고해서 인도로 가는 바닷길을 계획했습니다. 그러나 지구의 크기를 실제보다 작게 계산해서 인도가 아닌 전혀 다른 곳에 도착했습니다. 1492년 10월 12일, 콜럼버스는 드디어 육지를 발견했습니다. 그는 자신이 도착한 곳이 인도라고 생각해 처음 만난 사람들을 '인디언'이라고 불렀습니다. 그러나 그가 도착한 곳은 인도가 아니라 오늘날 카리브해 지역이었습니다. 그러므로 이 지역을 서인도 제도라고 부르고 그 지역의 원주민을 인디언으로 부르는 것은 잘못됐습니다.

　　　콜럼버스의 항해 이후 유럽에서는 많은 사람이 아메리카로 이동했습니다. 여기에는 병사도 포함되어 있었습니다. 1519년에 500여 명의 스페인 병사는 멕시코 유카탄반도에 도착했는데 이 지역은 오랫동안 독특한 종교와 신화를 간직한 곳입니다. 원주민은 케찰코아틀이라는 신이 언젠가 흰 피부에 검은 머리카락을 가진 인간의 모습으로 돌아올 것이라고 믿었습니다. 그래서 유럽에서 온 스페인 병사를 케찰코아틀이 환생한 존재로 착각하기도 했습니다.

당시 황제였던 몬테수마 2세 Montezuma II 는 스페인 군대를 환영하며 귀한 선물을 줬습니다. 스페인 병사를 이끈 에르난 코르테스 Hernán Cortés 는 선물에 금이 많다는 사실을 알고 아즈텍 제국에 엄청난 보물이 숨겨져 있다고 확신했습니다. 당시 코르테스와 그의 군대는 가장 강력한 무기였던 화승총과 대포로 무장했습니다. 이들의 목표는 가능한 한 많은 금을 찾아 스페인으로 가져가는 것이었습니다.

몬테수마 2세의 호위를 받으며 아즈텍 제국의 수도 테노치티틀란에 들어선 스페인 병사는 큰 충격을 받았습니다. 멕시코 분지의 호수 한가운데 있는 섬 위에 세워진 도시는 스페인의 어떤 도시보다 크고 아름다웠기 때문입니다. 코르테스 일행의 금에 대한 욕망은 더욱 커질 수밖에 없었습니다.

케찰코아틀
멕시코 유카탄반도의 원주민은 케찰코아틀이 언젠가 흰 피부에 검은 머리카락을 가진 인간의 모습으로 돌아올 것이라고 믿었습니다.

이후 코르테스는 태도를 바꿔 황제를 포로로 잡아 대가로 더 많은 금을 요구했습니다. 결국 황제는 막대한 양의 금을 스페인 군대에 넘겨줬습니다.

코르테스는 이 금을 스페인으로 보냈지만 만족하지 않고 더 많은 것을 요구했습니다. 여기에는 아즈텍인에게 기독교로 개종하라는 요구도 포함되어 있었습니다. 결국 분노한 수천 명의 아즈텍인이 왕국을 둘러싸고 저항하기 시작했습니다. 코르테스는 황제를 압박해 군중 앞에 나서서 해산을 요구했습니다. 그러나 분노한 군중은 황제를 향해 돌을 던졌고 역설적이게도 군중이 던진 돌에 몬테수마 2세가 맞아 죽는 일이 발생했습니다.

이 상황을 지켜보던 코르테스와 스페인 병사는 테노치티틀란을 떠나 100km 정도 떨어진 틀락스칼라 지역으로 후퇴했습니다. 코르테스는 여기에서 병력을 재정비하고 틀락스칼라 연합군과 함께 다시 테노치티틀란을 공격했습니다. 도시는 무려 15주 동안 포위된 끝에 결국 스페인 군대의 손에 넘어갔습니다.

오랫동안 역사학자는 스페인이 아즈텍 제국을 정복할 수 있었던 이유로 화승총이나 대포 등과 같은 우월한 근대 무기를 꼽았습니다. 그러나 최근에 다른 시각도 등장했습니다. 당시 테노치티틀란 성안에서 스페인 군대의 무기보다 더 치명적인 일이 벌어지고 있었기 때문입니다. 스페인 병사가 의도하지 않았지만 그들과 함께 아메리카에 도착한 전염병이 급속하게 확산되고 있었습니다. 바로 천연두입니다. 천연두는 근대식 무기와 더불어 아즈텍 제국의 몰락에 큰 영향을 미쳤습니다.

오래전부터 아프로―유라시아에서는 농경이 시작되면서 가축과 사람이 함께 생활했고 그 결과 동물과 사람이 함께 걸리는 전염병이 자주 발생했습니다. 천연두 역시 그런 전염병 중 하나였습니다. 이 지역에서는 오랜 세월에 걸쳐 어느 정도 천연두에 면역력을 가지게 되었지만 아메리카에서는 상황이 전혀 달랐습니다.

아메리카에서는 소와 같은 가축을 농경에 이용하지 않았기 때문에 천연두가 발생할 환경이 아니었습니다. 아즈텍인은 한 번도 이 전염병을 겪어본 적이 없어 면역력도 전혀 없었습니다. 스페인 정복자가 아메리카에 도착한 이후 처음 천연두가 발생했고 아즈텍 인구의 4분의 3이 천연두와 그 합병증으로 사망했습니다. 결국 아즈텍 제국을 무너뜨린 결정적인 원인은 스페인의 총이나 대포가 아닌 유럽에서 이동한 전염병이었던 셈입니다.

1532년에 스페인은 아즈텍 제국을 정복한 것과 비슷한 방식으로 또 다른 제국을 몰락시켰습니다. 바로 잉카 제국입니다. 스페인 정복자 프란시스코 피사로Francisco Pizarro는 평화 협상을 하자면서 잉카 제국 황제 아타우알파Atawallpa에게 만남을 제안했습니다. 무장을 하지 않은 황제는 피사로에게 붙잡혔고 그는 황제를 풀어 주는 대가로 엄청난 양의 금과 은을 요구했습니다. 그러나 결국 약속을 지키지 않고 아타우알파를 처형했습니다.

당시 잉카 제국 내부는 매우 불안정했습니다. 정복지에서는

존 에버렛 밀레이, 《피사로의 잉카 정복》, 1846년.

저항이 계속 일어났고 왕실 내부에서도 권력 다툼이 끊이지 않았습니다. 이런 혼란을 틈타 피사로는 200명이 채 되지 않는 소수 병력으로 잉카 제국을 정복했습니다.

그러나 결정적인 요인은 따로 있었습니다. 피사로가 도착하기 전부터 잉카 제국에는 천연두가 퍼지고 있었던 것입니다. 전염병은 멕시코의 테노치티틀란에서 시작해서 중앙아메리카를 거쳐 안데스산맥까지 확산됐습니다. 유럽인에게는 익숙했지만 잉카인에게는 처음 경험하는 치명적인 전염병이었기에 수많은 사람이 사망했습니다. 결국 잉카 제국 역시 무기보다 강력했던 전염병으로 몰락했습니다.

유럽인이 아메리카에 도착한 이후 그들과 처음 접촉한 원주민은 전혀 알지 못했던 전염병에 직면하게 됐습니다. 천연두, 홍역 등 아프로—유라시아의 전염병은 아메리카 원주민에게 낯선 질병이었고 면역력도 전혀 없었습니다. 전염병은 원주민 사이에서 급속하게 확산되었고 수많은 사람이 목숨을 잃었습니다. 실제로 콜럼버스가 아메리카에 도착한 이후 불과 100년이 되지 않아 아메리카 원주민의 무려 90% 이상이 줄어들었습니다. 전염병은 유럽인의 무기보다 훨씬 치명적이었고 원주민 사회는 순식간에 붕괴했습니다.

15세기 말이 되자 이전까지 아프로—유라시아를 중심으로 이어졌던 무역 네트워크는 아메리카까지 확대됐습니다. 유럽인이 아메리카에 도착하면서 아메리카와 아프로—유라시아가 처음으로 연결된 것입니다. 유럽은 아메리카를 식민지로 삼아 은을 채굴하거나 사탕수수, 면화, 담배 등 돈이 되는 작물을 재배하기 위해 거대한 플랜테이션 농장을 세우기 시작했습니다. 식민지 농업이 커지면서 더 많은 노동력이 필요해졌고 결국 유럽인은 아프리카 원주민을 강제로 끌고 와 노예로 삼았습니다.

이렇게 형성된 무역 구조를 '대서양 삼각무역'이라고 부르는데 유럽에서 설탕이나 총 등의 물건을 아프리카로 보내고, 아프리카에서는 노동력을 아메리카로 옮기며, 아메리카에서는 은이나 사탕수수 등을 유럽으로 가져오는 방식입니다. 이 무역은 18세기 초까지 계속되었고 이제 세계는 과거와는 전혀 다른 방식으로 연결되기 시작했습니다. 이 과정에서 서유럽의 일부 국가는 막대한 부와 권력을 얻게 되며 결국 세계를 지배하는 패권 국가로 부상했습니다. 이는 새로운 글로벌 교역 네트워크가 등장했기 때문에 가능한 일이었습니다.

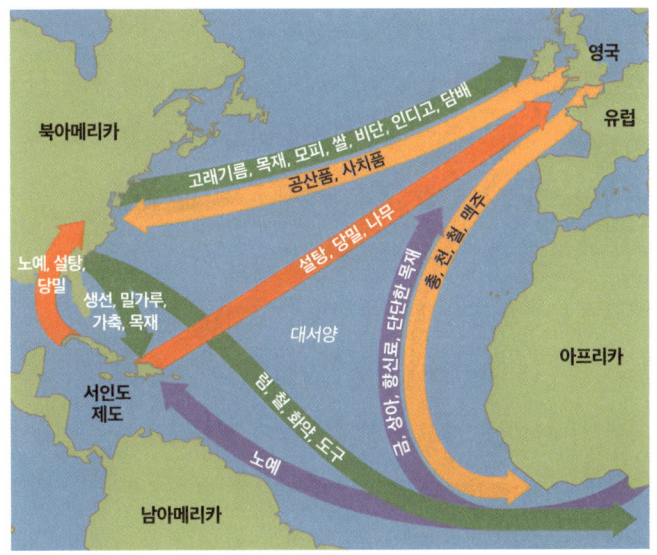

대서양 삼각무역
18세기 초까지 계속된 무역으로 서유럽의 일부 국가가 패권 국가로 부상했습니다.

제국과 글로벌 네트워크 출현의 구성 요소, 골디락스 조건 그리고 새로운 복잡성

15세기 말 유럽의 탐험과 정복을 계기로 아프로―유라시아와 아메리카가 하나의 거대한 글로벌 네트워크로 연결됐습니다. 전혀 다른 자연환경과 생태, 문화, 경제 체계를 가진 두 지역이 하나로 이어지면서 인류 사회에는 이전과 비교할 수 없는 새로운 변화와 복잡성이 나타나며 세계는 더욱 다양하고 정교한 방식으로 연결되기 시작했습니다.

이와 같은 변화가 가능했던 구성 요소는 무엇일까요? 13세기에 베네치아 상인 마르코 폴로는 몽골 제국을 여행한 뒤 유럽으로 돌아오면서 유럽인에게 생소했던 물건을 소개했습니다. 바로 나침반입니다. 나침반은 자석 바늘이 항상 북쪽을 가리키는 성질을 이용해 방향을 알려 주는 도구로서 1세기경 중국에서 처음 사용했습니다.

항해에 나침반이 본격적으로 사용된 것은 송나라 때입니다. 이렇게 발전한 동양의 항해 기술은 무역과 교류를 통해 유럽에도 전해졌습니다. 15세기 말 유럽에서도 바다를 이용한 장거리 항해가 활발해지면서 나침반은 중요한 항해 도구가 됐습니다. 포르투갈과 스페인은 바닷길을 개척하는 데 선도적인 역할을 했고 나침반을 적극적으로 활용해 아프리카, 인도, 아메리카 등에 도착할 수 있었습니다. 이런 점에서 나침반은 유럽이 새로운 지역을 항해할 수 있었던 핵심 도구 중 하나였습니다.

또 다른 구성 요소는 활판인쇄술입니다. 1450년경 독일 발명가 요하네스 구텐베르크는 활판인쇄기를 만들었습니다. 그는 글자를 찍을 수 있는 금속활자를 만들기 위해 주형과 활자주조기를 개발했고 납과 주석을 녹여 글자 모양의 금속활자를 제작했습니다. 그가 처음으로 인쇄한 책은 바로 『성경』이었습니다. 이것은 한 페이지에 42줄씩 인쇄되어 『구텐베르크 42행 성경』이라는 이름으로도 잘 알려져 있습니다. 이후 유럽 사회에는 큰 변화가 발생했습니다.

이전에는 『성경』과 같은 책을 손으로 쓰거나 값비싼 양피지에 인쇄했기 때문에 일부 성직자나 귀족처럼 특정 계층만 소유할 수 있었습니다. 그러나 종이와 금속활자 덕분에 훨씬 저렴하고 빠르게 책을 생산할 수 있게 되면서 점점 더 많은 사람이 『성경』과 다른 지식을 접할 수 있게 됐습니다. 지식의 대중화가 시작되면서 새로운 탐험을 위한 지도 제작도 활발해졌고 이는 유럽인의 탐험과 항해를 촉진했습니다. 다시 말해 인쇄술의 발전은 단순히 책을 찍는 기술의 변화가 아니라 세계를 향한 유럽인의 시야를 넓히는 데 결정적인 역할을 했습니다.

15세기 중반부터 유럽에서는 중상주의가 널리 시행되기 시작했습니다. 중상주의는 무역을 통해 금이나 은 같은 귀금속을 많이 확보해서 국가를 부유하게 만드는 정책입니다. 그래서 유럽의 여러 국가는 광산 개발에 힘썼고 해외에서 더 많은 귀금속을 얻기 위해 경쟁했습니다. 콜럼버스가 항해를 했던 이유도 단순히 향신료를 찾기 위해서가 아니라 어딘가에 있을 금과 은을 찾아 스페인을 부유한 나라로 만들기 위한 것이었습니다.

콜럼버스 이후 아메리카에 도착한 스페인은 원주민 노동력을 이용해 대규모 은광 개발에 나섰고 이로 인해 엄청난 양의 은이 유럽으로 흘러 들어왔습니다. 이와 같은 자원은 스페인과 다른 유럽 국가의 부를 크게 높였습니다. 이렇게 향신료에 대한 열망은 당시 유행했던 나침반이나 지도 제작 기술과 결합해서 중상주의 정책 아래 더 많은 식민지 개척으로 이어졌습니다.

15세기에 아메리카는 아프로─유라시아와 전혀 다른 생태계를 가지고 있었습니다. 콜럼버스 일행이 처음 아메리카에 도착했을 때

그들은 그곳을 인도라고 생각했습니다. 마주친 사람들의 외모와 피부색이 달랐고 유럽에서 한 번도 본 적 없는 독특한 풍경과 동식물이 있었기 때문입니다. 당시 아메리카에 살던 동물과 식물의 80% 이상은 독자적인 환경에서 진화한 종이었습니다. 이구아나, 피라냐, 다람쥐원숭이, 개미핥기, 가오리 등의 동물과 선인장 같은 식물은 유럽에 존재하지 않았습니다. 이런 점에서 유럽인은 아메리카를 '새로운 세계 New World'라고 불렀습니다.

그러나 콜럼버스 이후 유럽인이 본격적으로 아메리카에 정착하면서 아메리카 생태계는 점차 바뀌기 시작했습니다. 콜럼버스는 두 번째 항해 때 스페인의 식민지가 된 카리브해의 여러 섬에 밀, 병아리콩, 멜론, 포도 같은 유럽 작물을 들여왔지만 높은 온도와 습도 때문에 잘 자라지 않았습니다. 결국 유럽인은 현지에서 재배되던 옥수수와 카사바를 주요 식량으로 삼았습니다.

반면 예외도 있었습니다. 사탕수수는 아메리카 기후에 잘 맞아 빠르게 퍼졌고 유럽인은 사탕수수를 대량으로 재배하기 위한 플랜테이션 농장을 만들기 시작했습니다. 플랜테이션은 유럽인이 돈과 기술을 제공하고 현지 노동력을 이용해 작물을 대량 생산하는 방식입니다. 그러나 문제는 노동력이었습니다. 전염병으로 많은 아메리카 원주민이 죽었기 때문입니다. 결국 유럽인은 노동력 문제를 해결하기 위해 아프리카 원주민을 노예로 데려왔습니다.

이와 같이 아메리카의 생태계와 유럽인의 경제적 욕망, 전염병, 기술, 자본이 맞물리며 새로운 세계 질서가 만들어진 것은 유럽의 부상이라는 새로운 복잡성이 나타나기 위한 골디락스 조건이었습니다.

아홉 번째 임계국면, 제국과 글로벌 네트워크의 출현

미국 역사학자 앨프리드 크로스비 Alfred W. Crosby 는 콜럼버스의 항해 이후 아메리카와 아프로—유라시아 사이에서 일어난 거대한 변화에 주목했습니다. 그는 이 시기에 동식물, 상품, 사람 그리고 전염병이 오가며 세계 전체에 영향을 준 현상을 '콜럼버스의 교환'이라고 불렀습니다. 이 교환 중 아메리카에 가장 치명적인 영향을 준 것은 전염병이었습니다. 수렵채집 시대에는 한 지역에서 전염병이 발생하면 사람들이 그 지역을 떠나 전염병의 확산을 방지했습니다. 그러나 농경이 시작되고 정착 생활을 하면서 마을이나 도시를 이루자 전염병은 사람 사이에서 빠르게 퍼지기 시작했습니다.

아프로—유라시아에서는 오랫동안 전염병이 반복해서 발생하면서 사람들에게는 면역력이 생겼습니다. 처음에는 많은 사람이 사망했지만 시간이 지나면서 생존자는 면역력을 가지게 되었고 사망률도 낮아졌습니다. 반면 아메리카 원주민은 천연두나 홍역 같은 전염병을 한 번도 겪어본 적이 없어 면역력이 전혀 없었습니다. 유럽인이 도착하면서 전염병이 퍼지자 이는 단순한 병이 아니라 인구 대부분을 사라지게 만드는 재앙이 됐습니다.

제국의 출현과 함께 세계는 점점 더 빠르게 하나로 연결되기 시작했습니다. 거대한 제국은 무역로를 넓히고 정보를 주고받을 수 있는 통로를 만들었으며 사람들은 더 먼 지역의 사람과 물건, 사상을 접하게 됐습니다. 이렇게 글로벌 네트워크가 형성되면서 지식과 정보는 축적되고 널리 퍼졌습니다.

이와 같이 제국과 글로벌 네트워크의 발전은 단순히 어느 한 지역에서만 일어난 일이 아닙니다. 수백 년에 걸쳐 다양한 시기와 공간에서 이루어진 지속적인 상호작용의 결과입니다. 유럽, 아시아, 아프리카, 아메리카 등 서로 다른 지역의 사람과 환경이 깊게 연결되면서 전 세계가 하나의 거대한 흐름 속으로 들어가게 됐습니다.

그리고 이런 상호작용은 인류 역사에서만 있었던 특별한 현상이 아닙니다. 빅히스토리의 관점에서 보면 인류는 탄생 이후 계속 자연환경과 상호 작용하면서 변화해 왔습니다. 불을 사용하고 농경을 시작하고 도시를 만들고 전염병과 맞서 싸우는 모든 과정은 인간과 자연의 상호작용이었습니다. 그런 의미에서 제국과 글로벌 네트워크의 출현, 콜럼버스의 교환은 인간과 인간, 인간과 자연이 서로 연결되면서 나타난 변화의 순간, 즉 빅히스토리의 아홉 번째 임계국면입니다.

> 핵심
> 요약

제국은 넓은 지역을 정복하고 다양한 문화를 통합하며 글로벌 네트워크 형성에 중요한 역할을 했습니다. 실크로드와 해상 무역로를 통해 상품, 사상, 기술뿐 아니라 전염병도 퍼졌으며 이는 제국의 흥망에 큰 영향을 미쳤습니다. 15세기 이후 유럽은 아메리카 대륙을 탐험하고 정복하며 새로운 글로벌 연결망을 형성했습니다. 이 과정에서 '콜럼버스의 교환'이 일어나 작물, 동물, 전염병이 대륙 간에 이동했습니다. 결국 제국과 글로벌 네트워크의 탄생은 인류가 서로 연결되어 변화하는 중요한 역사적 전환점이었습니다.

제 10 장

현대 사회를 만든 산업화

ORIGIN
STORY

10장.
현대 사회를 만든
산업화

KEYWORD

- **소빙기** Little Ice Age : 15세기 중반부터 18세기 중반까지 지구 평균 기온이 하강했던 시기로 연료 수요 증가와 석탄 사용 확대의 계기가 됐습니다.

- **석탄** : 목재의 대체 에너지원으로 주목받으며 산업화의 연료가 됐습니다.

- **증기기관** : 석탄의 에너지를 이용해 기계적 동력을 만드는 장치로서 공장, 기차, 증기선 등 다양한 분야에 응용되어 산업혁명을 가속화했습니다.

- **산업혁명** Industrial Revolution : 18세기 중반 영국에서 시작된 기술과 생산 방식의 혁신으로 기계화, 대량생산, 교통 혁명을 통해 사회 구조와 경제 체제를 변화시켰습니다.

- **대량생산** : 컨베이어 시스템과 표준화된 작업 방식 등을 통해 제품을 빠르고 값싸게 대량으로 생산하는 방식입니다.

소빙기로 시작된 산업화

한 남자가 평생을 직물 공장에서 일하며 살아왔습니다. 그러나 결국 해고당하면서 남은 것은 가난뿐이었습니다. 아내는 그를 떠났고 이후 다른 여성과 사랑에 빠졌지만 삶은 여전히 암울했습니다. 이 이야기는 영국 작가 찰스 디킨스의 『어려운 시절』입니다.

디킨스는 소설을 통해 산업혁명 이후 영국 사회가 겪고 있던 문제를 비판했습니다. 특히 자본주의가 급속하게 성장하면서 생긴 부의 격차, 생계를 위해 도시로 몰려든 사람이 겪는 가난과 불평등을 날카롭게 지적했습니다. 또한 경제적 어려움뿐만 아니라 사회와 정치에서도 약자가 겪는 차별과 고통을 작품 속 인물을 통해 생생하게 보여 줬습니다. 이러한 점에서 『어려운 시절』은 산업화된 영국의 현실을 반영하면서 그 이면에 있는 인간적인 고통과 사회적 모순을 고발한 소설입니다.

디킨스의 소설은 19세기 중반 산업혁명이 한창이던 런던을 배경으로 하고 있습니다. 이 시기 영국은 엄청난 변화를 겪고 있었습니다. 산업혁명은 18세기 중반부터 시작된 기술 발전이 사회와 경제 전반에 큰 변화를 가져온 과정을 의미합니다. 손으로 물건을 만들던 방식에서 벗어나 석탄을 연료로 사용하는 기계를 이용해 훨씬 빠르고 많이 생산할 수 있게 됐습니다. 이와 같은 변화는 사람들의 삶도 바꿨습니다. 공장을 세운 부유한 자본가와 그곳에서 일하는 가난한 노동자라는 새로운 계층이 생겼습니다. 이러한 점에서 산업혁명은 단순한 기술 발전이 아니라 사람들의 일상과 사회 구조를 완전히 바꾼 큰 사건이었습니다.

산업혁명은 영국이나 서유럽의 일부 국가가 특별해서 발생한 사건이 아닙니다. 18세기 중반까지 세계에서 가장 부유하고 발전한 나라는 중국과 인도였습니다. 유럽의 탐험가가 먼바다를 항해했던 이유도 바로 그것입니다. 이들은 중국과 인도에서 값비싼 차, 설탕, 향신료 등의 물건을 가져와 큰돈을 벌고 싶어 했습니다. 당시 유럽은 세계 무역과 문화의 중심이 아니라 오히려 주변에 위치했습니다.

그러나 산업혁명이 일어나면서 상황이 바뀌었습니다. 영국을 비롯한 서유럽의 일부 국가는 새로운 기술과 생산 방식을 바탕으로 빠르게 성장했고, 전 세계 곳곳에 식민지를 세우면서 강력하고 부유한 나라로 떠올랐습니다. 산업혁명은 유럽이 세계의 중심으로 부상하는 계기가 되었던 역사적 전환점이었던 것입니다.

그렇다면 왜 산업혁명은 18세기 중반에 영국에서 가장 먼저 시작됐을까요? 그리고 산업혁명이 일어난 후 영국과 서유럽에는 어떤 변화가 나타났을까요? 산업혁명의 배경은 좀 더 넓은 시간과 공간 속에서 살펴볼 필요가 있습니다.

약 45억 년 전에 태어난 이후 지구의 기후는 끊임없이 변화해 왔습니다. 특히 약 1만 년 전에 마지막 빙하기가 끝난 후 지구는 전반적으로 따뜻한 시기를 유지했습니다. 그런데 특이하게도 15세기 중반부터 18세기 중반까지 갑자기 매우 추운 시기가 찾아왔습니다. 이 시기를 '소빙기'라고 부릅니다. 과거 수천만 년 동안 있었던 대규모 빙하기에

비하면 기간은 짧지만 인류가 농경을 시작한 이후 가장 혹독한 추위였습니다.

소빙기 동안 지구는 평소보다 훨씬 더 추워졌습니다. 평균 기온이 약 2℃ 이상 떨어졌는데 이는 전 세계적으로 큰 영향을 미쳤습니다. 이와 같은 극심한 추위를 초래한 원인 중 한 가지는 바로 화산 폭발이었습니다. 화산이 폭발하면 뜨거운 재와 함께 이산화황SO2이 공중으로 올라갑니다. 이 기체는 하늘에서 얇은 막처럼 퍼지면서 태양빛을 가립니다. 햇빛이 지표면까지 닿지 않으므로 지구는 따뜻해지지 않고 기온이 급격하게 떨어지는 것입니다.

예를 들어 18세기 초에 러시아 캄차카반도에 있는 쉬벨루치 화산이 폭발했고, 19세기 초에는 인도네시아의 탐보라 화산이 폭발했습니다. 탐보라 화산 폭발은 인류 역사상 가장 강력한 화산 폭발 중 하나입니다. 이 폭발로 약 9만 명이 사망했는데 이 중 8만 명 이상은 화산 폭발이 아닌 그로 인해 발생한 추위나 기근, 전염병 때문에 사망했습니다. 화산이 직접적 그리고 간접적으로 수많은 생명과 삶에 큰 피해를 준 것입니다. 이와 같이 소빙기는 단순한 자연현상이 아니라 전 세계적으로 인류의 생존을 위협했던 기후 재난이었습니다.

소빙기 동안 추위가 계속되자 평소에는 좀처럼 얼지 않던 강과 바다까지 얼어붙었습니다. 영국을 가로지르는 템스강도 예외는 아니었습니다. 소빙기 동안 템스강은 무려 24번이나 얼었는데 특히 1683~1684년 사이에 영국 역사상 가장 추운 겨울이 찾아왔습니다. 당시 템스강은 거의 두 달 동안 얼어붙었고 얼음 두께는 어른 키만큼 두꺼웠습니다.

강 위는 마치 거대한 놀이터처럼 변했습니다. 아이는 얼음 위에서 공을 차며 놀았고 어른도 썰매를 타거나 스케이트를 즐겼습니다. 템스강 위에서 장터를 열고 축제를 열기도 했습니다. 그러나 이와 같은 낭만적 풍경 이면에는 어두운 현실도 있었습니다. 혹독한 추위로 많은 사람이 굶주림과 질병으로 고통받았습니다. 즉, 소빙기의 겨울은 한편으로는 강 위에서의 즐거운 기억을 남겼지만, 다른 한편으로는 생존을 위협하는 혹독한 재난의 시간이었습니다.

소빙기에는 겨울 동안 자주 내린 서리 때문에 강만 얼어붙은 것이 아니었습니다. 땅도 얼어붙어 봄이 와도 쉽게 녹지 않았습니다. 농

에이브러햄 혼디우스, 《얼어붙은 템즈강》, 1684년.

민은 제때 씨앗을 뿌릴 수 없었고 작물이 제대로 자라지 않았습니다. 밀이나 귀리 같은 곡물은 자라는 시간이 짧아지자 수확량도 크게 줄었습니다. 곡물이 부족해지자 가격이 급격하게 올랐습니다. 먹을 것이 모자라자 사람들은 살아남기 위해 극단적인 방법을 선택했습니다. 독일에서는 흙을 섞어 빵을 만들었고 프랑스에서는 풀뿌리나 나무뿌리로 연명하는 사람이 늘어났습니다.

중국도 예외는 아니었습니다. 당시 중국을 다스리던 명나라는 기근에 제대로 대응하지 못했고 굶주린 사람은 돕지 못했습니다. 이러한 위기 속에서 명나라는 결국 무너졌고 새로운 왕조인 청나라가 등장했습니다. 이와 같이 소빙기의 추위는 단순히 날씨가 추운 것을 넘어 사람들의 식생활와 생존, 심지어 국가의 운명까지 바꾼 중요한 사건이었습니다.

우리나라도 예외는 아니었습니다. 소빙기로 인한 가장 심각했던 기근은 1670~1671년 사이에 발생한 '경신대기근庚辛大飢饉'이었습니다. 당시 조선의 전체 인구는 약 1,400만 명이었는데 10% 이상이 굶주림과 기근으로 목숨을 잃었습니다. 기근에 대한 기록은 『조선왕조실록』「현종개수실록」에 자세히 남아 있습니다. 현종 즉위년 5월 27일, "이 해 봄에 기근이 들어 상평청이 3월부터 죽을 쑤어 기민을 구제하였다"는 기록을 시작으로 165건이나 되는 기근 관련 기록이 실려 있을 만큼 상황은 심각했습니다.

소빙기 동안 추운 날씨로 농작물 수확량이 감소하고 사람들의 삶은 어려워졌습니다. 이런 기후위기는 인류 사회에 커다란 변화를 초래했습니다. 살아남기 위해 새로운 기술과 방법이 필요했고, 이런 배경 속에서 영국에서 기계와 공장 중심의 새로운 생산 방식인 산업혁명이 나타난 것입니다.

산업혁명이 일어난 이후 영국과 서유럽은 빠르게 변하기 시작했습니다. 공장에서는 더 많은 물건을 빨리 만들 수 있게 되었고, 도시로 일자리를 찾아오는 사람이 몰려들면서 도시화가 급속하게 진행됐습니다. 경제 구조는 물론 사회 계층이나 생활 방식도 크게 바뀌었습니다. 결국 산업혁명은 기술 발명뿐만 아니라 기후변화와 인간의 적응이 만든 역사적 전환점이었던 것입니다.

새롭게 찾은 연료, 석탄

소빙기 동안 전 지구적으로 날씨가 매우 추워지고 겨울이 길어지자 추위를 견디기 위해 많은 연료가 필요했습니다. 당시 가장 흔히 사용하던 연료는 목재였습니다. 그러나 땔감을 많이 쓰면서 나무가 점점 부족해졌고 수요는 계속 증가했습니다. 결국 목재 가격이 크게 오르면서 가난한 사람은 난방조차 제대로 할 수 없는 상황에 놓이게 됐습니다. 특히 17세기는 추위가 가장 심했던 시기로 일부 역사학자는 이 시기를 '17세기의 위기'라고 부르기도 합니다. 추위 때문에 농작물이 제대로 자라지 못했고 굶주림으로 죽는 사람이 급증했기 때문입니다.

사람들은 더는 나무만으로 추위를 견딜 수 없었습니다. 그래서 새로운 연료를 찾기 시작했고, 이때 주목한 것이 바로 석탄입니다. 석탄은 수억 년 전에 살았던 식물이 땅속에 묻힌 뒤 오랜 시간 동안 열과 압력을 받아 만들어진 광물입니다. 지질학자는 석탄이 만들어진 시기를 '석탄기Carboniferous period'라고 부르는데 약 3억 6,700만~2억 8,900만 년 전 사이입니다. 당시 지구는 지금보다 더 따뜻하고 습기가 많았으며 거대한 숲이 울창하게 자라 있었습니다. 이 시기에 자란 식물이 땅속에 쌓이고 시간이 흐르면서 석탄으로 변한 것입니다.

그러므로 석탄은 전 세계 여러 지역에 비교적 널리 퍼져 있는 자원입니다. 사람들은 아주 오래전부터 석탄을 사용해 왔습니다. 최근 중국의 한 유적지에서는 석탄 덩어리와 아궁이가 함께 발견되었는데 고고학자는 이 유물이 기원전 3,500년 전의 것으로 추정합니다. 이미 수천 년 전부터 석탄을 사용했다는 증거입니다. 또한 기원전 6세기경 중국에서 철을 만들기 위해 석탄을 사용한 기록도 있습니다. 금속을 녹이기 위해서는 매우 높은 온도가 필요한데 석탄은 고열을 내기 적합한 연료였습니다.

영국에서도 석탄 사용의 흔적이 남아 있습니다. 1302년에 영국 왕 에드워드 1세Edward I는 석탄 연기가 공기를 오염시킨다며 석탄 사용을 금지하는 명령을 내렸습니다. 이로 미루어 보아 이미 중세에도 석탄이 널리 사용되었음을 알 수 있습니다. 이와 같이 석탄은 특정 지역의 자원이 아니라 인류가 오랫동안 사용했던 연료였습니다.

　　　　석탄 사용에 대한 부정적인 인식도 존재했습니다. 14세기에 유럽에서 페스트가 확산하면서 수많은 사람이 목숨을 잃었습니다. 페스트에 감염되면 사람의 피부가 썩어 들어가면서 검게 변하는 증상을 보였기 때문에 많은 사람은 이 전염병을 '흑사병 Black Death'이라고 불렀습니다. 검은색은 당시 사람들에게 죽음과 재앙을 떠올리게 만드는 불길한 색으로 여겨졌습니다. 일부 역사학자는 석탄처럼 검은색을 띠는 물질은 기피 대상이 되며 많은 사람이 석탄을 사용하기를 꺼려했다고 주장합니다.

　　　　18세기 중반에 영국은 산업혁명의 중심지로 떠오르며 석탄을 주요 에너지원으로 활용하기 시작했습니다. 당시 영국은 지질학적으로 석탄층이 널리 분포되어 있었고 목재 부족으로 석탄 수요가 급증했습니다. 초기에는 지표면 근처에 노출된 석탄을 채굴했지만 수요 증가로 점점 깊은 지하에서 석탄을 채굴해야 했습니다. 이 과정에서 탄광에 물이 고이는 문제가 발생했고 이를 해결하기 위한 새로운 기술이 필요했습니다.

　　　　1712년에 토머스 뉴커먼 Thomas Newcomen은 최초의 실용적인 증기기관을 개발해서 탄광의 물을 퍼내는 데 사용했습니다. 그러나 이 증기기관은 효율성이 낮아 많은 연료를 소비했습니다. 이후 영국 발명가 제임스 와트는 기존의 증기기관을 개선해서 특허를 받았습니다. 그는 증기기관의 실린더와 응축기를 분리해서 열 손실을 줄이고 효율성을 높였습니다. 또한 회전 운동을 가능하게 하는 메커니즘을 도입해 다양한 산업 분야에 활용될 수 있도록 했습니다.

증기기관의 발명은 단순한 기술 혁신을 넘어 인류 사회 전반에 큰 변화를 초래했습니다. 특히 증기기관을 동력으로 하는 기차와 증기선이 등장하면서 사람과 물자의 이동 속도는 과거와 비교할 수 없을 정도로 빨라졌습니다. 기차는 내륙을 가로지르며 도시를 연결했고 증기선은 대서양을 건너 대륙 간 무역을 활성화했습니다. 전 세계는 이전보다 훨씬 더 밀접하게 연결되었고 무역과 문화 교류가 활발해졌습니다.

증기기관을 적극적으로 활용한 영국과 서유럽 국가는 산업 생산력을 높일 수 있었습니다. 이와 같은 국가는 증기기관을 기반으로

제임스 와트의 증기기관
제임스 와트는 기존의 증기기관을 개량해 열 손실을 줄이고 효율성을 높였습니다.

한 산업화와 교통망 확장을 통해 경제적, 군사적 우위를 확보하면서 전 세계에 식민지를 확장했습니다. 이러한 과정에서 영국은 '해가 지지 않는 나라'로 불릴 만큼 광범위한 제국을 건설하게 됐습니다. 소빙기의 급격한 기후변화가 새로운 세계 질서의 재편으로 이어진 것입니다.

증기기관차와 대륙횡단철도

18세기 말 영국에서 산업혁명이 시작되면서 큰 변화가 발생했습니다. 그중 한 가지는 바로 증기기관차의 발명입니다. 당시 영국 북부에 있는 달링턴이라는 지역은 석탄이 많이 나는 지역이었습니다. 근처의 스톡턴은 티스강을 따라 바다와 연결되어 있어 물건을 실어 나르기 좋은 장소였습니다. 과거에는 달링턴에서 채굴한 석탄을 말이나 마차를 이용해 스톡턴까지 운반했지만 시간이 지나면서 석탄 생산량이 증가하자 마차로는 감당할 수 없었습니다. 더 빠르고 효율적인 운송 수단이 필요했고, 이때 등장한 것이 바로 증기기관차였습니다.

영국 발명가 조지 스티븐슨 George Stephenson은 철로를 만들고 1825년에 '로코모션 Locomotion'이라는 세계 최초의 상업용 증기기관차를 운행했습니다. 이 기관차는 달링턴에서 스톡턴까지 운행했는데 덕분에 석탄을 예전보다 훨씬 싸고 많이 실어 나를 수 있게 됐습니다. 이후 리버풀이나 맨체스터 같은 큰 도시를 연결하는 철도가 생기면서 영국의 교통과 물류는 빠르게 발전했습니다. 이처럼 철도 기술의 발전은 제철 산업에 영향을 미쳤고, 제철업은 산업혁명을 이끄는 가장 중요한 산업으로 성장하게 됐습니다.

19세기 초에 증기기관차가 등장하면서 사람과 물건, 원료 등을 먼 거리로 빠르게 옮길 수 있게 됐습니다. 이 기술은 영국에서 시작되었지만 곧 전 세계 여러 나라에서도 철도를 건설했습니다. 이후 철도 건설은 유행처럼 퍼졌습니다. 철도가 생기면서 서로 멀리 떨어졌던 지역도 점점 가까워졌고 하나의 네트워크로 묶였습니다.

이와 함께 여러 산업도 발전했습니다. 증기기관차를 만들기 위해서는 철이 많이 필요했기 때문에 제철이나 철강 산업이 크게 성장했고, 철로를 부설하기 위해 땅을 다지고 구조물을 세우는 토목 산업도 발전했습니다. 또한 은행이나 투자 회사 같은 금융업도 활발해졌습니다.

미국에서도 철도가 큰 역할을 담당했습니다. 원래 동북부에 있는 13개의 독립 국가의 연합으로 탄생한 미국은 19세기 이후 서부로 팽창했습니다. 그 결과 동부와 서부를 연결할 수단이 필요했는데 이때 등장한 것이 바로 철도였습니다. 1830년에 메릴랜드주 볼티모어에서 뉴욕주 엘리코트까지 최초의 철도가 만들어졌습니다.

이후 철도는 급속하게 증가했습니다. 1840년에 미국 전체 철도 길이는 약 2,800마일이었는데 1860년에 미국 내전 직전에는 무려 3만 마일로 10배 이상 증가했습니다. 전쟁에서 철도는 매우 중요했습니다. 당시 북부에는 약 2만 2,000마일의 철도가 있었지만 남부에는

9,000마일밖에 없었습니다. 철도를 통해 군대와 무기를 빠르게 옮길 수 있었기 때문에 전쟁의 승패를 가르는 데 크게 영향을 미쳤습니다.

1865년에 미국 내전이 끝난 후 사람과 물자를 서부로 이동시키기 위해 연방정부는 본격적으로 철도를 건설하기 시작했습니다. 철도 회사에 토지를 무상으로 빌려주고 건설 비용도 빌려줬습니다. 당시 두 개의 큰 회사가 철도 건설을 맡았습니다. 하나는 캘리포니아주의 새크라멘토에서 동쪽으로 철로를 건설한 센트럴 퍼시픽 회사였고, 다른 하나는 아이오와주의 카운슬블러프스에서 서쪽으로 철로를 건설한 유니온 퍼시픽 회사였습니다. 두 회사의 철도는 유타주의 프로몬터리에서 만나 연결되었는데, 이 철도가 바로 미국 대륙을 동서로 가로지르는 '대륙횡단철도 Transcontinental Railroad'입니다.

대륙횡단철도 건설에는 많은 중국인 노동자가 참여했습니다. 주로 험한 산을 뚫고 철로를 부설하는 어려운 일을 담당했습니다. 대륙횡단철도가 완성된 이후 미국의 철도는 매우 빠르게 증가했고, 20세기 초에 미국의 철도 길이는 약 20만 마일로 영국과 유럽 여러 나라의 철도를 모두 합친 것보다 길었습니다. 미국은 철도 덕분에 더 넓어지고 더 빠르게 발전할 수 있었습니다.

철도의 발달로 물건이나 자원을 옮기는 데 드는 비용이 점점 감소했습니다. 그 결과 공장이나 상점 등 산업과 상업이 크게 발전했습니다. 기회를 찾아 서부로 이주하는 사람들이 많아졌고 철도가 생긴 지역마다 사람이 몰려들어 큰 도시가 생겼습니다. 그러나 늘 좋은 일만 있

대륙횡단철도 완공식
미국 대륙을 동서로 가로지르는 철도가 대륙횡단철도입니다.

었던 것은 아니었습니다. 미국 중서부 지역에 살던 아메리카 원주민은 오랫동안 살던 곳에서 추방되어 '인디언 보호구역Indian Reservation Area'으로 강제 이주해야 했습니다. 그리고 백인의 생활 방식에 억지로 동화되어야만 했습니다.

미국은 철도를 통해 서쪽 끝인 태평양까지 영토를 넓혔습니다. 그리고 태평양 건너에 있는 아시아의 여러 나라에도 관심을 가지기 시작했습니다. 중국과 일본을 비롯한 아시아의 여러 나라와 강제로 조약을 체결하면서 점점 유럽 제국주의 국가처럼 세계에 영향력을 미쳤습니다. 제국주의 국가로 부상하기 시작한 것입니다.

철제 증기선과
유럽의 패권

　　18세기 초에 영국 동인도회사는 중국이나 동남아시아와 무역을 하면서 발생하는 문제를 해결하기 위해 중국에 사절단을 파견하자고 제안했습니다. 조지 매카트니 George Lord Macartney를 단장으로 약 100명으로 구성된 사절단이 청나라로 떠났습니다. 사절단의 가장 중요한 목적은 청나라와의 공식적인 외교 관계를 수립하고 무역에서 유리한 조건을 얻는 것이었습니다. 유럽의 다른 국가가 얻지 못한 혜택을 받길 원했던 것입니다. 또한 중국의 정치나 문화, 경제 등 여러 가지 정보를 직접 보고 듣고 조사해서 영국에 가져오는 것도 중요한 임무였습니다.

　　1792년 9월, 영국 사절단은 중국으로 출발했고 다음 해 7월에 베이징에 도착했습니다. 이들은 영국 왕 조지 3세 George Ⅲ가 청나라 황제 건륭제 乾隆帝에게 보내는 친서와 함께 영국에서 만든 시계, 모직물, 무기 같은 선물을 가져갔습니다. 사절단은 영국과의 무역을 허락해 달라고 요청했습니다. 특히 베이징과 광저우에 영국 상점을 열 수 있게 해 달라고 부탁했습니다.

　　그러나 건륭제는 이 요청을 단호하게 거절했습니다. 중국은 이미 필요한 물자가 충분하므로 외국과 무역할 이유가 없다는 것이었습니다. 또한 영국 상인이 중국에서 무역하고 싶다면 중국의 법과 규칙은 반드시 따라야 한다고 경고했습니다. 결국 영국 사절단은 원하는 것을 아무것도 얻지 못한 채 돌아가게 됐습니다.

1850년대까지 중국은 전 세계에서 인구가 가장 많은 국가였습니다. 정확한 수치를 알 수 있는 통계는 없지만 전문가에 따르면 명나라 말기인 17세기 후반에 이미 1억 명을 넘었을 것으로 추정합니다. 당시 중국은 농경 사회였는데 인구가 많다는 것은 농사를 많이 지을 수 있다는 의미이므로 인구가 많을수록 국가가 부유해질 수 있었습니다. 실제로 19세기 중반까지 중국은 세계에서 가장 부유한 국가였습니다. 한 인구학자에 따르면 당시 전 세계 부의 3분의 2가 중국과 인도에 집중되어 있었습니다.

　　그러므로 당시 중국은 굳이 다른 국가와 무역을 하지 않아도 될 정도로 물자가 풍부했습니다. 무역을 하더라도 중국이 늘 이익이었습니다. 중국이 파는 상품이 많고 사는 것은 적었기 때문입니다. 1842년 자료에 따르면 청나라가 영국에서 수입한 상품은 면제품을 포함해 약 960만 달러였습니다. 반면 청나라가 영국에 수출한 상품은 차 1,500만 달러, 비단 920만 달러, 기타 상품 150만 달러로 약 2,570만 달러였습니다. 중국의 수출품이 3배 이상 많았습니다.

　　당시 영국인의 일상에서 차와 비단은 꼭 필요했습니다. 그래서 중국과의 무역에서 손해를 보더라도 무역을 끊을 수 없었습니다. 중국은 외국과의 무역을 마치 오랑캐에게 은혜를 베푸는 것이라고 생각할 정도로 자부심이 강했습니다. 중국에 팔 상품은 거의 없고 중국에서 수입하는 상품만 많다 보니 영국의 은은 대부분 중국으로 흘러 들어갔습니다. 이 상황이 계속되면 영국 경제가 무너질 수 있는 상황이었습니다.

결국 영국이 선택한 것은 아편 밀수출이었습니다.

아편은 양귀비꽃에서 얻는 마약의 일종입니다. 양귀비꽃이 피고 10일쯤 지나 열매가 아직 덜 익은 상태에서 칼로 열매를 살짝 베면 흰 즙이 나옵니다. 이 즙을 모아서 가열하거나 말려 굳힌 것이 바로 생生아편입니다. 생아편을 가루로 만들고 모르핀 성분을 10% 정도로 조절한 것이 아편 가루입니다. 마약으로 사용하지만 과거에는 약처럼 사용했습니다.

양귀비꽃과 아편
영국은 중국과의 무역에서 일방적인 수입으로 경제 위기에 처하자 아편 밀수출을 선택했습니다.

아편의 역사는 아주 오래됐습니다. 기원전 2세기경 의사 갈레노스는 아편이 두통이나 복통, 어지럼증, 발열, 우울증 같은 병에 효과가 있다고 기록했습니다. 중국에서도 아편은 원래 의료용으로 사용했습니다. 한나라 말기의 유명한 의사 화타華佗는 아편과 대마를 섞어 마취제로 사용했고, 당나라는 이슬람 제국에서 아편을 수입하기도 했습니다.

아편을 담뱃대에 넣어 피우는 방법은 17세기쯤 등장했습니다. 네덜란드 상인이 북아메리카 원주민을 통해 담배와 담뱃대를 알게 되면서 대만을 거쳐 다른 지역으로 확산됐습니다. 당시에는 생아편을 물에 녹인 후 불로 끓여서 증발시키고 남은 것을 농축시켰습니다. 이렇게 만든 아편을 아편용 곰방대에 넣고 불을 붙여 마치 담배처럼 피웠습니다. 이후 사람들은 아편을 자주 피우게 되었고 결국 중독자가 생겼습니다. 그래서 명나라 마지막 황제 숭정제崇禎帝는 아편 피우는 것을 법으로 금지하기도 했습니다.

영국이 아편을 중국에 몰래 밀수출하던 때 중국은 청나라의 쇠퇴기였습니다. 중앙정부의 힘이 약해지면서 전국적으로 반란이 일어났고 반란을 막기 위해 군대와 무기가 필요했습니다. 모든 비용은 백성이 내는 세금으로 충당했기 때문에 사람들의 부담은 더욱 커졌습니다. 세금이 너무 높아지자 땅을 버리고 도망치는 사람이 증가했고 반란군에게 합류하는 사람도 생겼습니다. 정치도 불안하고 경제도 어려운 상황 속에서 사람들은 불안했습니다. 영국은 이와 같이 혼란스러운 상황을 이용해 아편을 밀수출한 것입니다.

당시 많은 중국인은 현실의 고통과 불안을 잊기 위해 아편을 선택했습니다. 1773년에 처음 아편이 중국에 밀수되었을 때는 약 1,000상자 정도 팔렸습니다. 그러나 1839년에는 4만 상자가 팔리면서 40배 이상 급증했습니다. 이 무렵 중국에서 아편에 중독된 사람은 약 400만 명으로 추정됩니다. 아편 밀수가 증가하자 무역에서 우위를 점하던 중국의 입장도 바뀌기 시작했습니다. 1842년에는 상황이 바뀌어 무역 흑자가 1,600만 달러였지만 중국이 수입한 아편은 2,400만 달러여서 800만 달러가 적자였습니다. 이제 차나 비단을 사기 위해 중국으로 흘러 들어간 은이 다시 영국으로 되돌아왔습니다.

청나라는 여러 차례 아편을 금지했지만 영국은 무역에서 본

손해를 줄이기 위해 아편 밀수출을 멈추지 않았습니다. 결국 청나라 황제 도광제道光帝는 임칙서林則徐를 특사로 임명해 광저우로 보냈습니다. 그는 아편을 압수해서 불태우고 아편을 파는 외국 상인을 내쫓는 등 강하게 대응했습니다.

영국도 군사력으로 맞섰습니다. 영국 군함 네메시스호는 강철로 만든 증기선이었는데 120문의 대포를 3단으로 설치해 강한 화력을 갖췄습니다. 산업혁명으로 무기와 기술이 발전한 영국에 청나라는 상대가 되지 못했습니다. 결국 청나라는 전쟁에서 패배했고 1842년에 '난징조약南京條約'이라는 불평등 조약을 맺었습니다. 조약에 따라 청나라는 홍콩을 영국에 넘겼고 5개 항구를 개방했으며 전쟁 배상금을 지불해야 했습니다. 이제 중국은 더는 세계에서 가장 부유하고 강한 나라가 아니었습니다.

이런 현상은 중국만 겪은 것이 아닙니다. 일본도 우리나라도 비슷한 경험을 했습니다. 1852년에 미국 매튜 페리Matthew C. Perry 제독이 이끄는 철제 증기선 미시시피호와 대포를 장착한 흑선이 일본 가나가와현 남동부에 있는 우라가浦賀에 도착했습니다. 당시 기록에 따르면 많은 일본인은 검은 연기를 내뿜은 거대한 철제 증기선을 보고 크게 놀라며 두려워했습니다. 결국 일본은 미국의 압력에 굴복해 154년 3월에 항구를 개방하고, 미국과 무역하겠다는 조약을 체결했습니다.

시간이 흘러 1875년에 일본은 강력해진 군사력을 앞세워 조선을 침략했습니다. 증기기관을 장착한 강철로 만든 군함 앞에 조선은 제대로 저항하지 못했습니다. 조선은 흔히 강화도 조약이라 불리는 '조일수호조규朝日修好條規'를 체결하고, 이후 일본에 국권을 탈당해 일본의 식민지로 전락했습니다.

대량생산과 대량소비의 시대

19세기 초에 제임스 와트가 기존의 증기엔진을 개량하면서 기차나 증기선에 활용했습니다. 그러나 당시 증기엔진은 열에너지를 제대로 동력으로 바꾸지 못해 효율이 10%도 되지 않을 정도로 낮았습니다. 이후 사람들은 더 효율적인 엔진을 만들기 위해 새로운 기관을 발명했습니다. 바로 내연기관입니다. 이는 기관 내부에서 연료를 직접 태워서 생기는 열로 동력을 만드는 것입니다.

내연기관은 17세기 말 네덜란드 화학자 크리스티안 호이겐스Christiaan Huygens가 처음 시도했습니다. 그는 화약이 폭발할 때 나오는 힘으로 기계를 움직이려 했지만 당시에는 기술이 부족해서 실용화되지 않았습니다. 이후 독일 기술자 니콜라우스 오토Nicolaus Otto가 가솔린을 사용하는 내연기관을 발명했고, 그의 조수였던 고틀립 다임러Gottlieb Daimler는 이 엔진을 사륜 자동차에 장착했습니다.

자동차는 유럽에서 먼저 발명되었지만 자동차가 전 세계적으로 확산된 곳은 미국이었습니다. 1908년에 미국 자동차 회사 포드는

'모델 T'를 개발했습니다. 이 차는 인류 역사상 처음으로 대량 생산된 자동차였습니다. 미국 내전 이후 미국에서는 급속한 산업화가 시작됐습니다. 공장에서 물건을 효율적으로 생산하기 위한 과학적인 관리 방법이 등장했는데, 미국 경영학자 프레더릭 윈슬로 테일러Frederick Winslow Taylor는 일일 작업량을 정하고 일하는 방식과 조건을 표준화해서 체계적인 생산 관리 시스템을 만들었습니다. 그의 생각을 바탕으로 헨리 포드는 컨베이어를 이용해 '조립라인Assembly Line'이라는 생산 방식을 고안했습니다. 이 방식은 정해진 일을 반복하면서 차를 빠르게 조립하는 것입니다. 덕분에 자동차 생산 시간이 짧아지고 효율성이 향상됐습니다.

그러나 포드의 대량생산 방식이 단순히 조립라인만 의미하는 것은 아닙니다. 포드가 진짜 중요하게 생각한 것은 쉽고 빠르게 만들 수 있는 자동차를 생산하는 것이었습니다. 그래서 그는 노동자가 쉽게 조립할 수 있도록 차량 구조를 간단하게 만들었습니다. 조립해야 할 공정도 줄였고 품질은 더 좋아지도록 설계했습니다. 모든 자동차 부품 규격을 통일해서 어떤 부품이든 빠르게 끼울 수 있도록 해서 조립 시간을 단축했습니다. 한 가지 재미있는 사실은 모델 T가 검은색만 있었다는 점입니다. 검은색 페인트가 다른 색보다 빨리 마르기 때문이었는데, 이렇게 하면 차를 더 빨리 완성할 수 있어서 생산 속도를 높일 수 있었습니다.

1914년에 포드는 신문에 노동자 임금을 기존 2.38달러에서 5달러로 2배 가까이 올려주겠다는 광고를 냈습니다. 수많은 사람이 포드 자동차 공장에서 일하기 위해 몰려들었습니다. 포드가 파격적인 임금을 줄 수 있었던 이유는 바로 대량생산 덕분이었습니다. 공장에서 자동차를 빠르고 효율적으로 만들다 보니 비용은 줄고 수익이 증가했기 때문입니다.

　　　　포드의 대표 모델인 모델 T가 처음 출시되었을 때 가격은 850달러였습니다. 당시 미국 노동자의 월급이 약 70달러였던 것을 감안하면 자동차는 노동자가 1년 이상 저축해야 살 수 있는 비싼 물건이었습니다. 그러나 대량생산이 계속되면서 가격이 점점 내려갔고, 결국 모델 T의 가격은 250달러까지 떨어졌습니다. 처음 출시된 해에는 약 6,800대가 팔렸지만 1927년에 생산을 중단할 때까지 총 1,500만 대가 팔렸습니다. 당시 통계에 따르면 미국인 5명 중 1명은 자동차를 가지고 있을 정도로 이제 자동차는 대중의 필수품이 됐습니다.

　　　　자동차가 생기면서 주거 방식도 크게 달라졌습니다. 예전에

모델 T
모델 T는 최초로 대량 생산된 자동차였습니다.

는 도심의 비좁은 공간에서 살았지만 자동차 덕분에 멀리 떨어진 교외로 이사할 수 있게 됐습니다. 부동산 업자는 교외의 넓은 땅을 사들여 집이나 빌라를 짓기 시작했고 사람들은 더 넓고 자연이 가까운 전원주택으로 이사했습니다. 아이들은 햇빛과 바람을 느끼며 뛰어놀 수 있었고 부모들도 도심의 복잡함에서 벗어나 여유로운 생활을 누릴 수 있었습니다. 그러나 이런 변화는 도심의 부동산 시장에 큰 영향을 미쳤습니다. 사람들이 떠나면서 도심 건물과 땅값이 하락했고 도심 중심이 텅 비는 공동화 현상이 발생하기도 했습니다.

자동차 생산과 소비 증가로 미국 철강 산업도 급속하게 성장했습니다. 당시 미국 전체 철 생산량의 10% 이상이 자동차 제조에 사용됐습니다. 자동차는 여러 가지 재료로 만들어지지만 가장 중요한 것은 철강입니다. 자동차의 엔진, 기어, 크랭크축, 밸브 등 핵심 부품의 대부분은 철강으로 만들어집니다. 심지어 타이어도 고무뿐만 아니라 안쪽에는 강철로 된 바퀴가 함께 있습니다.

포드는 세계 최초로 바나듐V이라는 금속을 섞은 특별한 강철을 자동차에 사용했습니다. 바나듐은 단단하지만 잘 구부러지고 가공하기 쉬운 금속입니다. 강철에 바나듐을 섞으면 강도가 3배 이상 강해져서 훨씬 튼튼한 자동차를 만들 수 있습니다. 포드는 최초로 자동차를 발명한 사람은 아니었지만, 그의 대량생산 방식과 기술 덕분에 자동차 산업이 크게 발전했고 철강 산업도 함께 성장했습니다. 20세기에 자동차 산업과 철강 산업은 상호보완적인 산업으로 발전하게 된 것입니다.

1928년 미국 대통령 선거에서 공화당 후보로 출마했던 허버트 후버 Herbert Hoover는 민주당 후보 알 스미스 Al Smith에게 압도적인 승리를 거뒀습니다. 후버가 제31대 대통령이 될 수 있었던 이유는 당시 미국 사회가 경제적으로 번영했기 때문입니다. 사람들은 미래에 대한 기대감이 가득했고 후버는 이런 분위기를 잘 활용했습니다. 그가 내건 슬로건은 "미국인의 모든 차고에는 자동차를, 미국인의 모든 식탁에는 닭고기를"이었습니다. 모든 국민이 잘살게 하겠다는 약속이었죠. 그러나 경제적 번영은 오래가지 않았습니다.

1929년 10월 24일 목요일, 뉴욕 증권거래소에서 갑자기 수많은 사람이 주식을 팔기 시작했습니다. 그 결과 주가가 급격히 떨어지기 시작했고 일주일도 지나지 않아 주식 가격은 절반 이하로 폭락했습니다. 후일 이날은 '암흑의 목요일 Black Thursday'로 불리게 되었는데 이 사건은 세계 경제를 뒤흔든 대공황의 시작이었습니다.

당시 미국은 자동차나 가전제품 등 물건을 많이 만들고 많이 소비하는 대량생산과 대량소비 사회였습니다. 겉으로는 번영처럼 보였지만 사실 너무 많은 물건을 만들어서 팔리지 않는 과잉생산과 일자리를 잃은 사람이 증가하는 실업 문제도 심각했습니다. 이와 같이 불안한 상황에서 대공황이 시작되자 미국 전체가 큰 경제 위기에 빠지게 됐습니다. 공장이 문을 닫고 생산이 멈췄으며 경제가 마비됐습니다.

대공황이 시작된 첫해인 1929년에 실업자는 약 150만 명이었지만 3년 뒤인 1932년에는 10배 이상 증가했습니다. 당시 미국 노동자 중 30% 이상이 실업 상태였습니다. 후버 대통령과 연방정부는 경제가 회복될 것이라고 말했지만 상황은 나아지지 않고 오히려 악화됐습니다. 더욱이 대공황은 미국에만 그치지 않고 세계 여러 나라에 영향을 미치면서 전 세계적인 경제 위기로 확산됐습니다.

대공황은 대통령 선거에도 영향을 미쳤습니다. 1932년 대통령 선거에서 민주당 후보였던 프랭클린 D. 루스벨트는 이전과 완전히 다른 방식으로 선거운동을 벌였습니다. 바로 라디오를 이용한 것입니다. 라디오는 1888년에 독일 물리학자 하인리히 루돌프 헤르츠Heinrich Rudolf Hertz가 전파가 실제로 존재한다는 것을 실험으로 증명하면서 시작됐습니다. 이후 이탈리아 발명가 굴리엘모 마르코니Guglielmo Marconi는 더 멀리 전파를 보내기 위해 민감한 수신기를 만들었고 2km 이상 떨어진 곳에 무선 신호를 보내는 데 성공했습니다.

20세기 초까지 라디오는 주로 아마추어가 음악을 듣거나 정보를 주고받는 용도로만 사용했습니다. 그러나 시간이 지나면서 사람의 목소리를 전달하는 방송 매체로 발전했고, 루스벨트는 라디오를 활용해 국민과 직접 소통하면서 큰 인기를 얻었습니다. 그는 '노변담화Fireside Chat'라는 특별한 방송을 진행했습니다. 이는 그가 미국 국민에게 직접 자신의 생각과 정책을 설명하는 라디오 프로그램이었습니다.

노변담화의 주요 내용은 당시 미국이 겪고 있던 대공황이나 정치 문제 그리고 제2차 세계대전 등이었습니다. 무거운 주제를 다루면서도 마치 이웃집 아저씨가 난로 옆에서 이야기하는 것처럼 친근하게 말했습니다. 그래서 사람들은 라디오 앞에 모여 루스벨트의 이야기에 귀를 기울였고 청취율이 매우 높았습니다. 그는 재임 중 총 30차례에 걸쳐 노변담화를 진행했고 이를 통해 국민은 대통령과 연방정부의 생각을 듣고 신뢰할 수 있었습니다.

　　　　루스벨트가 라디오를 적극 활용할 수 있었던 것은 1930년대가 바로 라디오의 황금기였기 때문입니다. 20세기 이후 미국은 대량생산으로 경제가 발전하면서 노동자의 생활도 여유로워졌습니다. 사람들은 야구와 같은 스포츠, 영화, 놀이공원 등 여가 활동에 관심을 가졌습니다. 그러나 대공황이 시작되고 실업률이 증가하면서 영화나 공연보다 값싸고 쉽게 즐길 수 있는 라디오를 찾기 시작했습니다. 라디오는 수신기만 있으면 집에서 음악, 드라마, 뉴스 그리고 대통령의 연설까지 들을 수 있었습니다. 루스벨트는 라디오가 국민과 대통령을 가장 효과적으로

루스벨트 대통령의 노변담화
루스벨트 대통령은 라디오를 활용해 국민과 직접 소통하며 큰 인기를 얻었습니다.

연결해 주는 도구라고 생각했습니다. 그리고 그의 생각은 틀리지 않았습니다. 라디오는 정치나 경제뿐만 아니라 미국인의 일상에 깊이 자리한 중요한 매체가 됐습니다.

산업화 시작의 구성 요소, 골디락스 조건 그리고 새로운 복잡성

산업화가 시작되면서 인류 사회는 빠르게 변화했습니다. 그렇다면 산업화가 일어날 수 있었던 구성 요소는 무엇일까요? 바로 새로운 에너지원인 석탄과 이를 활용한 증기기관입니다. 약 1만 년 전에 마지막 빙하기가 끝난 뒤 가장 추웠던 시기인 소빙기가 찾아오면서 날씨가 추워져 곡물 가격이 오르고 인구가 감소했습니다. 이와 같이 어려운 환경을 극복하기 위해 사람들은 새로운 에너지원을 찾아야 했습니다.

당시 영국은 석탄이 많이 매장된 지질 구조를 가지고 있었습니다. 처음에는 지표면에 드러난 석탄을 주워서 사용했지만 사용량이 증가하면서 땅속 깊은 곳까지 석탄을 채굴했습니다. 그러나 땅을 깊이 파면 지하수가 차오르는 문제가 생겼고, 이 문제를 해결하기 위해 증기기관이 발명됐습니다. 이를 이용해 지하수를 퍼낼 수 있었고 더 많은 석탄을 채굴할 수 있었습니다. 그리고 증기기관은 다양한 곳에 사용됐습니다. 결국 석탄이 풍부한 지질 구조와 기술 개발이라는 골디락스 조건으로 산업화가 시작됐습니다.

영국을 비롯해 여러 나라에서는 증기기관을 교통수단에 활용하기 시작했습니다. 그 결과 증기기관차와 증기선이 등장했고, 사람들은 이전보다 훨씬 빠르게 먼 거리를 이동할 수 있었습니다. 뿐만 아니라 상품도 훨씬 빠르고 효율적으로 옮길 수 있었습니다. 과거에는 며칠씩 걸리던 거리도 증기기관 덕분에 하루 혹은 몇 시간만에 이동이 가능해졌습니다. 또한 증기기관으로 동력을 얻는 공장이 세워지면서 상품을 대량으로 만드는 시스템이 등장했습니다. 이와 같이 교통과 생산 방식이 모두 바뀌는 변화가 발생하면서 유럽은 전 세계를 연결하는 중심지로 부상했습니다.

산업화는 15세기 말에 확대된 글로벌 네트워크를 더욱 확대했습니다. 원래 세계의 중심은 중국과 인도였지만 산업혁명 이후 유럽과 서유럽의 일부 국가에서 기계과 공장을 통해 상품을 만들면서 유럽이 세계의 중심이 됐습니다. 이 과정에서 유럽은 원료와 노동력을 얻고 생산한 상품을 팔 시장이 필요했습니다. 그래서 증기선과 군대를 이용해 다른 국가를 침략하고 식민지로 삼기 시작했습니다. 특히 영국이 아편전쟁에서 중국에 승리한 이후 아시아의 여러 국가는 유럽의 식민지로 전락했고 유럽은 더 많은 자원을 얻게 됐습니다. 이와 같은 식민지 쟁탈전은 결국 갈등을 초래해 제1차 세계대전과 같은 전쟁이 발발하게 됐습니다.

열 번째 임계국면,
산업화의 시작

산업화 이후 세상은 더욱 편리하고 풍요로워졌습니다. 이와 동시에 사회는 더욱 복잡해졌고 사람들의 삶에도 큰 변화가 나타났습니다. 우선 교통과 통신이 크게 발전했습니다. 멀리 떨어진 곳까지 쉽게 이동할 수 있고 냉장고나 전자레인지, 청소기, TV 등과 같은 전자제품이 등장하면서 생활이 편리하고 여유로워졌습니다. 의학도 크게 발전해서 과거에는 치명적이었던 전염병도 약이나 백신으로 치료할 수 있게 됐습니다. 공중 보건과 위생 수준이 높아지면서 평균 수명은 과거보다 2배 이상 증가했습니다. 과거에는 소수만 교육을 받을 수 있었지만 전 세계 인구의 80% 이상이 글을 읽고 쓸 수 있을 정도로 교육 수준도 높아졌습니다.

산업화가 시작된 지 100년이 조금 지난 오늘날 우리의 삶은 예전과는 완전히 다릅니다. 수십만 년 동안 이어진 수렵채집 시대나 1만 년 동안 이어진 농경 사회와는 비교할 수 없을 정도입니다. 산업화는 생활을 편리하고 풍요롭게 바꾸었지만 늘 좋은 결과만 있었던 것은 아닙니다. 대공황으로 발생한 제2차 세계대전은 원자폭탄이라는 끔찍한 무기로 끝났고 이후에도 세계의 여러 지역에서는 크고 작은 전쟁이 계속되고 있습니다. 전쟁 후 오랫동안 이념을 기반으로 한 대립과 갈등이 지속했고 종교 문제로 인한 갈등으로 무장 단체의 폭력과 테러는 아직도 여러 지역에서 발생하고 있습니다.

그러나 산업화가 시작된 이후 인류 사회에 나타났던 변화는 우주와 생명 그리고 인류 전체의 역사에서 매우 중요한 전환점입니다. 산업화 덕분에 전 세계가 하나로 연결되고 지구 전체가 하나의 글로벌 네트워크로서 모두 연결된 인류 공동체가 되었기 때문입니다. 물론 수많은 생명을 순식간에 앗아가고 여러 도시와 국가를 파괴할 수 있는 무기와 기술도 발전했습니다. 그래서 우리는 그런 기술을 어떻게 사용할지 깊이 생각해야 합니다. 산업화 이후 등장한 현대 사회는 지금만의 문제가 아니라 인류의 미래와도 연결되어 있기 때문입니다. 그래서 산업화의 시작은 빅히스토리의 열 번째 임계국면입니다.

핵심 요약

산업화는 소빙기로 인한 에너지 위기 속에서 석탄과 증기기관의 발명이 맞물려 시작됐고 대량생산과 교통 혁신을 통해 사회 전반을 급격히 변화시켰습니다. 영국을 중심으로 시작된 산업혁명은 전 세계에 영향을 미치며 유럽의 제국주의 확장을 가속화했습니다. 철도와 증기선은 사람과 상품의 이동을 획기적으로 바꿨고 자동차의 대량생산은 소비 사회로의 전환과 도시 구조의 변화를 이끌었습니다. 그러나 과잉생산과 실업 문제는 대공황을 초래했고 이는 세계대전과 같은 갈등으로 이어졌습니다. 산업화는 인류를 연결된 글로벌 공동체로 만들었지만 동시에 우리가 기술과 사회를 어떻게 운영할지에 대한 깊은 고민을 요구하는 전환점이 됐습니다.

제 11 장

우리의 숙제,
인류세와 미래 사회

ORIGIN
STORY

11장.
우리의 숙제, 인류세와 미래 사회

KEYWORD

- **인류세** Anthropecene : 인간의 활동이 지구 생태계에 중대한 영향을 미치기 시작한 새로운 지질 시대를 의미합니다.

- **원자폭탄** Atomic Bomb : 핵분열 반응을 이용해 엄청난 에너지를 방출하는 현대식 무기로 제2차 세계대전 종전에 사용됐습니다.

- **지구온난화** Global Warming : 온실가스 증가로 인해 지구의 평균 기온이 상승하는 현상으로 집중호우, 해수면 상승, 생태계 파괴 등 다양한 환경 문제를 초래합니다.

- **파리협정** Paris Agreement : 산업화 이전 대비 지구의 평균 기온 상승을 2℃ 이내로 억제하고 장기적으로는 탄소 순배출량을 제로로 만드는 것을 목표로 하는 국제 기후 협약입니다.

- **여섯 번째 대멸종** : 현재 진행 중인 대규모 생물종 멸종으로 과거와 달리 인간의 활동으로 유발되고 있습니다.

인류가 만든
최초의 대량 살상 무기

대공황은 미국뿐만 아니라 미국과 교역하던 다른 나라에도 큰 충격을 줬습니다. 그중 가장 큰 타격을 받은 국가는 독일이었습니다. 독일은 제1차 세계대전에서 패하면서 '베르사유 조약'을 체결했습니다. 이 조약으로 독일은 전쟁으로 인한 피해를 보상하기 위해 다른 국가에 엄청난 돈을 갚아야 했습니다. 돈이 부족했던 독일은 무분별하게 화폐를 발행했고, 그 결과 인플레이션이 심각해졌습니다. 빵 1개의 가격이 오늘 1마르크였던 것이 다음 달에는 2마르크, 그다음 달에는 4마르크로 오른 것입니다. 경제가 무너지고 생활이 어려워진 상황에서 아돌프 히틀러가 불안한 심리를 이용해 권력을 잡았고, 이는 제2차 세계대전으로 이어졌습니다.

히틀러가 독일을 통치하던 시기에 일부 과학자는 그의 정책에 반대하면서 중요한 사실을 폭로했습니다. 바로 독일이 원자폭탄을 몰래 개발하고 있다는 사실이었습니다. 원자폭탄은 핵분열 반응을 이용해 매우 짧은 시간에 엄청난 에너지를 폭발시키는 무기입니다. 이와 같은 무기가 전쟁에 사용될 수 있다는 점에 많은 과학자는 두려움을 느꼈습니다. 그래서 이들은 당시 미국 대통령 루스벨트에서 미국도 원자폭탄을 개발해야 한다는 편지를 보냈습니다. 여기에는 아인슈타인도 포함되어 있었습니다.

미국은 20억 달러를 들여 비밀리에 원자폭탄 개발을 시작했습니다. 일명 '맨해튼 프로젝트Manhattan Project'가 시작된 것입니다. 이 프로젝트는 크게 핵분열 물질을 만드는 일과 그 재료를 이용해 실제 폭탄을 만드는 일로 나뉘었습니다. 실제 폭탄을 만드는 작업은 뉴멕시코주 로스앨러모스의 연구소에서 진행됐습니다. 책임자는 로버트 오펜하이머였는데, 그는 맨해튼 프로젝트를 총괄하면서 원자폭탄 개발을 이끌었습니다.

로스앨러모스 연구소에서는 미국 최고의 물리학자와 화학자가 모였습니다. 원자폭탄을 만들기 위한 연구를 진행했죠. 원자폭탄에 사용되는 핵심 물질 중 하나는 바로 우라늄입니다. 우라늄은 1789년에 독일 화학자 클라프로트가 발견했는데 원소 가운데 가장 무겁습니다. 우라늄에는 여러 종류가 있는데, 그중 우라늄-235는 핵분열을 잘 일으켜 원자폭탄에 사용됩니다. 그러나 매우 특이해서 일반 폭탄처럼 뇌관으로 폭발시킬 수 없었습니다.

이를 위해 과학자는 우선 중성자를 우라늄 원자에 부딪히게 해서 우라늄을 두 조각으로 쪼갰습니다. 이때 큰 에너지가 방출되는데 이것이 바로 핵분열입니다. 쪼개지면서 또 다른 중성자가 발생하는데 이 중성자가 다른 우라늄 원자에 부딪히면서 다시 핵분열이 발생합니다. 이와 같은 과정을 연쇄 반응이라고 합니다. 연쇄 반응이 멈추지 않고 계속되려면 정확한 양의 우라늄-235를 계산해야 합니다. 만약 잘못 계산하면 폭탄이 터지지 않거나 방사능 유출 사고가 발생할 수 있습니다. 그래서 로스앨러모스 연구소의 과학자는 목숨을 걸고 신중하게 실험을 반복했습니다.

1945년 여름에 미국은 역사상 처음으로 3개의 원자폭탄을 완성했습니다. 2개는 플루토튬을 이용한 폭탄이고 나머지 1개는 우라늄을 이용한 폭탄이었습니다. 과학자는 이 폭탄 중 하나를 실제로 터트려 실험하기로 했습니다. 이 실험은 '트리니티Trinity'라는 암호명으로 불렸는데 뉴멕시코 사막에서 시행됐습니다.

실험 결과는 엄청났습니다. 폭탄이 터지자 강력한 폭발과 열 그리고 거대한 버섯구름이 하늘로 솟았습니다. 두 달 후 책임자였던 오펜하이머가 그 장소를 다시 찾았을 때 폭탄이 떨어진 자리는 완전히 사라져 아무런 흔적도 남지 않았습니다. 이후 미국은 제2차 세계대전을 끝내기 위한 최후의 수단으로 원자폭탄을 사용하기로 결정했습니다.

1945년 8월 6일, 미국은 마리아나 제도에 있는 티니안섬에서 B-29 폭격기 한 대를 일본 히로시마로 출격시켰습니다. 비행기 조종사 폴 티베츠Paul Tibbets는 폭격기를 어머니의 이름을 따서 '에놀라 게이Enola Gay'라고 불렀습니다. 폭격기는 '리틀 보이Little Boy'라는 우라늄 원자폭탄을 싣고 있었는데 폭탄의 길이는 약 3m, 무게는 4t 정도로 인류 역사상 최초로 전쟁에 사용된 원자폭탄이었습니다.

당시 히로시마는 미군의 공격을 한 번도 받은 적이 없는 도시였습니다. 그래서 미국은 이 도시에 원자폭탄을 떨어뜨리면 가장 큰 피해를 줄 수 있으리라 판단했습니다. 에놀라 게이는 두 대의 다른 미군 항공기와 함께 히로시마 상공에 나타났습니다. 다른 비행기는 사진을 찍고 폭발 데이터를 측정하는 임무를 맡았습니다.

원자폭탄은 약 9,000m 상공에서 떨어졌고 불과 1분도 안 되는 시간에 폭발 지점에 도달했습니다. 폭탄이 터지는 순간 하늘에서는 눈부신 빛이 번쩍였고 이후 거대한 버섯 모양의 구름이 솟아올랐습니다. 히로시마 시내 건물의 90% 이상이 무너졌습니다. 당시 히로시마에는 약 25만 명의 시민이 살고 있었는데 약 14만 명이 원자폭탄으로 목숨을 잃었습니다. 도시 인구의 절반이 넘는 수치로 인류 역사상 가장 비극적인 사건 중 하나로 남게 됐습니다.

일본은 큰 충격을 받았지만 바로 항복하지 않았습니다. 미국은 3일 뒤 두 번째 원자폭탄을 다시 일본 본토에 떨어뜨렸습니다. 이번에는 규슈에 있는 나가사키가 목표였습니다. 원래는 고쿠라가 폭격 목표였지만 그날 짙은 안개로 목표물이 잘 보이지 않아 나가사키로 방향을 바꿨습니다. 나가사키에 떨어진 두 번째 원자폭탄은 '팻맨Fat Man'이었습니다. 이 폭탄은 미쓰비시 공장을 중심을 약 500m 상공에서 폭발했습니다.

나가사키는 산이 많

히로시마에 투하된 리틀 보이
리틀 보이의 폭발로 히로시마 시내 건물의 90% 이상이 무너지고 시민 25만 명 중 약 14만 명이 목숨을 잃었습니다.

은 지형이라서 폭발의 충격이 크지 않았지만 약 7만 명이 목숨을 잃었습니다. 두 번에 걸친 원자폭탄 공격을 받고 나서야 일본은 마침내 항복을 선언했습니다. 결국 제2차 세계대전은 20세기에 만들어진 가장 강력하고 무서운 무기를 사용한 이후에 비로소 종식됐습니다.

원자폭탄은 인류가 만든 최초의 대량 살상 무기였습니다. 과학의 발전이 인류에게 도움이 되기도 하지만 잘못 사용되면 얼마나 파괴적인 결과를 가져오는지 잘 보여 주는 대표적인 사례입니다. 전쟁이 끝났지만 미국을 비롯해 여러 나라에서 핵무기를 개발하면서 아직도 인류를 위협하고 있습니다. 폭발에서 살아남은 사람은 화상이나 백혈병, 암 등 다양한 방사능 후유증에 시달리고 있습니다. 인류 전체의 운명을 좌우할 수 있는 엄청난 존재가 탄생한 것입니다.

빠르게 뜨거워지는 지구

오늘날 우리가 사는 세상에서 매우 심각한 환경 문제 중 한 가지는 바로 지구온난화입니다. 지구온난화는 지구의 평균 기온이 점점 높아지는 현상입니다. 과거에도 지구는 따뜻해졌다가 다시 추워지는 일을 반복했습니다. 그러나 최근 150년 사이에 지구의 기온이 급격하게 올라갔다는 점이 문제입니다. 산업화가 시작된 이후 지구의 평균 기온은 1℃ 이상 상승했습니다. 이와 같은 변화는 과거보다 훨씬 빠른 속도로 진행되고 있습니다.

태양에서 보내는 빛 에너지가 지구에 도달하면 먼저 지구 대기를 통과합니다. 이 과정에서 일부 빛은 반사되어 우주로 나가고 일부는 대기 중에 흡수됩니다. 그리고 남은 약 50% 정도의 빛 에너지만 지구 표면에 도달합니다. 지구 표면에 흡수된 빛 에너지는 열에너지로 바뀌고 다시 우주로 빠져나가려 합니다. 그러나 지구 대기 중에는 수증기나 구름, 이산화탄소 등의 기체가 존재해서 열에너지를 다시 흡수해 일부를 지구 표면으로 되돌려 보내거나 대기 중에 가둡니다. 이와 같은 작용이 반복되면서 지구 평균 기온이 상승하게 되고, 이런 현상을 '온실효과Greenhouse Effect'라고 부릅니다.

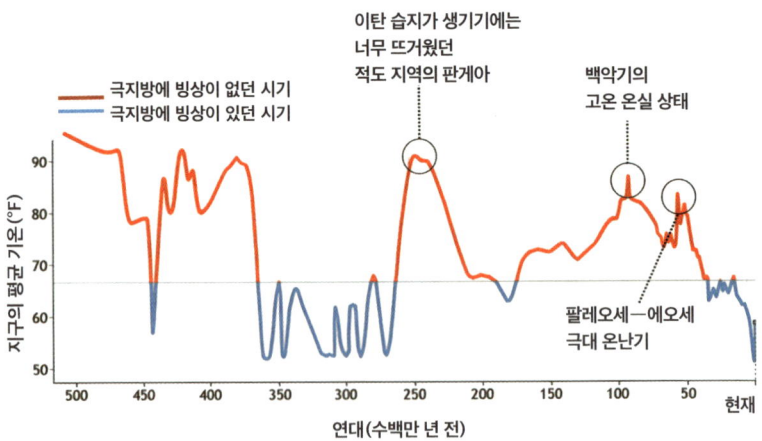

5억 년 동안의 지구 기온 변화
지구의 평균 기온은 과거보다 훨씬 빠른 속도로 높아지고 있습니다.

사실 온실효과가 무조건 나쁜 것은 아닙니다. 온실가스 때문에 지구는 생명체가 살 수 있을 정도로 적절한 온도를 유지할 수 있습니다. 만약 온실가스가 전혀 없다면 지구는 너무 차가워서 생명체가 살기 힘든 환경이 될 것입니다. 문제는 온실가스가 지나치게 많다는 것입니다. 대표적인 온실가스는 이산화탄소, 메테인 CH_4, 아산화질소 N_2O 등인데 이 중 가장 중요한 역할을 하는 것이 바로 이산화탄소입니다.

이산화탄소는 지구 표면에서 빠져나가려는 열에너지를 다시 지구로 되돌려 보내는 성질이 있습니다. 그러므로 그 양이 많아질수록 지구는 점점 더워집니다. 지구는 원래 들어오는 에너지와 나가는 에너지가 균형을 이루어야 하지만, 이산화탄소가 많아지면 이 균형이 깨지면서 지구온난화가 발생하는 것입니다.

그렇다면 왜 이산화탄소가 많아졌을까요? 가장 큰 원인은 산업화 이후 인간의 활동입니다. 공장을 돌리고 자동차를 운전하고 전기를 만들기 위해 석탄이나 석유 등 화석연료를 많이 사용하면서 이산화탄소 배출량이 급격하게 증가했습니다. 실제로 2023년에 전 세계에서 배출된 이산화탄소의 양은 약 374억t으로 인류 역사상 가장 많은 양을 기록했습니다. 과거의 지구 기온 변화는 소행성 충돌이나 태양의 흑점 활동 변화 등 자연적인 이유였지만 오늘날 지구온난화는 인간 활동이 주요 원인이라는 점에서 매우 심각합니다.

전 세계는 지구온난화를 막기 위해 온실가스를 줄이기 위한 약속을 정했습니다. 대표적인 국제 협약이 바로 '교토 의정서 Kyoto

Protocol'와 '파리협정'입니다. 교토 의정서는 1997년 12월 11일에 일본 교토에서 의결한 것으로 이산화탄소와 메테인, 아산화질소, 수소불화탄소HFCs, 과불화탄소PFCs, 육불화황SF6 등 여섯 가지 온실가스 감축을 목표로 삼고 있습니다. 38개 국가가 1990년 대비 최소 5.2% 이상 온실가스를 줄이기로 약속했으며, 목표를 달성하지 못하면 비관세 장벽 등의 제재가 가해집니다. 당시 이산화탄소를 가장 많이 배출하던 미국이 탈퇴하면서 효과가 약해지는 위기에 처했지만 러시아의 비준으로 법적 효력을 가지게 됐습니다.

파리협정은 2015년 11~12월에 프랑스 파리에서 교토 의정서의 한계를 보완하기 위해 개최된 것으로 총 195개 국가가 참여했습니다. 주요 목표는 지구 평균 기온이 산업화 이전보다 2℃ 이상 올라가지 않도록 하고, 온실가스 순배출량을 제로로 만들며, 종료 시점이 없는 협약으로 시행하는 것입니다. 이 협정을 통해 선진국은 온실가스를 많이 줄이는 책임을 지고 개발도상국은 선진국으로부터 기술과 자금을 지원받아 점진적으로 줄이도록 합니다.

지구온난화는 단순히 지구의 기온 변화를 의미하는 것이 아닙니다. 훨씬 심각하고 다양한 문제를 일으킵니다. 지구의 온도가 올라가면 극지방의 얼음이 녹고 바닷물의 양이 늘어납니다. 그 결과 해수면이 상승하게 됩니다. 해안 주변의 도시나 마을이 물에 잠기고 심각한 경우 지반이 무너져 대도시 전체가 침수될 수도 있습니다. 뿐만 아니라 기온이 올라가면 공기 중에 수증기가 더 많이 포함되어 집중호우가 내리고, 이로 인해 산사태나 홍수가 자주 발생하며 수많은 인명 피해와 재산 손실을 가져옵니다.

지구가 더워지면 바닷물 온도가 올라가면서 대형 태풍이 자주 강하게 발생합니다. 태풍과 함께 해일이 발생하면 낮은 지역에 사는 사람은 큰 위험에 처하게 됩니다. 열대 지방에서는 폭염이 심해지고 전염병이 급속하게 확산될 위험이 있습니다. 가뭄과 산불이 자주 발생해 식량 생산에도 영향을 미칩니다. 지구가 건조해지면서 나무나 숲이 말라 죽고 사막화 현상이 나타나 생태계가 파괴됩니다. 이런 점에서 지구 온난화는 단순히 인간만의 문제가 아닙니다. 지구에 인간과 함께 살고

쓰나미
지구의 온도가 올라가면 극지방의 얼음이 녹고 바닷물의 양이 늘어나 해수면이 상승하게 됩니다.

있는 수많은 동물과 식물도 피해를 입습니다. 인간이 만든 기술과 산업이 다른 생명체의 삶까지 위협하는 것입니다.

인류세로 시작된
여섯 번째 대멸종

오늘날 사람들은 중요한 사실을 깨닫게 됐습니다. 바로 인간이 자신의 삶뿐만 아니라 지구에서 함께 살아가는 수많은 생명체와 지구 자체도 위협할 수 있는 존재가 되었다는 점입니다. 네덜란드 화학자이자 노벨상 수상자 파울 크뤼천 Paul Jozef Crutzen 은 이러한 시대를 '인류세'라고 부릅니다. 산업화 이후 인간이 자연환경에 미치는 영향력이 너무 커져서 지질학적으로도 특별한 시대가 되었다는 의미입니다.

인류세에 접어들면서 인간은 지구의 환경을 바꾸는 가장 큰 존재가 됐습니다. 지구는 태양으로부터 에너지를 받으며 생명체가 살아가는 곳인데 그 에너지의 절반 이상을 인간이 사용하는 시대가 됐습니다. 공기나 물, 토양 등 자연환경은 산업화 이후 급속하게 오염되고 변화했습니다. 더 나아가 인간이 만든 핵무기는 단순한 전쟁 무기가 아니라 지구 전체를 파괴할 수 있을만큼 강력한 힘을 가지게 됐습니다. 이와 같이 인간은 이제 지구 위에서 자연을 지배하거나 이용하는 수준을 넘어 지구의 미래를 결정할 수 있는 존재가 된 것입니다.

이와 같은 상황에서 일부 과학자는 여섯 번째 대멸종이 진행

화전으로 인한 서식지 파괴
오늘날 지구에는 인간의 무분별한 활동으로 여섯 번째 대멸종이 진행 중입니다.

중이라고 말합니다. 이미 지구 역사에서는 다섯 번의 대멸종이 발생했습니다. 그때마다 지구에 살던 생물종의 약 90% 이상이 한꺼번에 사라졌습니다. 원인은 대부분 소행성 충돌, 운석 낙하, 화산 폭발 등 자연적인 외부 요인이었습니다. 그러나 지금 우리가 겪고 있는 여섯 번째 대멸종은 특별합니다. 인간이 원인이기 때문입니다. 산업화 이후 인간은 기술을 발전시키고 환경을 개발하면서 수많은 생물의 서식지를 파괴하거나 무분별하게 사냥하고 지구온난화와 오염을 유발하고 있습니다.

대멸종에는 놀라운 공통점이 있습니다. 항상 최상위 포식자가 멸종했다는 사실입니다. 가장 마지막 대멸종이었던 공룡의 시대도 마찬가지입니다. 오늘날 최상위 포식자는 바로 우리, 호모 사피엔스입니다. 인간은 생태계 피라미드의 정점에 있지만 지금처럼 자연을 계속 파괴한다면 결국 우리도 멸종할 수 있습니다. 지금이라도 지구온난화를 막고 동물과 식물의 서식지를 보호하며 무분별한 남획을 멈추어야 합니다. 지구는 단지 인간만을 위한 골디락스 행성이 아닙니다. 수많은 생명체가 함께 살아가는 소중한 공간이기 때문입니다.

가까운
인류의 미래

지금까지 우리는 138억 년 전 우주의 시작인 빅뱅부터 오늘날까지 이어지는 긴 여정을 함께 살펴봤습니다. 마치 커다란 퍼즐을 맞추듯 우주와 생명 그리고 인간에 대한 퍼즐 조각을 하나씩 이어 붙여 본 것이죠. 물론 이 퍼즐 조각이 너무 많고 복잡해서 모든 조각을 완벽하게 맞추기는 어렵습니다. 그러나 중요한 것은 이 조각 중 일부가 골디락스 조건과 만나 이전에는 없던 새로운 복잡성이 나타났다는 점입니다. 이와 같이 우리는 우주의 흐름 속에서 퍼즐을 맞추는 과정을 통해 우주의 전체적인 모습을 조금씩 이해하는 중입니다.

그렇다면 이제 남은 퍼즐 조각은 무엇일까요? 바로 미래입니다. 빅히스토리는 단지 우주의 시작에서 지금까지 일어난 사건을 큰 틀에서 바라보지 않습니다. 그 속에는 앞으로 우리가 어떤 미래를 만들지도 포함되어 있습니다. 그래서 빅히스토리는 단순히 138억 년의 과거와 현재를 보는 것이 아니라 138억 년+α라는 더 넓고 긴 시간과 공간을 다루는 역사라고 할 수 있습니다.

사실 미래를 예측하는 것은 생각보다 쉽지 않습니다. 역사학자는 과거를 연구할 때 기록이나 유물, 증거를 통해 무슨 일이 일어났는지 조사하고 해석합니다. 그러나 미래는 아직 일어나지 않은 일이기 때문에 어떤 일이 생길지 정확하게 말하는 것은 매우 어렵습니다. 그런데도 불구하고 우리가 확실하게 아는 것이 한 가지 있습니다. 그것은 산업화 이후 인간이 지구와 자연에 미치는 영향이 점점 커졌다는 사실입니다. 오늘날 인류가 직면한 환경오염, 지구온난화, 생물 다양성 감소 등의 문제를 어떻게 해결하느냐에 따라 앞으로의 미래는 더 좋아질 수도 더 나빠질 수도 있습니다. 이러한 점에서 미래는 정해진 것이 아니라 우리가 만드는 것입니다.

빅히스토리는 과거에 어떤 일이 있었는지 나열하는 학문이 아니라 138억 년 전 우주의 시작부터 지금까지 일어났던 다양한 사건과 현상을 통해 그 속에서 반복되는 구조나 변화의 흐름을 발견하고자 합니다. 그리고 이와 같은 흐름을 바탕으로 미래에 어떤 일이 일어날 수 있을지 조심스럽게 예측합니다. 그와 같은 예측 중 한 가지는 가까운 미래에 대한 것입니다. 즉, 앞으로 수십 년 혹은 수백 년 안에 지구와 인류에 어떤 변화가 생길지 생각하는 것입니다.

지난 수십 년 동안 과학기술의 발전은 우리의 삶을 놀랄 정도로 빠르게 변화시켰습니다. 특히 컴퓨터의 등장이 아주 중요한 전환점이 되었죠. 과거에는 사람들이 말이나 글, 문자를 통해 정보를 교환했다면 지금은 컴퓨터와 인터넷을 통해 전 세계가 하나로 연결되어 빠르고 쉽게 정보를 교환합니다. 많은 과학자는 이와 같은 변화가 앞으로도 계속될 것이라고 생각합니다. 가까운 미래에도 컴퓨터와 인터넷, 인공지능은 우리 삶 속에서 더 깊이 자리 잡을 것입니다.

가까운 미래에 우리는 지금보다 더 편리한 생활을 누리게 될 것입니다. 지금도 보편화된 온라인 쇼핑과 인터넷 뱅킹은 전 세계 어디에서나 가능해지고 사이버 화폐의 등장으로 현금이 사라질지도 모릅니다. 최근 엄청난 열풍을 가져온 챗GPT와 같은 인공지능은 실시간으로 유용한 정보를 제공해 주고 필요할 때마다 쉽고 빠르게 정보를 얻게 될 것입니다. 오늘날 우리가 살아가는 모습의 연장선입니다.

챗GPT
발전하는 인공지능은 편리함도 제공하지만 새로운 문제를 일으키기도 합니다.

그러나 미래가 무조건 좋은 것만은 아닙니다. 지금도 심각한 문제로 떠오르는 해킹, 사이버 테러 등은 앞으로 더 심각해질 수 있습니다. 인간관계보다 컴퓨터나 기계에 더 의존하면서 외로움이나 소외감이 더욱 심해지게 될 것입니다. 인간이 만든 강력한 기술은 다른 생명체를 멸종시키거나 핵무기보다 더 위험한 무기를 만들지도 모릅니다. 이런 문제는 우리가 해결해야 할 미래의 과제입니다.

가까운 미래는 지금 우리가 무엇을 선택하느냐에 따라 달라집니다. 지구 전체에 영향을 줄 수 있는 핵무기나 전염병, 빈곤 등의 문제를 해결하기 위해 우리가 해야 할 일은 무엇일까요? 그것은 바로 우리가 하나의 인류, 즉 호모 사피엔스의 단일한 후손이라는 사실을 이해하는 것입니다. 비록 피부색이나 머리카락 색, 언어, 종교 등은 다를 수 있지만 우리는 하나의 종입니다. 또 다른 사실은 인간은 결코 혼자 살 수 없다는 점입니다. 우리는 지구에서 다른 인간 그리고 수많은 생명체와 함께 살아가는 존재입니다. 공존하고 협력해야만 지구와 인류의 미래를 지킬 수 있습니다.

달라질
지구와 우주의 모습

우리는 지금까지 138억 년 전 빅뱅부터 현재까지 우주의 이야기를 따라왔습니다. 그렇다면 앞으로 수억 년 혹은 수십억 년이 지난 미래에는 지구와 우주가 어떻게 변하게 될까요?

지구는 약 45억 년 전에 만들어졌고 그동안 기온이 변하고 대륙의 모양이 바뀌고 수많은 생물종이 생기고 사라지는 일이 반복됐습니다. 앞으로 수억 년이 지나면 지구의 환경도 오늘날과는 크게 달라질 것입니다. 기온이 다시 변하고 대륙이 움직이며 새로운 지형이 생길 것입니다. 지구에 사는 생물도 멸종하거나 새롭게 등장할 것입니다. 지금까지 인간은 다른 동물보다 환경 변화에 잘 적응해 왔습니다. 과학기술의 도움으로 어쩌면 먼 미래에는 인간이 지구를 떠나 골디락스 행성, 즉 생명체가 살기 딱 좋은 다른 별에서 살아갈 수도 있습니다.

과학자는 약 50억 년 후 태양이 점점 에너지를 잃고 작아지다가 결국 소멸할 것이라고 말합니다. 태양은 지구에 생명체에게 꼭 필요한 에너지를 보내 주는 별입니다. 태양이 사라지면 지구의 모든 생명체는 생존할 수 없게 됩니다. 그래서 미래의 인류는 지구를 떠나 새로운 별로 이동하는 여행을 시작할지도 모릅니다.

지구가 처음 만들어졌을 때는 생명체가 살 수 없는 환경이었습니다. 그러나 오랜 시간이 지나며 물이 생기고 최초의 생명체가 태어났습니다. 이처럼 극한 환경 속에서도 생명체는 나타날 수 있습니다. 그렇다면 화성이나 다른 은하계에 생명체가 존재할 가능성도 완전히 배제할 수는 없습니다. 그리고 그 생명체는 태양 말고 다른 에너지원을 이용해서 살아가는 방식일 수도 있습니다. 우리가 아는 생명체와는 완전히 다른 모습일 수도 있습니다.

우주는 138억 년 전 빅뱅 이후 계속 팽창하고 있습니다. 그리고 최근에는 그 속도가 더 빨라지고 있습니다. 과학자는 앞으로도 우주가 계속 팽창할 것이라고 예상합니다. 그러나 이와 같은 팽창이 계속되면 우주는 점점 더 단순하고 더 텅 빈 공간이 될 수도 있습니다. 별도 은하도 새로운 물질도 더 이상 만들어지지 않는 우주. 모든 별이 수명을 다해 빛도 없고 새로운 생명체도 태어나지 않는 상태, 마치 빅뱅이 일어나기 전의 어두운 우주처럼 말이죠.

우리는 우주에서 수많은 골디락스 조건이 만나 새로운 생명과 문명을 만들어 낸 복잡성의 시대를 살아가고 있습니다. 그러나 만약 우주가 단순해지고 새로운 것이 태어나지 않는다면 우주의 긴 여정은 서서히 조용히 마무리될지도 모릅니다. 그렇기 때문에 지금 우리가 살아가고 있는 이 순간은 매우 소중하고 특별한 시간입니다.

공존을 촉구하는
빅히스토리

138억 년 전 빅뱅이 일어난 순간부터 우주는 변화하기 시작했습니다. 그 과정에서 에너지와 물질이 만들어졌고, 이들이 모여 별과 원소 그리고 오늘날 우리 주변에 있는 모든 것이 탄생하게 됐습니다. 이와 같이 긴 시간 속에서 우주, 태양, 지구, 생명체 그리고 인간은 서로 영향을 주고받으며 함께 살아온 존재입니다.

우리가 살아가는 이 시대는 인류세입니다. 인간이 지구에 가장 큰 영향을 주는 존재가 되었다는 뜻이죠. 그러나 아무리 인간이 강력한 힘을 가졌다고 해도 혼자서는 살 수 없습니다. 우리가 먹는 음식, 입는 옷, 사용하는 물건들 모두는 다른 사람들의 협력과 자연과의 연결 속에서 만들어지는 것입니다. 그래서 공생과 공존은 인간의 생존에 꼭 필요한 조건입니다.

지구에는 피부색, 언어, 종교, 문화가 다른 다양한 사람이 살아갑니다. 앞으로의 사회에서는 모두가 서로의 시각을 이해하고 논의하고 소통하며 함께 결정할 수 있는 분위기가 중요합니다. 더 나아가 인간뿐만 아니라 지구에 함께 살아가는 수많은 동물과 식물도 공존할 수 있는 환경과 공간을 마련해야 합니다. 이렇게 인간과 자연이 함께하는 조건이야말로 우리가 미래를 준비할 때 꼭 갖춰야 할 진정한 골디락스 조건입니다.

우리는 지금까지 138억 년의 우주라는 거대한 퍼즐 판 위에서 조각을 하나하나 맞춰 왔습니다. 아직 빠진 조각이 많지만 우리는 이제 우주, 생명, 인간이 어떻게 연결되어 있는지 그 전체적인 모습을 조금은 알아볼 수 있게 됐습니다. 그러나 미래에 대한 퍼즐 조각은 아직 주어지지 않았습니다. 우리가 세상을 어떻게 이해하고 어떤 선택을 하느냐에 따라 미래의 조각은 전혀 다른 모양으로 다가올 수도 있습니다.

빅히스토리는 우주, 생명, 인간이 서로 연결되어 있다는 상호관련성을 알려줍니다. 그리고 이 상호관련성을 바탕으로 함께 살아가는 미래, 즉 공존의 미래를 준비해야 한다고 강조합니다. 이것이 바로 세상을 가장 넓고 깊게 바라볼 수 있는 렌즈인 빅히스토리가 우리에게 주는 가장 큰 깨달음입니다.

핵심 요약

인류세는 인간이 지구 환경에 중대한 영향을 미친 새로운 지질 시대로 원자폭탄 개발과 지구 온난화 같은 문제가 대표적입니다. 인간의 활동은 여섯 번째 대멸종을 유발할 만큼 자연에 큰 피해를 주고 있으며 파리협정 같은 국제 협약을 통해 이를 해결하려는 노력이 이어지고 있습니다. 미래 사회는 인공지능과 같은 기술의 발달로 더욱 편리해질 수 있지만 동시에 사이버 범죄, 외로움, 기술 남용 등 새로운 위험도 동반할 수 있습니다. 먼 미래에는 지구와 태양의 변화로 인해 인류가 다른 별로 이주할 가능성도 있으며 이러한 흐름 속에서 우리는 공존과 공생의 가치를 실현해야 합니다. 빅히스토리는 인간과 자연, 우주의 상호관련성을 바탕으로 지속 가능한 미래를 준비할 렌즈를 제공합니다.

인류의 연표

3만 년 전
최초의 예술 등장
알타미라 동굴벽화처럼 상징적 표현 활동을 시작했습니다.

1만 년 전
농경의 시작
다양한 곡물과 동물을 길들이기 시작했습니다.

8,000년 전
도시의 탄생
잉여생산물을 기반으로 계급과 정치 구조가 탄생했습니다.

기원전 3,000년
문자의 발명
쐐기문자, 상형문자의 등장으로 행정, 역사, 종교 등 다양한 내용이 기록되기 시작했습니다.

기원전 2,300년
최초의 제국 등장
메소포타미아에 아카드 제국이 등장하면서 정치적 통합이 이루어지고 행정 체계가 발전했습니다.

기원전 1세기
실크로드 및 글로벌 네트워크의 출현
거대한 교역로를 통해 문명, 종교, 전염병 등이 전 세계로 전파됐습니다.

14세기 중반
흑사병의 확산
유럽 인구의 3분의 1이 사망하며 기존 사회 구조가 흔들렸고 근대 국가로의 전환이 일어났습니다.

15~18세기
소빙기
극심한 기후변화로 기근이 발생했고 목재를 대신할 새로운 연료를 찾도록 만들었습니다.

18세기 중반
산업화의 시작
새롭게 찾고 발명한 석탄과 증기기관으로 대량생산이 가능해지면서 자본주의와 도시화가 가속화됐습니다.

20세기 중반~현재
인류세
인간의 활동이 자연환경에 큰 영향을 미치는 새로운 지질 시대가 시작됐습니다.

나가는 말

우리는 어떤 존재가
될 것인가

　　인류의 여정은 언제나 질문으로부터 시작됐습니다. "우리는 어디에서 왔는가? 우리는 누구인가?"

　　이 질문은 과거 어느 시대보다 오늘날 더욱 절박하게 다가옵니다. 우주의 한 모서리에서 탄생한 인간은 오랜 세월 동안 스스로를 이해하려 애써 왔습니다. 138억 년 전의 빅뱅에서 시작된 우주의 진화, 별의 중심에서 만들어진 원소가 지구라는 행성에 모여 생명을 이루기까지 우리는 그 거대한 이야기의 연장선에 있습니다.

　　지구 위에서 생명이 태어난 것은 약 38억 년 전입니다. 단세포에서 다세포로, 물에서 육지로, 그리고 포유류를 거쳐 인류로 진화한 이 긴 시간은 결코 필연이 아니었습니다. 무수한 우연과 격변 속에서 살아남은 생명체 중 하나가 바로 인간입니다. 그러나 우리는 단지 생물학적 존재에 그치지 않았습니다. 언어를 만들고 불을 다루고 신화를 통해 세상을 설명하며 문명을 이루기 시작했습니다.

문명의 확장은 제국이라는 형태로 구체화됐습니다. 수많은 제국이 흥망을 반복하면서도 공통적으로 보여 준 것은 그들이 단순한 정복자 집단이 아니라 대규모 네트워크의 운영자였다는 사실입니다. 아카드와 로마, 몽골과 오스만, 명나라와 대영 제국에 이르기까지 제국은 다양한 민족과 문화를 통합하고 교류시키는 거대한 플랫폼이었습니다. 실크로드와 해양 무역로는 상품과 기술뿐 아니라 사상, 종교, 심지어 질병마저 실어 나르며 세계를 하나로 엮었습니다.

15세기 이후 인류의 세계는 급속히 글로벌화됐습니다. 유럽의 제국은 아메리카와 아시아, 아프리카를 식민지로 삼으며 전 지구적 네트워크를 확장했고 그 과정에서 대규모 자원 수탈과 인구 이동, 문화 파괴가 이뤄졌습니다. 동시에 이 흐름은 새로운 연결과 충돌 그리고 변화의 씨앗을 뿌렸습니다. 인간은 이제 한 지역의 존재가 아닌 '지구적 존재'로 자리 잡게 됐습니다.

18세기 후반에 인간은 또 하나의 거대한 변곡점을 맞이했습니다. 산업화는 에너지의 근원을 전환하고 생산과 소비의 방식을 혁명적으로 바꿨습니다. 석탄과 증기기관, 철도와 공장, 전기와 자동차, 대중 소비 사회의 등장은 인류의 생활 양식을 완전히 재편했습니다. 도시화와 계급 분화, 노동 운동과 민주주의의 확산은 산업화의 사회적 결과였고, 라디오와 신문, 대중매체의 발전은 정치와 문화를 다시 쓰게 만들었습니다.

그러나 산업화는 눈부신 발전만 가져오지 않았습니다. 우리는 편리함을 얻는 대신 지구 환경에 막대한 부채를 지게 됐습니다. 탄소의 연소로 시작된 온난화, 미세먼지, 생물 다양성 감소, 플라스틱 오염, 그리고 기후재난은 인류가 자연의 한계를 넘어서며 초래한 위기입니다. 동시에 핵무기와 대량 살상 무기, 인공지능과 생명공학의 윤리 문제는 기술의 진보가 반드시 인류의 복지로 이어지지 않음을 경고하고 있습니다.

이제 인류는 '인류세'라는 새로운 시대에 접어들었습니다. 인간의 활동이 지구 시스템 전체를 바꿔 버리는 시대, 우리는 자연의 일부이면서도 자연을 지배하려 한 존재로 살아왔습니다. 그 결과 우리는 자신이 살아가는 행성을 위기에 빠뜨렸습니다. 인간이 만든 쓰레기는 심해의 바닥과 북극의 얼음, 심지어 태아의 혈액 속에서도 발견되고 있습니다. 마치 우리 존재의 흔적이 지구 전체를 스캔하듯 남아 가고 있는 것입니다.

그러나 이 모든 도전 속에서도 우리는 희망을 말할 수 있습니다. 왜냐하면 인간은 동시에 '이야기하는 존재'이기 때문입니다. 과거 수백만 년 동안 위기를 극복하며 진화해 온 우리에게는 상상력과 연대, 협력과 창조라는 강력한 도구가 있습니다. 코로나19 팬데믹과 같은 전 지구적 위기 속에서도 백신을 개발하고, 기후위기 대응을 위한 국제 협정을 맺으며 더 나은 미래를 위한 질문을 던지는 존재. 그게 바로 우리입니다.

이제 우리가 우주의 먼지에서 시작된 존재임을 자각하며 지구라는 푸른 행성을 지키는 책임을 자발적으로 감당해야 할 때입니다. 기술과 자본, 정치와 문화가 모두 하나의 목적 아래 다시 정렬되어야 합니다. 그 목적은 단순한 생존을 넘어 지속 가능하고 존엄한 삶을 가능하게 하는 것입니다. 우리가 어디서 왔고, 지금 어디에 있으며, 어디로 나아갈지를 묻는 그 질문의 끝은 다시 '우리는 어떤 존재가 될 것인가?'라는 물음으로 이어집니다.

별에서 온 우리는 이제 다시 별을 바라보며 새로운 여정을 준비하고 있습니다. 그 여정은 단지 우주를 향한 탐사가 아니라 인간성과 지구성의 균형을 다시 세우는 과정이 될 것입니다.

더불어 살 수 있는 세상을 꿈꾸며

김서형

더 읽을거리

○ 빅히스토리

데이비드 크리스천, 밥 베인, 조지형 역, 『빅 히스토리』, 해나무, 2013.
신시아 브라운, 이근영 역, 『빅히스토리』, 바다출판사, 2017.
김서형, 『김서형의 빅히스토리 Fe연대기』, 동아시아, 2017.
김서형, 『초등학생을 위한 빅 히스토리』, 해나무, 2017.
김서형, 『그림으로 읽는 빅히스토리』, 학교도서관저널, 2018.
데이비드 크리스천, 이근영 역, 『시간의 지도: 빅 히스토리 입문』, 심산문화, 2018.
최민자, 『빅히스토리』, 모시는사람들, 2017.
빅히스토리 협동조합 교사 모임, 『선생님이 들려주는 빅히스토리』, 와이스쿨, 2018.
박문호, 『박문호 박사의 빅히스토리 공부』, 김영사, 2022.
데이비드 크리스천, 신시아 브라운, 크레이그 벤저민, 이한음 역, 『빅 히스토리』, 웅진지식하우스, 2022.
김기봉, 『역사학 너머의 역사』, 문학과지성사, 2022.
데이비드 크리스천, 윤신영 외 3인 역, 『빅 히스토리 BIG HISTORY』, 사이언스북스, 2024.

○ 빅뱅과 우주론

칼 에드워드 세이건, 홍승수 역, 『코스모스』, 사이언스북스, 2006.
이석영, 『모든 사람을 위한 빅뱅 우주론 강의』, 사이언스북스, 2017.
이강환, 『빅뱅의 메아리』, 마음산책, 2017.
윤성철, 『우리는 모두 별에서 왔다』, 21세기북스, 2020.
이준호, 『세상의 모든 과학』, 추수밭, 2024.
이지유, 『집요한 과학자들의 우주 언박싱』, 휴머니트스, 2024.

○ 생명과 대멸종

장대익, 『다윈의 식탁』, 바다출판사, 2015.
찰스 로버트 다윈, 장대익 역, 『종의 기원』, 사이언스북스, 2019.
월터 앨버레즈, 이강환, 이정은 역, 『이 모든 것을 만든 기막힌 우연들』, arte, 2018.
리처드 도킨스, 김정은 역, 『리처드 도킨스의 진화론 강의』, 옥당북스, 2022.
엘리자베스 콜버트, 김보영 역, 『여섯 번째 대멸종』, 쌤앤파커스, 2022.
피터 브래넌, 김미선 역, 『대멸종 연대기』, 흐름출판, 2019.
마이클 J. 벤턴, 김미선 역, 『대멸종의 지구사』, 뿌리와이파리, 2024.

○ 인류의 진화

김서형, 『빅히스토리: 인류역사의 기원』, 살림출판사, 2018.
E.풀러 토리, 유나영 역, 『뇌의 진화, 신의 출현』, 갈마바람, 2019.
이한용, 『왜 호모 사피엔스만 살아남았을까?』, 채륜서, 2020.
조지프 헨릭, 유강은 역, 『위어드』, 21세기북스, 2022.
유발 하라리, 조현욱 역, 『사피엔스』, 김영사, 2015.
이상희, 『인류의 진화』, 동아시아, 2023.
조지프 헨릭, 주명진, 이병권 역, 『호모 사피엔스』, 2024.

○ 인류의 역사

윌리엄, 맥닐, 김우영 역, 『전염병의 세계사』, 이산, 2005.
주경철, 『대항해시대』, 서울대학교출판부, 2008.
밀턴 프리드먼, 안나 J. 슈워츠, 양동휴, 나원준 역, 『대공황, 1929-1933』, 미지북스, 2010.
황상익, 『콜럼버스의 교환』, 을유문화사, 2014.
김서형, 『빅히스토리 12: 농경은 어떻게 인간의 삶을 변화시켰을까?』, 와이스쿨, 2015.
후루가와 마사히로, 김효진 역, 『노예선의 세계사』, AK, 2020.
김서형, 『전염병이 휩쓴 세계사』, 살림출판사, 2020.
제니퍼 라이트, 이규원 역, 『세계사를 바꾼 전염병 13가지』, 산처럼, 2020.
에릭 홀트하우스, 신봉아 역, 『미래의 지구』, 교유서가, 2021.
사이토 다카시, 홍성민 역, 『세계사를 움직이는 다섯 가지 힘』, 뜨인돌, 2024.
박재용, 『일상을 바꾼 과학 기술 이야기』, 영수책방, 2024.
로저 크롤리, 조행복 역, 『욕망의 향신료 제국의 향신료』, 책과함께, 2025.

그림, 사진 출처

p.4 _ 보스턴 미술관
p.9 _ Science Photo Library
p.21 _ 산타 마리아 마조레 대성당
p.26 _ 『코스모그라피아』
p.32, 112, 175, 245, 249, 259, 262, 324, 351 _ 위키백과
p.35, 39, 55, 68, 96, 102, 118, 120, 135, 344 _ 미국항공우주국
p.41 _ 로이터
p.48 _ 프라도 미술관
p.52, 200, 329 _ 게티이미지
p.58, 129 _ 뉴욕 현대 미술관
p.60 _ 오리건대학교
p.79 _ 게티 센터
p.83 _ 메트로폴리탄 미술관
p.90 _ 베르사유 궁전
p.106 _ 오르세 박물관
p.127 _ 플로리다 자연사 박물관
p.143 _ 『북유럽—게르만의 신과 영웅들』
p.148 _ 미국국립해양대기청
p.153 _ 하와이대학교
p.156 _ 『HMS 비글호를 타고 세계를 항해하며 방문한 나라의 자연사와 지질학에 관한 연구 기록』 제2판
p.158 _ 응용 미술관
p.162, 299 _ BBC
p.179 _ 라에톨리 유적지
p.182 _ 베트만 아카이브
p.183, 225 _ 필라델피아 미술관
p.194 _ AP
p.211 _ 알타미라 동굴
p.214 _ 경희대학교 중앙박물관
p.217 _ Ian Gilligan

p.223 _ 『브리태니커 백과사전』
p.227 _ 부르고스 인류 진화 박물관
p.240 _ 드 모건 센터
p.256 _ 국립전주박물관
p.275 _ 테이트 브리튼
p.278 _ World History Encyclopedia
p.287 _ 월터스 미술관
p.294 _ 라우드 사본
p.297 _ 빅토리아 앤 알버트 미술관
p.312 _ 런던 박물관
p.317 _ 마드리드공과대학교
p.321 _ 예일대학교 스털링 기념 도서관
p.333 _ 프랭클린 D. 루스벨트 도서관 및 박물관
p.344 _ 미국국립문서기록관리청
p.346 _ 스미소니언 협회
p.349 _ 내셔널 지오그래픽
p.354 _ Dreamstime